As PARÁBOLAS DE JESUS

comentadas por

John MacArthur

Os mistérios do Reino de Deus revelados nas histórias contadas pelo Salvador

Tradução
Markus Hedig

Thomas Nelson
Brasil®

Rio de Janeiro, 2024

Título original: *Parables — The Mysteries of God's Kingdom Revealed Through the Stories Jesus Told*

Copyright © 2015 por John MacArthur
Edição original por Nelson Books, uma marca da Thomas Nelson.
Todos os direitos reservados.
Copyright de tradução © Vida Melhor Editora LTDA., 2016.

As citações bíblicas são da *Nova Versão Internacional* (NVI), da Biblica, Inc., a menos que seja especificada outra versão da Bíblia Sagrada.

Os pontos de vista desta obra são de responsabilidade de seus autores e colaboradores diretos, não refletindo necessariamente a posição da Thomas Nelson Brasil, da HarperCollins Christian Publishing ou de sua equipe editorial.

PUBLISHER	Omar de Souza
EDITORES	Aldo Menezes e Samuel Coto
COORDENAÇÃO DE PRODUÇÃO	Thalita Ramalho
PRODUÇÃO EDITORIAL	Luiz Antonio Werneck Maia
COPIDESQUE	Daniel Borges
REVISÃO	Nathália Costa Alves e Thamiris Leiroza
DIAGRAMAÇÃO	Abreu's System
CAPA	Douglas Lucas

CIP-BRASIL. CATALOGAÇÃO NA PUBLICAÇÃO
SINDICATO NACIONAL DOS EDITORES DE LIVROS, RJ

M113p

MacArthur, John, 1939-
As parábolas de Jesus comentadas por John MacArthur : os mistérios do Reino de Deus revelados nas histórias contadas pelo Salvador / John MacArthur ; tradução Markus Hediger. – 1. ed. – Rio de Janeiro : Thomas Nelson Brasil, 2016.

Tradução de: Parables : the mysteries of God's kingdom revealed through the stories Jesus told
ISBN 978.85.7860.850-7
978.85.7860.912-2 (edição especial)

1. Jesus Cristo – Ensinamentos. 2. Jesus Cristo – Parábolas. I. Título.

16-34394   CDD: 232
                       CDU: 27-31

Thomas Nelson Brasil é uma marca licenciada à Vida Melhor Editora LTDA.
Todos os direitos reservados à Vida Melhor Editora LTDA.
Rua da Quitanda, 86, sala 601A – Centro – 20091-005
Rio de Janeiro – RJ – Brasil
Tel.: (21) 3175-1030
www.thomasnelson.com.br

Para Marshall Brackin, um amigo leal que personifica a admoestação do apóstolo Paulo em 1Coríntios 16:13-14: "Estejam vigilantes, mantenham-se firmes na fé, sejam homens de coragem, sejam fortes. Façam tudo com amor."

Sumário

Introdução 7

Capítulo 1: Certo dia na Galileia 27
Capítulo 2: Uma lição sobre receber a Palavra 43
Capítulo 3: Uma lição sobre o preço do discipulado 67
Capítulo 4: Uma lição sobre justiça e graça 86
Capítulo 5: Uma lição sobre o amor ao próximo 106
Capítulo 6: Uma lição sobre a justificação por meio da fé 129
Capítulo 7: Uma lição sobre fidelidade 156
Capítulo 8: Uma lição sobre a sabedoria da serpente 174
Capítulo 9: Uma lição sobre o céu e o inferno 191
Capítulo 10: Uma lição sobre a persistência na oração 210

Agradecimentos 225

Apêndice 227

Notas 241

Índice temático 243

Índice de passagens bíblicas 249

Sobre o autor 255

INTRODUÇÃO

Por que Jesus ensinou por parábolas, e como podemos interpretá-las corretamente?

As parábolas de Jesus eram metáforas engenhosamente simples que transmitiam lições espirituais profundas. Seus ensinamentos eram repletos dessas histórias do dia a dia. Algumas delas não passavam de observações rápidas sobre acontecimentos, objetos ou pessoas comuns. Na verdade, a história mais curta de Jesus não chega a ocupar nem mesmo um versículo inteiro das Escrituras. Nós a encontramos em Mateus 13:33: "O Reino dos céus é como o fermento que uma mulher tomou e misturou com uma grande quantidade de farinha, e toda a massa ficou fermentada." No texto original grego, a parábola consiste em apenas 19 palavras. É a anedota mais simples sobre uma das atividades mais comuns, contada no menor número possível de palavras. Mas ela contém uma lição profunda sobre os mistérios do Reino dos céus. Como todas as parábolas de Jesus, ela cativou seus ouvintes e tem suscitado o interesse dos estudantes das Escrituras há mais de dois mil anos.

Jesus era mestre em contar histórias. Não existe verdade tão familiar ou doutrina tão complexa à qual ele não conseguisse dar nova profundidade e sabedoria contando uma simples história. Essas narrativas tipificam a profundeza plena e poderosa de sua mensagem e de seu estilo de instrução.

Pensamentos desleixados sobre as parábolas

A despeito da popularidade das parábolas, tanto o método quanto o significado por trás do emprego que Jesus fez dessas histórias são compreendidos e representados de maneira errada, até mesmo por estudiosos da Bíblia e especialistas em gêneros literários.

Muitos supõem, por exemplo, que Jesus contou as parábolas por uma única razão: para tornar seus ensinamentos o mais fáceis, acessíveis e agradáveis possível. Afinal de contas, as parábolas eram repletas de aspectos familiares — cenas facilmente reconhecíveis, metáforas agrícolas e pastoris, itens domésticos e pessoas comuns. Isso, naturalmente, tornaria suas palavras mais compreensíveis para seu público simples. Eram, sem dúvida alguma, um método brilhante de revelar mistérios eternos às mentes humildes. As parábolas de Jesus certamente mostram que até mesmo as histórias e as ilustrações mais singelas podem ser ferramentas eficazes para o ensino das verdades mais sublimes.

Alguns alegam que o uso de parábolas por Jesus demonstra que a narrativa é um método *melhor* para ensinar verdades espirituais do que discursos didáticos ou exortações por meio de sermões. Histórias, dizem eles, "têm mais impacto do que sermões. Quer comunicar uma mensagem ou levantar uma questão? Conte uma história. Foi o que Jesus fez".[1]

Outros vão ainda mais longe, alegando que a forma discursiva padrão na igreja deveria ser sempre a narrativa, não a exortatória ou didática. Citam Marcos 4:33-34, que descreve o ensino público de Jesus durante a última parte de seu ministério na Galileia da seguinte maneira: "Com muitas parábolas semelhantes Jesus lhes anunciava a palavra, tanto quanto podiam receber. Não lhes dizia nada sem usar alguma parábola." Portanto, argumentam, a contação de histórias deverá ser o método preferido de todo pastor — talvez até o *único* estilo que deveríamos usar. Nas palavras de um autor:

> Um sermão não é uma preleção doutrinal. É um *evento no tempo*, uma forma artística narrativa mais parecida com uma peça de teatro ou um romance do que com um livro. Não somos cientistas de engenharia; somos artistas narrativos em virtude da função profissional.
>
> Não lhe parece estranho que, em nosso treinamento homilético e de oratória, raramente contemplamos o vínculo entre nosso trabalho e o trabalho de um dramaturgo, poeta ou roteirista de TV? [...] Sugiro que comecemos vendo o sermão como trama homilética, como forma de arte narrativa, como história sagrada.[2]

De fato, é precisamente esse tipo de pregação que agora domina os púlpitos das igrejas e megaigrejas evangélicas. Em alguns casos, o púlpito desapareceu completamente, pois foi substituído por um palco e uma tela. As pessoas-chave entre os funcionários da igreja são aquelas cuja tarefa principal é dirigir o grupo de teatro ou a equipe de cinema. Declarar a verdade por meio de proposições está fora de moda. A onda do momento é contar — ou apresentar — histórias de uma maneira que encoraja as pessoas a se identificar com a narrativa. Supostamente, histórias são mais acolhedoras, mais ricas em conteúdo e significado e mais gentis do que os fatos brutos ou as pretensões inequívocas de verdade.

Essa visão da pregação tem conquistado adeptos, continuamente, há três ou quatro décadas, juntamente com outras estratégias pragmáticas que visam ao crescimento da igreja (uma tendência que já critiquei em outro lugar[3]). Segue um exemplo de como uma editora religiosa anuncia um livro importante sobre a revolução do final do século XX na filosofia de pregação e ministério: "A pregação está em crise. Por quê? Porque a abordagem tradicional, conceitual já não funciona mais. [...] Ela não consegue mais cativar a atenção dos ouvintes."[4] O próprio livro diz: "A antiga abordagem temática/conceitual à pregação está em estado grave, talvez até crítico."[5]

Inúmeros livros recentes sobre o tema da pregação têm repetido essa avaliação ou algo parecido. O remédio? Ouvimos incessantemente que os pregadores precisam se ver como contadores de histórias, *não* como professores de doutrina. Um exemplo típico:

> Ao contrário daquilo que muitos tentam nos convencer, o ingrediente principal da Bíblia é história, não doutrina. Não temos uma doutrina da Criação; temos histórias da Criação. Não temos um conceito da ressurreição, temos maravilhosas narrativas de Páscoa. Há pouco no Antigo e no Novo Testamento que não se apoie em uma narrativa ou uma história de algum tipo.[6]

Afirmações como essas são perigosamente enganadoras. É pura loucura contrapor história à doutrina, como se uma fosse inimiga da outra, ou (pior ainda) lançar a narrativa como argumento contra a proposição, como se ambas excluíssem uma à outra.* A ideia de que "uma doutrina da Criação" ou "um conceito da ressurreição" não podem ser transmitidos por meio de uma narrativa é simples e obviamente falsa. É igualmente falso alegar que as Escrituras "não ensinam um conceito da ressurreição" além dos relatos narrativos. Veja, por exemplo, 1Coríntios 15 — um capítulo longo, todo dedicado a uma defesa sistemática, pedagógica e firme da doutrina da Ressurreição física, repleta de exortações, argumentos, silogismos e uma abundância de afirmações proposicionais.

Além do mais, existe uma diferença clara e significativa entre *parábola* (uma história criada por Jesus para ilustrar um preceito, uma proposição ou um princípio) e *história* (uma crônica de eventos que

---

* O apêndice responde ao equívoco comum segundo o qual doutrina e história seriam fundamentalmente opostas uma à outra.

INTRODUÇÃO

de fato aconteceram). A parábola ajuda a explicar uma verdade; a história nos fornece um relato factual daquilo que aconteceu. Apesar de a história ser contada em forma narrativa, ela não é ficção ilustrativa, mas realidade. Uma das formas principais em que as proposições essenciais da verdade cristã foram preservadas e transmitidas a nós foi por meio de sua inclusão no registro infalível da história bíblica. É justamente esse o princípio sobre o qual Paulo construiu seu argumento sobre a verdade da Ressurreição física em 1Coríntios 15.

Sua defesa dessa doutrina começa com um relato de fatos históricos, amplamente confirmados por numerosas testemunhas oculares. Na verdade, as doutrinas consideradas de suma importância eram todas centrais na história daquele último fim de semana de Páscoa: "[...] Cristo morreu pelos nossos pecados, segundo as Escrituras, foi sepultado e ressuscitou ao terceiro dia, segundo as Escrituras" (vv. 3-4).

A noção de que histórias são sempre melhores e mais úteis do que pretensões de verdade diretas é um boato pós-moderno desgastado. Fazer uma distinção tão clara entre histórias e proposições e contrapor umas às outras (como se fosse possível contar histórias *sem* afirmações proposicionais) é simplesmente um contrassenso, um truque retórico. Esse tipo de disparate intelectual é uma ferramenta típica da desconstrução linguística. A intenção verdadeira desse tipo de exercício é confundir o sentido, eliminar a certeza e abolir o dogma.*

Mas o maltrato descarado conferido às parábolas de Jesus pelos comentaristas modernos pode até ser pior do que isso. Uma visão ainda mais radical, que está conquistando popularidade rapidamente nesses tempos pós-modernos, é a noção de que as histórias, devido à sua própria natureza, não possuem um sentido fixo ou objetivo.

---

* Para uma explicação e análise sucinta do pós-modernismo, veja John MacArthur, *The Truth War* (Nashville: Thomas Nelson, 2007). Em resumo, as filosofias pós-modernas são dominadas pela noção de que a verdade é subjetiva, nebulosa, incerta, talvez até inalcançável. Ou, para usar uma declaração curta de *The Truth War*: "O pós-modernismo é, em geral, marcado por *uma tendência de negar a possibilidade de qualquer conhecimento certo e estabelecido da verdade*" (p. 10).

Elas estariam inteiramente sujeitas à interpretação do ouvinte. Segundo esse pensamento, o uso de parábolas por Jesus representava uma recusa deliberada de proposições e dogmas em prol do mistério e da conversação. Um comentarista o expressa desta forma: "A natureza da narrativa é tal que ela se oferece à imaginação do ouvinte e se transforma naquilo que o ouvinte quer que ela seja — independentemente da intenção do narrador. Narrativas são essencialmente polivalentes e, portanto, sujeitas a uma ampla gama de interpretações."[7]

Esse mesmo autor cita interpretações divergentes das parábolas de Jesus feitas por outros comentaristas e declara cinicamente: "As parábolas funcionam como os intérpretes e ouvintes querem que funcionem — independentemente da intenção de Jesus. [...] Nós simplesmente não sabemos como Jesus usou as parábolas e claramente não temos qualquer esperança de descobrir sua intenção."[8]

E ele ainda não acabou:

> Os intérpretes das parábolas não estão dizendo aos leitores o que Jesus realmente quis dizer com a parábola; eles simplesmente não sabem, não podem saber isso. Os intérpretes descrevem o que *eles acreditam* ter sido a intenção de Jesus — algo fundamentalmente diferente. Uma explicação é evocada na mente de um leitor específico a partir de uma interação com uma parábola, e as reações dependem tanto daquilo que o intérprete projeta sobre a parábola quanto daquilo que a própria parábola diz — talvez até mais. Se o intérprete fizesse parte do público quando Jesus contou a parábola, a situação teria sido a mesma. Meu intérprete moderno hipotético, que eu acabo de levar para o passado, para a presença de Jesus, mesmo assim teria que extrair um sentido da parábola, da mesma forma como o fazem os intérpretes de hoje. Tanto no passado quanto agora, outros membros do público teriam reações bastante divergentes. Nesse sentido, a situação atual em relação às interpretações das parábolas é idêntica àquela que teríamos en-

contrado no século I. Assim, jamais existiram interpretações "corretas" das parábolas de Jesus. Quando digo "corretas", refiro-me a interpretações que consigam captar a intenção de Jesus. Em vista da natureza da narrativa, nenhuma explicação de uma parábola pode excluir todas as outras.[9]

Confesso que é um mistério para mim o por que de uma pessoa que defende esse tipo de visão se daria ao trabalho de escrever um livro sobre as parábolas. Se uma pessoa rejeita a verdade proposicional ilustrada por uma parábola, *é claro* que ela permanece um enigma aberto. O problema não é que a parábola não possua um sentido verdadeiro, mas que aqueles que a leem com um coração endurecido pela descrença já rejeitaram a verdade que a parábola pretende ilustrar.

A visão defendida por esse autor é uma versão exagerada da *estética da recepção*, outra ferramenta querida da desconstrução linguística pós-moderna. A ideia subjacente é que o leitor, não o autor, é aquele que cria o significado de qualquer texto ou narrativa. É uma espada de dois gumes. Se aplicada de forma consistente, essa abordagem à hermenêutica exporia a incompreensibilidade da prosa do próprio comentarista. No fim das contas, trata-se apenas de mais uma expressão da agenda pós-moderna de confundir, em vez de esclarecer significado, motivada por uma rejeição obstinada à autoridade e à inerrância bíblica.

Por que parábolas?

Todas as visões acima citadas são erradas — perigosamente erradas — porque levam em conta apenas parte da verdade. Veja, por exemplo, a convicção comum de que a única razão pela qual Jesus usou parábolas era tornar verdades difíceis o mais claro, familiar e compreensível possível. Quando o próprio Jesus explicou por que ele falava em parábolas, ele citou uma razão praticamente oposta:

Os discípulos aproximaram-se dele e perguntaram: "Por que falas ao povo por parábolas?" Ele respondeu: "A vocês foi dado o conhecimento dos mistérios do Reino dos céus, mas a eles não. A quem tem será dado, e este terá em grande quantidade. De quem não tem, até o que tem lhe será tirado. Por essa razão eu lhes falo por parábolas: 'Porque vendo, eles não veem e, ouvindo, não ouvem nem entendem.'"Neles se cumpre a profecia de Isaías [6:9-10]:

Ainda que estejam sempre ouvindo, vocês nunca entenderão;
ainda que estejam sempre vendo, jamais perceberão.
Pois o coração deste povo se tornou insensível;
de má vontade ouviram com os seus ouvidos,
e fecharam os seus olhos.
Se assim não fosse, poderiam ver com os olhos, ouvir com os ouvidos,
entender com o coração e converter-se,
e eu os curaria. (Mateus 13:10-15)

Enquanto as parábolas realmente ilustram e esclarecem a verdade para aqueles que têm ouvidos para ouvir, elas têm justamente o efeito contrário para aqueles que se opõem e rejeitam Cristo. O simbolismo esconde a verdade de qualquer um que não tenha a disciplina ou o desejo de procurar pelo significado pretendido por Jesus. É por isso que Cristo adotou esse estilo de instrução. Tratava-se de um juízo divino contra aqueles que recebiam seu ensinamento com desdém, descrença ou apatia. No capítulo 1, analisaremos mais de perto essa ideia, e examinaremos as circunstâncias que incentivaram Jesus a falar em parábolas.

Com isso, não quero sugerir que as parábolas eram apenas um reflexo da severidade com que Deus condena a descrença; pois eram também uma expressão de sua misericórdia. Observe como Jesus (citando a profecia de Isaías) descreveu os incrédulos que andavam entre aqueles que o seguiam. Eles haviam entupido seus ouvidos e fechado seus olhos firmemente, caso contrário poderiam "entender

INTRODUÇÃO

com o coração e converter-se, e eu os curaria" (v. 15). Sua descrença era teimosa, deliberada e, por escolha própria, irrevogável. Quanto mais ouviam as palavras de Cristo, mais responsáveis se tornavam em relação à verdade. Quanto mais endureciam seus corações contra a verdade, mais severo seria seu julgamento, pois "a quem muito foi dado, muito será exigido" (Lucas 12:48). Assim, ao esconder lições espirituais em histórias e símbolos do dia a dia, Jesus estava protegendo-os de amontoar culpa sobre culpa.

E certamente havia outros benefícios misericordiosos que resultaram de seu estilo de instrução. As parábolas (como qualquer outra boa ilustração) naturalmente despertavam o interesse e aumentavam a atenção na mente das pessoas que não haviam se endurecido contra a verdade, mas que simplesmente não dispunham de certa medida de aptidão ou que não entendiam uma doutrina exposta em linguagem objetiva e dogmática. Sem dúvida alguma, as parábolas tinham o efeito de despertar a mente de muitas pessoas que ficavam maravilhadas com a simplicidade das parábolas de Jesus e, assim, desejavam descobrir seu sentido subjacente.

Em outros (incluindo, certamente, alguns cuja primeira exposição à verdade pode ter provocado ceticismo, indiferença ou até mesmo rejeição), o imaginário gráfico das parábolas pode ter ajudado a manter a verdade arraigada na memória até ela brotar em fé e compreensão.

Richard Trench, um bispo anglicano do século XIX, escreveu uma das obras mais lidas sobre as parábolas de Jesus. Ele destaca o valor mnemônico dessas histórias:

> Se o nosso Senhor tivesse falado a verdade espiritual nua e crua, muitas de suas palavras, em parte devido à falta de interesse por parte dos seus ouvintes, em parte devido à falta de compreensão, teriam desaparecido de seus corações e de suas memórias, sem deixar qualquer traço. Mas por ter sido compartilhada com eles na forma de alguma imagem vívida, de alguma sentença sucinta e aparentemente paradoxal ou de alguma narrativa breve, mas interessante,

ela chamou atenção, incentivou curiosidade e encontrou, mesmo que a verdade não fosse entendida de imediato, com a ajuda da ilustração usada, uma entrada para a mente, e as palavras assim se fixaram em sua memória e permaneceram ali.[10]

Havia, portanto, várias razões boas e graciosas para Jesus embrulhar a verdade em parábolas diante da descrença, da apatia e da oposição ao seu ministério (cf. Mateus 13:58; 17:17).

Quando explicadas, as parábolas eram ilustrações esclarecedoras de verdades cruciais. E Jesus explicou suas parábolas generosamente aos seus discípulos.

Para aqueles que permaneceram firmes em sua recusa de ouvir, as parábolas não explicadas permaneceram enigmas, sem um sentido claro, de modo que obscureceram ainda mais o ensinamento de Jesus em seus corações já entorpecidos. Assim, o juízo imediato de Jesus contra sua descrença foi incorporado diretamente à forma discursiva que ele usou quando ensinava em público.

Resumindo, as parábolas de Jesus tinham um propósito duplo claro: *elas escondiam a verdade* das pessoas satisfeitas consigo mesmas, que se consideravam sofisticadas demais para aprender algo dele, *enquanto a mesma parábola revelava a verdade* às almas ansiosas que tinham a fé de uma criança — àquelas pessoas que tinham fome e sede de justiça. Jesus agradeceu ao Pai por ambos os resultados: "Eu te louvo, Pai, Senhor dos céus e da terra, porque escondeste estas coisas dos sábios e cultos, e as revelaste aos pequeninos. Sim, Pai, pois assim foi do teu agrado" (Mateus 11:25-26).

Precisamos corrigir outro equívoco comum: *nem sempre* nosso Senhor falou em parábolas. A maior parte do Sermão da Montanha é precisamente o tipo de exortação direta que alguns dos estudiosos da homilética de hoje repudiam. Apesar de Jesus encerrar o sermão com uma curta parábola (os construtores sábio e tolo, Mateus 7:24-27), a substância de sua mensagem, a começar pelas Bem-aventuranças, é apresentada em uma série de afirmações proposicionais, mandamen-

INTRODUÇÃO

tos, argumentos polêmicos, exortações e palavras de advertência. Há muitas imagens verbais vívidas incluídas aqui: uma cena de tribunal e prisão (5:25); a amputação de olhos ou mãos que fazem pecar (5:29-30); o olho como candeia do corpo (6:22); lírios vestidos em maior esplendor do que Salomão em toda a sua glória (6:28-29); viga de madeira no olho (7:3-5); etc. Mas essas imagens não são parábolas. Na verdade, o relato de Mateus sobre o Sermão da Montanha abarca 107 versículos e apenas os quatro versículos próximos do fim podem ser tecnicamente descritos como parábola.

Lucas inclui uma fala que não encontramos no relato de Mateus do Sermão da Montanha, e Lucas a chama explicitamente de parábola: "Pode um cego guiar outro cego? Não cairão os dois no buraco?" (Lucas 6:39).* Isso não é, evidentemente, uma parábola clássica no estilo narrativo. É uma máxima formulada como pergunta. Lucas a chama de parábola por causa da forma como evoca uma imagem tão vívida que ela poderia facilmente ser recontada como narrativa. Mas, mesmo se elevarmos o número de parábolas no Sermão da Montanha de Jesus para dois, continuamos tendo que lidar com o fato de que o mais famoso discurso público de Jesus simplesmente não é um exemplo de discurso narrativo. Trata-se de um *sermão* clássico, dominado por doutrina, repreensão, correção e instrução em justiça (cf. 2Timóteo 3:16). Não é uma história nem uma sequência de anedotas. As poucas palavras pictóricas simplesmente ilustram o material do sermão.

Em outros lugares, vemos Jesus pregando e exortando as multidões sem qualquer indício de que ele teria usado um estilo narrativo.

---

* Isso era, sem dúvida, uma fala comum de Jesus, pois Mateus 15:14 registra uma afirmação semelhante, mas dessa vez trata-se de um comentário feito em particular aos Doze, e ela ocorre bem mais tarde no ministério na Galileia (Mateus 15:14). Pedro responde imediatamente: "Explica-nos a parábola" (v. 15), mas a fala que Jesus explica é uma afirmação feita anteriormente diante das multidões. "O que entra pela boca não torna o homem 'impuro'; mas o que sai de sua boca, isto o torna 'impuro'" (v. 11). Esse emprego amplo da palavra *parábola* exemplifica como o uso da palavra pela própria Bíblia torna tão difícil distinguir, definir e contar as parábolas de Jesus.

Alguns dos relatos mais longos e mais detalhados dos sermões públicos de Jesus são encontrados entre os discursos registrados no Evangelho de João, e nenhum deles inclui qualquer parábola. Os relatos do ensinamento de Jesus nas sinagogas de Nazaré (Lucas 4:13-27) ou Cafarnaum (vv. 31-37) não mencionam qualquer parábola. Portanto, é simplesmente impreciso alegar que ele empregava a pregação narrativa mais do que qualquer outro estilo, e nada justifica afirmar que ele *sempre* falava em parábolas.

O que, então, significa a declaração em Marcos 4:33-34: "Não lhes dizia nada sem usar alguma parábola"? Trata-se de uma descrição do estilo de ensinamento *público* de Jesus *durante o último ano de seu ministério público.* É uma referência à mudança intencional no estilo de instrução, que ocorreu mais ou menos no mesmo tempo em que o ministério de Jesus na Galileia entrou em sua fase final. Como já observamos acima, iniciaremos o capítulo 1 com uma análise dos eventos que levaram Jesus a adotar esse estilo. Foi uma mudança repentina e rápida, uma resposta à descrença e rejeição deliberada dos corações endurecidos.

Portanto, é verdade, sim, que as parábolas ajudam a ilustrar e explicar a verdade para pessoas simples que ouvem com corações fiéis. Mas elas também ocultam a verdade de ouvintes indispostos e descrentes, embrulhando os mistérios do Reino de Cristo em símbolos familiares e histórias simples. Isso não aconteceu por acaso. Segundo seu próprio testemunho, a razão principal pela qual Jesus adotou repentinamente o estilo de parábola pretendia mais esconder a verdade dos descrentes de coração endurecido do que explicar a verdade aos discípulos de mente simples. Era o propósito declarado de Jesus "expressar coisas mantidas em segredo" — e suas parábolas servem ainda hoje a esse propósito duplo. Se as histórias que Jesus contou parecem permitir infinitas interpretações e, portanto, não possuir qualquer sentido objetivo reconhecível, isso se deve ao fato de que sua compreensão verdadeira exige fé, diligência, exegese cuidadosa e um desejo autêntico de ouvir o que Cristo está dizendo.

INTRODUÇÃO

É importante saber também que a todos os incrédulos falta essa capacidade. As parábolas de Jesus falam "da sabedoria de Deus, do mistério que estava oculto, o qual Deus preordenou, antes do princípio das eras, para a nossa glória. Nenhum dos poderosos desta era o entendeu, pois, se o tivessem entendido, não teriam crucificado o Senhor da glória" (1Coríntios 2:7-8). Nenhum incrédulo jamais compreenderá os mistérios do Reino filtrando essas histórias com a peneira da sabedoria humana. As Escrituras não deixam dúvida em relação a isso. "'Olho nenhum viu, ouvido nenhum ouviu, mente nenhuma imaginou o que Deus preparou para aqueles que o amam'; *mas Deus o revelou a nós por meio do Espírito*. O Espírito sonda todas as coisas, até mesmo as coisas mais profundas de Deus" (vv. 9-10; grifos do autor).

Em outras palavras, a fé, gerada e capacitada pela obra do Espírito Santo em nosso coração, é o pré-requisito necessário para se compreender as parábolas. Essas histórias possuem, *sim*, um sentido objetivo. Elas possuem uma interpretação divina e, portanto, correta. O próprio Jesus explicou algumas das parábolas em detalhes, e a hermenêutica que ele usou nos serve como modelo quando estudamos o restante de suas histórias. Mas precisamos nos aproximar das parábolas como fiéis dispostos a ouvir, não como céticos com o coração endurecido contra a verdade.

Algumas definições e detalhes

Nos capítulos a seguir examinaremos uma dúzia das parábolas mais notáveis de Jesus. Seriam necessários múltiplos volumes para tratar de *todas* as parábolas com a seriedade necessária. Existem mais ou menos quarenta parábolas incluídas no relato do Evangelho. (O número exato depende do método de contagem.) Meus comentários básicos sobre qualquer uma das parábolas de Jesus podem ser encontrados nos respectivos volumes da série *The MacArthur New Testa-*

ment Commentary [Comentário MacArthur do Novo Testamento]. Além disso, há mais de 25 anos, eu incluí um resumo de sete parábolas em uma obra grande que examina a mensagem evangelística de Jesus.[11] Algumas dessas parábolas são apresentadas aqui em capítulos completamente novos e mais profundos. Apesar de a parábola do filho pródigo ser uma das histórias mais ricas, mais memoráveis e mais importantes de Jesus, ela não foi incluída neste livro, visto que já escrevi um livro inteiro sobre esta passagem.[12] O objetivo deste livro é desdobrar a profundeza de sentido com a ajuda de uma seleção representativa das parábolas de Jesus e analisar a maneira engenhosa com que ele ilustrou verdades vitais com histórias do dia a dia.

Antes de estudarmos parábolas específicas, sugiro fazer algumas observações sobre este gênero literário. O que é uma parábola e como ela se diferencia de outras formas ilustrativas, como metáforas, fábulas, alegorias etc? Uma parábola não é simplesmente uma analogia. É uma metáfora prolongada com uma lição espiritual específica contida na analogia. Figuras retóricas sucintas como "forte como um touro" ou "rápido como um relâmpago" são comparações, simples e diretas o suficiente para não exigirem qualquer explicação. A parábola estende a comparação e a transforma em uma história mais longa ou em uma metáfora mais complexa, e o significado (sempre alguma verdade espiritual) não é necessariamente óbvio. A maioria das parábolas de Jesus exigia algum tipo de explicação.

Mas apresentar uma definição técnica que se aplique a todas as parábolas de Jesus é notoriamente difícil, em parte por causa da variedade de ditos definidos explicitamente como parábolas nos relatos do Evangelho. Em Mateus 15:15, por exemplo, Pedro pede que Jesus explique "esta parábola" documentada no versículo 11: "O que entra pela boca não torna o homem 'impuro'; mas o que sai de sua boca, isto o torna 'impuro'." Na verdade, trata-se simplesmente de um par de proposições simples declaradas como algo semelhante a um provérbio. Esse versículo não apresenta nenhum dos elementos distintivos de uma história ou narrativa — nenhuma trama, nenhum personagem, nenhuma série de eventos. Mesmo assim, as Escrituras o identificam como parábola (não só em Mateus 15, mas também em Marcos 7:17).

Além do mais, em Lucas 4:23, Jesus cita um provérbio: "Médico, cura-te a ti mesmo." No texto grego, a palavra que ele usa para se referir a esse provérbio é *parabolē*, a mesma palavra que normalmente traduzimos como "parábola".

É óbvio, então, que a ideia bíblica de parábola é mais ampla do que a maioria das definições técnicas sugeridas por vários comentaristas, e essa é a razão pela qual é tão difícil chegar a uma contagem exata das parábolas bíblicas.

A palavra *parábola* é usada quatro vezes na versão *Nova Versão Internacional* do Antigo Testamento: em Salmos 78:2 e em Ezequiel 17:2; 20:49 e 24:3. A palavra hebraica usada nessas passagens é *mashal*, que pode se referir a um dito profético, a um provérbio, a um enigma, a um discurso, a um poema, a um conto, a um símile, enfim, a quase todo tipo de máxima ou anedota. A palavra ocorre por volta de quarenta vezes nas Escrituras hebraicas e normalmente é traduzida como "provérbio" (apesar de ser traduzida como "oráculo" no livro de Números e como "discurso" no livro de Jó). Apenas nos três textos do Antigo Testamento citados acima o contexto da palavra parece sugerir uma referência a algo semelhante ao tipo de parábolas que Jesus costumava contar.

A palavra grega traduzida como "parábola" nos Evangelhos sinóticos (Mateus, Marcos e Lucas) é *parabolē* e é usada cinquenta vezes em 48 versículos do Novo Testamento. Duas vezes, a palavra é usada em Hebreus para indicar uma fala figurativa: "[O primeiro tabernáculo] é uma ilustração [*parabolē*] para os nossos dias" (9:9) e "Abraão levou em conta que Deus pode ressuscitar [Isaque]; e, figuradamente [*parabolē*], recebeu Isaque de volta dentre os mortos" (11:19).

Todas as outras 48 ocorrências do termo no Novo Testamento se encontram nos Evangelhos sinóticos, nos quais a palavra é traduzida sempre como "parábola" ou "parábolas", sempre se referindo às histórias de Jesus.

A palavra deriva das raízes gregas: *para* ("ao lado") e *ballō* ("lançar"). Literalmente, significa "colocar ao lado", sugerindo uma comparação entre duas coisas que são semelhantes em algum aspecto. Essa ideia se preserva até no termo homônimo da geometria, no qual a "parábola" descreve uma curva cujos lados se espelham perfeitamente. A derivação da palavra *parábola*, portanto, se refere à analogia entre algum lugar comum da realidade e uma verdade espiritual profunda. Essa justaposição de coisas comuns à verdade transcendental é o aspecto mais distintivo da parábola, e não a trama, a extensão, a forma, os recursos literários ou o estilo narrativo. Para dizê-lo da maneira mais simples possível: uma parábola é uma figura de linguagem ilustrativa para fins de comparação e, especialmente, para o propósito de ensinar uma lição espiritual. Uma parábola pode ser longa ou curta. Ela pode recorrer a metáforas, comparações, provérbios ou qualquer outro tipo de imagem verbal. (Pode até conter elementos de uma alegoria.) Mas ela sempre faz uma comparação que se aplica a alguma verdade na esfera espiritual.

A lição revelada na comparação é sempre a mensagem central (e muitas vezes a única) da parábola. Uma parábola não é uma alegoria como *O peregrino*, em que cada personagem e praticamente cada elemento da trama transmite algum significado oculto, mas vital. As parábolas não devem ser escavadas para revelar camada após camada de significado secreto. Suas lições são simples, focadas, sem adornos. (Voltaremos a falar sobre este ponto em breve.)

Outro distintivo importante das parábolas de Jesus é que elas nunca apresentam elementos mitológicos ou fantásticos. Em nenhum aspecto se parecem com as fábulas de Esopo, em que criaturas personificadas da floresta nos ensinam lições morais. As parábolas de Jesus são ilustrações realistas e críveis. Poderiam muito bem ser todas verdadeiras.

Então, para os nossos propósitos neste livro, a definição simples com que iniciei esta introdução é tão boa quanto qualquer outra: *uma parábola é uma imagem verbal engenhosamente simples que ilumina uma profunda lição espiritual.*

INTRODUÇÃO

Apesar de Jesus não ter sido o primeiro a usar essa forma, ele foi certamente o primeiro a usar parábolas tão extensivamente em seu ensinamento. Rabinos importantes anteriores à era de Cristo haviam usado parábolas apenas raramente. Hilel, o Ancião, por exemplo, um dos rabinos mais famosos e influentes de todos os tempos, viveu uma geração antes do nascimento de Cristo, e dizem que, ocasionalmente, ele falava em parábolas. O Midrash é uma coletânea de homilias, comentários, anedotas e ilustrações rabínicas que explicam vários textos bíblicos. O texto do Midrash data do século II d.C., mas inclui algumas parábolas mais antigas, que parecem ser anteriores ao ministério de Cristo. O que isso deixa claro, porém, é que o uso de parábolas no ensinamento aumentou dramaticamente na tradição rabínica durante e depois do tempo de Cristo.[13] Não havia pessoa melhor quando se tratava de contar parábolas, e outros rabinos logo adotaram o método.

Encontramos as parábolas de Jesus apenas nos Evangelhos sinóticos. O Evangelho de João não registra uma única parábola. Parábolas são raras também em Marcos; ele inclui apenas seis,* e apenas uma (4:26-29) é registrada em Marcos. Em outras palavras, todas

---

* As parábolas registradas por Marcos são a do semeador (4:3-20), a das sementes espalhadas (4:26-29), a da semente de mostarda (4:30-32), dos trabalhadores maus da vinha (12:1-9), a da figueira (13:28-32) e a do guardião (13:34-37). Alguns comentaristas incluem expressões figurativas simples em sua lista de parábolas. Figuras de fala curtas não se encaixam necessariamente na forma narrativa clássica que caracteriza uma parábola verdadeira, por isso, não as incluí em minha lista. Mas vale a pena observar que existem numerosas maneiras de contar as parábolas em Marcos. Algumas listas, por exemplo, incluem a comparação de Jesus entre o jejum e o presente do noivo (Marcos 2:19-20); a imagem do vinho em odres novos (2:21-22); a lâmpada embaixo do cesto (4:21) etc. Há quem inclua também o ato de amarrar o homem forte (3:27) e o sal que perdeu seu sabor (9:50). É por isso que as listas das parábolas em Marcos variam, normalmente, entre seis e onze parábolas. A grande divergência ilustra a impossibilidade prática de elaborar uma lista definitiva de todas as parábolas de Jesus — e é por isso que não tentei incluir esse tipo de lista neste livro. Uma discussão aprofundada sobre as diferenças sutis entre analogias simples e parábolas seria uma excelente tese acadêmica, mas vai muito além do objetivo deste volume.

as parábolas registradas de Jesus, com a exceção de uma única, são encontradas em Mateus e Lucas.*

Vale observar também que Mateus e Lucas têm estilos um tanto diferentes de recontar as parábolas de Jesus. Mateus contas as histórias da forma mais sucinta possível e narra apenas os fatos. Os relatos de Lucas tendem a dar mais vida e personalidade aos personagens nas histórias. Simon J. Kistemaker resume as diferenças estilísticas entre Mateus e Lucas:

> Do armazém das parábolas de Jesus, Mateus selecionou aquelas que ele apresenta em esboços em preto e branco. O comerciante de pérolas, por exemplo, é uma pessoa comum que não chega a adquirir vida. As parábolas que Lucas selecionou, por sua vez, são vívidas na retratação da vida e coloridas em sua trama. Nessas parábolas, as pessoas conversam, como no caso do homem rico que, após ótimas colheitas, construiu celeiros cada vez maiores (Lucas 12). Até mesmo na parábola da ovelha perdida, registrada em Mateus e Lucas, essa diferença é óbvia. Após encontrar a ovelha perdida, o pastor, cheio de alegria, volta para casa e reúne seus amigos e vizinhos e diz: "Alegrem-se comigo, pois encontrei minha ovelha perdida" (Lucas 15:6). Mateus registra apenas que o homem está feliz (Mateus 18:13). É como se Mateus usasse um filme em preto e branco; e Lucas, um filme em cores.[14]

De forma alguma queremos sugerir com isso que a abordagem de Mateus seja inferior ou menos inspirada do que a de Lucas. Um fato a ser lembrado sobre as parábolas de Jesus é que elas são simples de propósito, e as lições que ensinam são igualmente simples. Já falamos sobre isso anteriormente quando estávamos contemplando as distinções entre parábola e alegoria. Mas esse ponto é importante

---

* Alguns afirmam que existem *duas* parábolas singulares em Marcos, citando as sementes espalhadas (4:26-29) e o guardião (13:34-37). Mas este último é simplesmente um relato abreviado da mesma parábola narrada em Mateus 24:42-51.

INTRODUÇÃO

demais para ser descartado apressadamente, e esta é uma boa observação para encerrar essa introdução:

O simbolismo nas parábolas de Jesus raramente apresenta muitas camadas e raramente é multidimensional. Na maioria dos casos, as parábolas transmitem uma única mensagem simples. Tentar encontrar um sentido mais profundo em cada elemento da história é, muitas vezes, apenas um exercício em hermenêutica ruim. Até mesmo as parábolas mais detalhadas (como as do bom samaritano e do filho pródigo) ensinam lições simples e diretas. Elementos menores da história não devem ser sobrecarregados com sentido espiritual.

O azeite e o vinho, por exemplo, que o bom samaritano usou para tratar das feridas do viajante (Lucas 10:34) não possuem qualquer significado simbólico ou espiritual além de mostrar que o samaritano cuidou do homem com carinho e atenção. Tampouco existe necessidade de projetar algum sentido espiritual secreto sobre as "vagens de alfarrobeira que os porcos comiam" na história do filho pródigo (Lucas 15:16). A história fornece esse detalhe porque demonstra em algumas poucas palavras o quanto o garoto tinha caído na pobreza de um estilo de vida degradante.

Repito: a coisa importante em cada parábola é a lição central, e nos casos em que o simbolismo é mais complexo (como na parábola dos solos diferentes e na parábola das espigas), Jesus quase sempre nos explica o simbolismo.

Quando estudarmos as parábolas de Jesus nas páginas seguintes, comprometa-se a ser um discípulo verdadeiro, que busca a sabedoria com cuidado e o entendimento com um coração obediente. As lições que Cristo incluiu em suas imagens verbais são verdadeiramente profundas e merecem nossa atenção. Como disse Jesus àqueles primeiros discípulos: "Felizes são os olhos que veem o que vocês veem. Pois eu lhes digo que muitos profetas e reis desejaram ver o que vocês estão vendo, mas não viram; e ouvir o que vocês estão ouvindo, mas não ouviram" (Lucas 10:23-24). Essas histórias contêm uma promessa de bênção para aqueles que entendem a verdade que elas ensinam.

O Salvador [...] sabia o que estava dizendo quando falava. Algumas pessoas não sabem o que querem dizer quando falam; e quando um homem não consegue lhe dizer o que quer dizer, normalmente isso se deve ao fato de ele mesmo não conhecer o sentido daquilo que diz. Uma fala confusa é, normalmente, o resultado de um pensamento confuso. Se os homens pensam em nuvens, eles pregarão nuvens; mas o Salvador jamais falou naquele estilo que, em certo momento, era tão comum nos nossos púlpitos: um estilo importado em parte da Alemanha e que era excessivamente nebuloso, apesar de algumas pessoas terem considerado aquilo maravilhosamente profundo e um distintivo do intelecto.

Mas não havia uma única sentença desse tipo em todo o ensinamento de Cristo. Ele foi o palestrante mais claro, mais direto e mais franco de todos. Ele sabia o que queria dizer; e ele queria que os ouvintes também o soubessem.

É verdade que os judeus dos seus dias não compreenderam partes de seu ensinamento, mas isso ocorreu porque a cegueira do juízo havia caído sobre eles. O problema não estava na luz, mas na visão ofuscada deles.

Estude seus ensinamentos e veja se outra pessoa já falou de modo tão simples quanto ele. Uma criança consegue entender suas parábolas. Há nelas verdades ocultas que são um mistério até mesmo para os discípulos instruídos de Cristo; mas Cristo nunca confundiu seus ouvintes. Falou com eles como uma criança [...]. Nunca abandonou a simplicidade da infância apesar de possuir toda a dignidade da idade adulta.

Seu coração estava à vista, e ele dizia o que tinha em mente numa linguagem tão direta e clara que até mesmo os mais pobres dos pobres e os mais inferiores dos inferiores queriam ouvi-lo.

CHARLES HADDON SPURGEON[15]

―――――― CAPÍTULO 1 ――――――

Certo dia na Galileia

*A vocês foi dado o conhecimento dos mistérios
do Reino dos céus, mas a eles não.*

MATEUS 13:11

Em um dia muito corrido, já próximo do fim do segundo ano do ministério público de Jesus, ele teve um encontro com alguns fariseus hostis, e todo o caráter de seu ensinamento mudou repentinamente. De repente, deixou de fazer sermões diretos cheios de textos-chave proféticos do Antigo Testamento. A partir daquele momento, sempre que falava em público, ele falava em parábolas. Essa mudança abrupta no estilo do ensinamento de Jesus era um presságio de juízo contra a elite religiosa de Israel e todos que a seguiam.

Os fariseus e o sábado

Mateus introduz o ponto de virada no ministério público de Jesus recontando uma série de conflitos públicos provocados por líderes religiosos judeus que, desesperados, queriam prejudicar a reputação de Jesus.

A disputa principal que eles escolheram tinha a ver com a observância correta do sábado, símbolo de seu sistema legalista. Os fariseus se consideravam especialistas e policiais dedicados à aplicação da Lei quando se tratava da observância estrita do sábado. Eles haviam acrescentado aos estatutos veterotestamentários sobre o sábado uma longa lista de restrições mesquinhas, feitas pelo homem. Esse era o seu projeto xodó, e eles eram militantes em suas tentativas de impor à nação inteira uma versão extremamente rigorosa de observância do sábado.

O raciocínio original dos fariseus era, evidentemente, que, a fim de impedir infrações descuidadas ou acidentais à lei do sábado, o melhor a fazer era proibir tudo que estivesse em dúvida e limitar as atividades do sábado às necessidades mais básicas. Qualquer que tenha sido a intenção original, eles transformaram o sábado numa inconveniência opressiva. Pior ainda, seu sistema rígido se tornou um ponto do qual eles se orgulhavam muito, e se transformou em uma arma de abuso para atormentar as outras pessoas. O dia de "descanso" se tornou uma das experiências mais desgastantes em uma longa lista de "fardos pesados" que os fariseus pretendiam colocar sobre os ombros de outras pessoas (Mateus 23:4).

No Antigo Testamento, a observância do sábado nunca pretendera ser um fardo; pretendia ser o exato oposto: "uma delícia" (Isaías 58:13) e uma trégua para pessoas cansadas. Os mandamentos canônicos em relação ao sábado eram definidos completa e meticulosamente. O sétimo dia era reservado como um lembrete gracioso e semanal de que a humanidade é chamada para participar do descanso do Senhor (Hebreus 4:4-11). As Escrituras introduzem esse tema logo no início. É a coroa da história da Criação: "Assim foram concluídos os céus e a terra, e tudo o que neles há. No sétimo dia Deus já *havia concluído* a obra que realizara, e nesse dia *descansou*. *Abençoou* Deus o sétimo dia e o *santificou*, porque nele descansou de toda a obra que realizara na criação" (Gênesis 2:1-3, grifos do autor).

A progressão dos verbos nesse texto é significativa. Quando Deus completou sua obra criativa, ele descansou, não porque precisasse de descanso ou alívio, mas porque sua obra estava terminada.* Então declarou que o sábado era sagrado, como um favor para a humanidade. O trabalho é uma labuta. Isso é um resultado da maldição que o pecado da humanidade trouxe sobre toda a criação (Gênesis 3:17-19). Além do mais, um homem entregue a si mesmo descobrirá que ele "trabalha sem parar" (Eclesiastes 4:8). O sábado é uma celebração da obra terminada *do Senhor*, e toda a humanidade é encorajada a participar do descanso do Senhor. Essa verdade foi ilustrada pela primeira vez pelo descanso do próprio Deus no último dia da semana da Criação. Mas a glória plena do sábado foi revelada na obra terminada de Cristo (João 19:30).**

O sábado é, portanto, de importância vital na história bíblica de redenção. Ele deveria servir como lembrete semanal da graça de Deus, que sempre contrasta com a obra humana.

A Lei de Moisés incluía uma série de preceitos relacionados à observância do sábado. Mas o mandamento primário de lembrar e santificar o sábado é o quarto dos Dez Mandamentos. É o último mandamento da primeira tábua do Decálogo. (A primeira tábua apresenta os mandamentos que definem nossas obrigações para com

---

* "Sim, o protetor de Israel não dormirá, ele está sempre alerta!" (Salmos 121:4). "Será que você não sabe? Nunca ouviu falar? O Senhor é o Deus eterno, o Criador de toda a terra. Ele não se cansa nem fica exausto" (Isaías 40:28).
** Isso explica por que Colossenses 2:16 inclui a observância formal do sábado em uma lista de cerimônias do Antigo Testamento que não são obrigatórias para os cristãos. Esse tipo de coisas eram "sombras do que haveria de vir; a realidade, porém, encontra-se em Cristo" (v. 17). Tudo que o sábado significava havia sido cumprido na obra completa de Cristo. É por isso que o apóstolo Paulo sugere que é legítimo apreciar cada dia igualmente (Romanos 14:5). Para o cristão, cada dia é uma celebração do princípio do sábado. Entramos no descanso espiritual que a obra terminada de Cristo nos fornece (Hebreus 4:10-11). Em outras palavras, quando Jesus declarou: "O Filho do homem é Senhor do sábado" (Lucas 6:5) e "Eu lhes darei descanso" (Mateus 11:28), ele não só refutou o domínio autodeclarado dos fariseus sobre o sábado e afirmou sua própria deidade, ele também deixou claro que o cumprimento último de tudo que o sábado oferecia à humanidade agora pode ser encontrado no repouso da alma que confia na obra de Cristo.

Deus. A segunda tábua, do quinto ao décimo mandamento, explica nossas obrigações para com o próximo.)

Ocupando quatro versículos inteiros em Êxodo 20, o quarto mandamento é o mais longo do Decálogo. (O segundo mandamento se estende por três versículos. Todos os outros oito se contentam com um único versículo.) Mas, a despeito de sua extensão extraordinária, o mandamento referente ao sábado não é complexo. Ele diz, simplesmente:

> Trabalharás seis dias e neles farás todos os teus trabalhos, mas o sétimo dia é o sábado dedicado ao Senhor teu Deus. Nesse dia não farás trabalho algum, nem tu, nem teus filhos ou filhas, nem teus servos ou servas, nem teus animais, nem os estrangeiros que morarem em tuas cidades. Pois em seis dias o Senhor fez os céus e a terra, o mar e tudo o que neles existe, mas no sétimo dia descansou. Portanto, o Senhor abençoou o sétimo dia e o santificou. (Êxodo 20:9-11)

Observe: a extensão incomum do quarto mandamento se deve ao fato de que ele proíbe explicitamente os proprietários de terra e os cabeças dos lares de circundar a restrição obrigando outros a fazer o trabalho por eles. Essas lacunas estão fechadas. Então, o texto oferece o fundamento bíblico e doutrinal do mandamento, enfatizando como o sábado ilustra a entrada no descanso de *Deus*.

Fora isso, o quarto mandamento é simples. O que o sábado proíbe é *trabalho*, especificamente a labuta do dia a dia. Todo trabalho deveria ser suspenso; até mesmo os animais de carga eram liberados do trabalho nesse dia dedicado ao descanso. O sábado era uma dádiva e uma bênção de Deus para o seu povo, ordenado por ele para impedir que a vida na terra parecesse apenas uma labuta longa, ininterrupta e árdua.

Israel pecou repetidamente ao longo de sua história ignorando os sábados e permitindo que a vida ordinária continuasse até o fim da semana. A negligência era motivada ou por lucro financeiro, ou por simples indiferença em relação a coisas espirituais, por apostasia, idolatria ou por alguma combinação sinistra de todos eles. Neemias 13:15-22 descreve a luta de Neemias com o povo de seu tempo para convencê-lo da necessidade de observar o sábado. Jeremias 17:21-27 é um registro de como Jeremias implora que os cidadãos de Jerusalém descansem no sábado. Eles se recusaram, e Jeremias recebeu uma mensagem profética do Senhor, que ameaçava a destruição da cidade se o povo não se arrependesse de manchar o sábado.

No tempo de Jesus, porém, o pêndulo havia oscilado para o extremo oposto, graças à pregação e à politicagem dos fariseus. O povo de Israel era obrigado a observar o sábado sob o código mais rigoroso possível, extremamente escrupuloso, supostamente para a honra de Deus, mas sem a alegria e a gratidão que o Senhor desejava, e sob a compulsão e supervisão rigorosa dos fariseus. O sábado se transformou em um trabalho exaustante, oneroso e legalista, um ritual cansativo, não um dia de descanso real. As pessoas viviam com medo de que, caso violassem acidentalmente ou negligenciassem alguma regra trivial dos fariseus, estes os acusassem e ameaçassem com excomunhão ou, no pior dos casos, apedrejamento. Foi exatamente isso que aconteceu com Jesus e seus discípulos.

O conflito de Jesus com a elite religiosa

Mateus 12 começa com um grande confronto provocado pelo esquadrão farisaico de imposição do sábado. Os discípulos estavam com fome e haviam colhido algumas espigas de trigo para comer enquanto atravessavam um campo de trigo no sábado. Os fariseus estavam à espreita e confrontaram Jesus com o que seus discípulos haviam feito (Mateus 12:1-2). Segundo as regras dos fariseus, até mesmo arrancar um punhado de trigo era considerada uma forma de colheita e, portanto, trabalho. Eram exatamente esses tipos de atos aparentemente inconsequentes que os fariseus tinham em sua mira, transformando até mesmo as necessidades mais básicas da vida em milhares de tabus sabáticos. Seu sistema era um verdadeiro campo minado para a pessoa mediana.

Jesus respondeu demonstrando a loucura de uma regra que proibe um ato de necessidade humana num dia reservado para o benefício da humanidade: "O sábado foi feito por causa do homem, e não o homem por causa do sábado" (Marcos 2:27). Ele repreendeu os fariseus por condenarem os que não tinham culpa, e então acrescentou aquela famosa declaração de sua própria autoridade divina: "O Filho do homem é Senhor sobre o sábado" (Mateus 12:8).

Os fariseus ficaram enfurecidos. Mas ainda tinham mais para desafiar Jesus sobre o sábado.

Lucas 6:6 diz: "Noutro sábado, ele entrou na sinagoga e começou a ensinar; estava ali um homem cuja mão direita era atrofiada." Os fariseus também estavam presentes e preparados para intensificar o conflito em torno do sábado. Apontando para o homem com a mão atrofiada, eles mais ou menos desafiaram Jesus a violar suas regras sabáticas na presença de uma sinagoga cheia de testemunhas. "Procurando um motivo para acusar Jesus, eles lhe perguntaram: 'É permitido curar no sábado?'" (Mateus 12:10). Eles haviam visto Jesus realizar milagres muitas vezes antes e sabiam que ele tinha o poder de curar qualquer tipo de mal. Conheciam também inúmeras provas de que ele era realmente o Messias prometido.

Mas ele não era o tipo de Messias que eles esperavam. Ele claramente se opunha a seu grande aparato de tradições religiosas criadas pelo homem. Ele desafiou sua autoridade com ousadia e reivindicava autoridade suprema para si mesmo. Os fariseus sabiam que, se Jesus assumisse o lugar que lhe pertencia por direito no trono como o Messias de Israel, o *status* e a influência deles sobre as pessoas comuns chegaria ao fim. Em uma reunião secreta para discutir o que fazer com Jesus, eles admitiram francamente qual era o problema verdadeiro. Estavam preocupados com a perda de seu próprio poder e *status* político: "Se o deixarmos, todos crerão nele, e então os romanos virão e tirarão tanto o nosso lugar como a nossa nação" (João 11:48). Eles já estavam perdendo o favor entre os cidadãos mais proeminentes da Galileia.

Não era uma surpresa. "Grande multidão o ouvia com prazer" (Marcos 12:37). Mas o ódio cego dos líderes religiosos era de tal natureza que eles simplesmente não se importavam se seus distintivos messiânicos eram legítimos ou não; estavam determinados a impedir que o povo o seguisse, independentemente daquilo que isso lhes custaria.

Quando Jesus respondeu ao seu desafio curando instantaneamente o homem com a mão atrofiada, os fariseus saíram correndo da sinagoga para realizar uma daquelas reuniões privadas, discutindo uns com os outros aquilo que poderiam fazer com ele. Sua intenção última já era clara: "Os fariseus saíram e começaram a conspirar sobre como poderiam matar Jesus" (Mateus 12:14).

O ódio de todo o regime religioso sediado em Jerusalém havia agora alcançado um nível literalmente assassino, e Jesus conhecia suas intenções. Por isso, visto que sua hora ainda não havia chegado, ele imediatamente se tornou mais discreto em seus movimentos e em seu ministério público. Mateus diz: "Sabendo disso [de sua intenção de matá-lo], Jesus retirou-se daquele lugar. Muitos o seguiram, e ele curou a todos os doentes que havia entre eles, advertindo-os que não dissessem quem ele era" (Mateus 12:15-16).

Após seu relato dos conflitos em torno do sábado, Mateus acrescenta uma citação de Isaías 42:1-4:

> Eis o meu servo, a quem escolhi, o meu amado, em quem tenho prazer. Porei sobre ele o meu Espírito, e ele anunciará justiça às nações. Não discutirá nem gritará; ninguém ouvirá sua voz nas ruas. Não quebrará o caniço rachado, não apagará o pavio fumegante, até que leve à vitória a justiça. Em seu nome as nações porão sua esperança. (Mateus 12:18-21)

O que Mateus (e Isaías) pretende transmitir aqui é que, ao contrário de todas as expectativas, o Messias de Israel não subiria ao palco como um conquistador militar ou uma poderosa figura política, mas de maneira tenra e silenciosa. O "caniço rachado" é uma referência a um instrumento musical artesanal — uma flauta feita de um caule grosso de uma planta que crescia às margens do rio. Quando a flauta se desgastava e não servia mais para produzir música, ela era rachada ao meio e descartada. O "pavio fumegante" é uma referência ao pavio de uma lâmpada que não conseguia mais sustentar a chama e se tornara inútil para produzir luz. Um pavio fumegante era normalmente puxado para fora da lâmpada de modo que a ponta queimada podia ser cortada para devolver a eficiência à lâmpada.

O caniço rachado e o pavio fumegante na profecia de Isaías simbolizam um povo danificado e disfuncional. Em vez de rejeitar e descartar os marginalizados, o Messias de Israel os acolheria, os instruiria, os curaria e lhes serviria. Até mesmo os gentios viriam a confiar nele.

Essa profecia de Isaías é a ponte entre a narrativa de Mateus das controvérsias sabáticas e o conflito explosivo que domina a segunda metade de Mateus 12. Os autores de todos os quatro Evangelhos agrupam, às vezes, anedotas do ministério terreno de Cristo em ordem temática e não em ordem cronológica. Sempre que o texto nos fornece informações temporais, elas são importantes, mas às vezes a relação cronológica entre um incidente e o seguinte não é crucial e, portanto, não é registrada no texto. Isso se aplica também à primeira e à segunda metade de Mateus 12. A colheita do trigo, seguida pela cura do homem com a mão atrofiada, são narradas como se tivessem ocorrido em sucessão rápida. Os dois incidentes são narrados em sequência não só em Mateus 12, mas também em Marcos 2:23-3:5 e em Lucas 6:1-11. Mas Lucas 6:6 deixa claro que os dois incidentes ocorreram em dois sábados diferentes. Marcos e Lucas dão sequência imediata a esses eventos com o registro de como Jesus chama os Doze, de modo que os dois conflitos sabáticos parecem ter acontecido no início do ministério de Jesus na Galileia.

Mateus se preocupa mais com o tema do que com a cronologia, e sua intenção nesse capítulo 12 é mostrar como as controvérsias sabáticas provocaram uma hostilidade extrema contra Jesus por parte dos líderes religiosos. O desdém profundo que eles nutriam contra ele acabou culminando em uma determinação de destrui-lo, intenção esta que eles selaram com uma blasfêmia imperdoável.

Mateus 12:22-37 narra a blasfêmia chocante e a reação de Jesus a ela. Esse incidente foi a última gota que levou Jesus a mudar seu estilo de ensinamento. Reconstruindo a cronologia a partir de todos os relatos dos Evangelhos, sabemos que isso aconteceu vários meses após as duas disputas sabáticas. A palavra *então*, no início do versículo 22, nos transporta da profecia de Isaías para um novo dia já próximo do fim do ministério de Jesus na Galileia. Foi um dia decisivo em vários aspectos. Na verdade, este é um dos dias mais documentados do ministério de Jesus na Galileia.

Uma cura e libertação notável

O dia já começou de forma ominosa quando Jesus se deparou com um homem desesperadamente necessitado — um dos casos mais complexos, comoventes, aparentemente impossíveis de miséria humana imaginável. Este era um caso infinitamente mais difícil do que o homem com a mão atrofiada. A própria *alma* desse pobre homem estava atrofiada. Ele não necessitava apenas de uma cura física; ele se encontrava também em uma escravidão constante sob o domínio de algum espírito mau. Era precisamente o tipo de caniço rachado e pavio fumegante ilustrado na profecia de Isaías.

Mateus conta: "Então levaram-lhe um endemoninhado que era cego e mudo" (Mateus 12:22). Era um exemplo vivo dos "doentes que precisam de médico" (Marcos 2:17). O homem não conseguia ver, não conseguia se comunicar e era escravizado por um demônio poderoso. Nem mesmo os melhores médicos e doutores de teologia teriam conseguido ajudar-lhe. O que poderia ser um caso mais perdido do que esse? Ou mais urgente?

As Escrituras narram da forma mais simples e na linguagem menos sensacionalista possível o que Jesus fez: "Jesus o curou, de modo que ele pôde falar e ver" (Mateus 12:22). Não houve adiamento, nenhum período de reabilitação. Isso foi uma libertação completa e imediata. Era inegavelmente um ato de Deus, um dos exemplos mais gloriosos do poder de Jesus de curar e expulsar demônios.

Mesmo assim, Mateus dá pouca atenção aos detalhes do próprio milagre. Porque o aspecto mais notável desse incidente específico é o que aconteceu depois. Evidentemente, Jesus já havia realizado inúmeros milagres de cura e libertação em toda a Galileia. Como diz Marcos: "Pois ele havia curado a muitos, de modo que os que sofriam de doenças ficavam se empurrando para conseguir tocar nele. Sempre que os espíritos imundos o viam, prostravam-se diante dele e gritavam: 'Tu és o Filho de Deus'" (Marcos 3:10-11). Inúmeras pessoas já haviam visto Jesus curar e libertar pessoas. Não havia dúvida sobre a fonte do seu poder. Até mesmo os demônios expulsos testificavam que Jesus era o Filho de Deus.

Marcos nos conta também que as pessoas que se reuniam em torno de Jesus incluíam muitas que haviam vindo de toda a Galileia e de além das fronteiras, mais especificamente da Síria, ao norte, de Decápolis e Pereia ao leste e de Jerusualém e da Judeia ao sul. Nas palavras de Mateus:

> Jesus foi por toda a Galileia, ensinando nas sinagogas deles, pregando as boas-novas do Reino e curando todas as enfermidades e doenças entre o povo. Notícias sobre ele se espalharam por toda a Síria, e *o povo lhe trouxe todos os que estavam padecendo vários males e tormentos: endemoninhados, epiléticos e paralíticos; e ele os curou*. Grandes multidões o seguiam, vindas da Galileia, Decápolis, Jerusalém, Judeia e da região do outro lado do Jordão. (Mateus 4:23-25; grifo do autor)

Esse espetáculo de milagres se tornou a razão principal pela qual tantas pessoas queriam estar na presença de Jesus (João 6:2). Os milagres não eram realizados às escondidas ou em ocasiões raras. Não se tratava de doenças difusas ou invisíveis em cujo tratamento os curadores falsos de hoje se especializaram. Tampouco faltavam testemunhas oculares ao poder de Jesus. Curas dramáticas e outros milagres se tornaram eventos comuns para aqueles que seguiam Jesus de perto.

Novamente, porém, o aspecto mais notável *dessa* cura foi a reação dos líderes religiosos. Marcos dá a entender que havia entre eles "mestres da lei que haviam descido de Jerusalém" (Marcos 3:22). Não eram fariseus comuns, mas os principais estudiosos religiosos de toda a nação de Israel — sacerdotes aristocratas. Eles haviam feito a viagem de quatro dias de Jerusalém até a Galileia, aparentemente, apenas para encontrar alguma falha em Jesus. Lembre-se: segundo Mateus 12:14, eles já estavam tramando secretamente a sua destruição. Esta era a fase inicial da conspiração que finalmente culminaria na sua morte na cruz.

A cura imediata desse possuído na frente de uma multidão de testemunhas oculares era claramente um impedimento para a estratégia dos fariseus. As pessoas já estavam reagindo com surpresa e maravilha, dizendo em voz alta: "Não será este o Filho de Davi?" (Mateus 12:23). A multidão parecia estar prestes a fazê-lo seu rei (cf. João 6:15).

Os líderes fariseus responderam rapidamente: "É somente por Belzebu, o príncipe dos demônios, que ele expulsa demônios" (Mateus 12:24).

Este foi o momento exato em que tudo mudou. O que segue imediatamente em Mateus 12 é um discurso sucinto que culmina nessa advertência referente ao pecado imperdoável: "Todo aquele que disser uma palavra contra o Filho do homem será perdoado, mas quem falar contra o Espírito Santo não será perdoado, nem nesta era nem na era que há de vir" (v. 32).

O pecado imperdoável

Como sempre, as palavras de Jesus precisam ser lidas com atenção. Ele não estava dizendo que toda e qualquer blasfêmia que invocasse o nome do Espírito Santo era imperdoável. Não estava anunciando que existe alguma categoria ampla, definida de modo ambíguo de transgressões imperdoáveis, e que precisamos viver com medo de falar palavras em um momento de descuido ou falta de atenção que nos colocariam para sempre fora do alcance da graça divina. Na verdade, Jesus disse, especificamente: "Todo pecado e blasfêmia serão perdoados aos homens, mas a blasfêmia contra o Espírito não será perdoada" (Mateus 12:31). Por isso, sua advertência solene sobre este ato extraordinário de blasfêmia imperdoável foi antecedida por uma declaração compreensiva que declara que qualquer outro tipo imaginável de "pecado e blasfêmia" é perdoável.

Naturalmente, Jesus não estava dizendo que o pecado de qualquer pessoa é automaticamente perdoado, independentemente de a pessoa se arrepender e crer. Cada pecado é condenado enquanto o pecador permanecer impenitente e descrente. "Quem nele crê não é condenado, mas quem não crê já está condenado, por não crer no nome do Filho Unigênito de Deus" (João 3:18).

Mas até mesmo o pior dos pecados é *perdoável*, e Cristo garante o perdão completo a cada pecador que renuncia ao amor pelo pecado e se volta para ele como seu Salvador. "Se confessarmos os nossos pecados, ele é fiel e justo para perdoar os nossos pecados e nos purificar de *toda* injustiça" (1João 1:9, grifo do autor). Em outras palavras, quando concordamos com Deus em relação à nossa própria culpa, o sangue expiatório de Cristo nos purifica de todo tipo de pecado ou blasfêmia, não importa quão abominável seja. O próprio Jesus prometeu: "Eu lhes asseguro: Quem ouve a minha palavra e crê naquele que me enviou, tem a vida eterna e não será condenado, mas já passou da morte para a vida" (João 5:24).

Porém há um pecado específico que nos condena imediata e permanentemente. Cada detalhe da declaração de Jesus sobre o pecado imperdoável deixa claro que ele estava falando sobre um ato único, flagrantemente malicioso, deliberadamente mau de blasfêmia: "*a* blasfêmia contra o Espírito" (Mateus 12:31; grifo do autor). O artigo definido é crucial. Existe um contraste claro e significativo entre "todo pecado e blasfêmia" e esse pecado específico que "não será perdoado, nem nesta era nem na era que há de vir" (v. 32).

O contexto de Mateus 12 indica claramente a que Jesus estava se referindo. À blasfêmia que esse bando arrogante de hipócritas religiosos acabara de professar.

Nem mesmo os fariseus acreditavam — não *podiam* acreditar — em seu estratagema. Afinal de contas, estavam na presença de Cristo quando ele manifestou seu poder e sua glória. Em momento algum eles negam seus milagres. E aqui estavam eles, testemunhando de perto e com seus próprios olhos mais um milagre incontestável. Eles conheciam claramente toda a verdade sobre ele, mas eles não só o rejeitaram mesmo assim, mas também tentaram ativamente afastar outros dele. Pior ainda, tentaram desacreditá-lo com uma blasfêmia descarada, alegando que seus milagres estavam sendo realizados com o poder de Satanás.

A intencionalidade do pecado dos fariseus, tendo seus corações endurecidos, é o fator principal que o tornou imperdoável. Por que eles atribuiriam o crédito a Satanás por aquilo que Jesus havia feito por meio do poder do Espírito Santo? Eles haviam acabado de ver como ele expulsara demônios. Eles entendiam perfeitamente quem era Jesus e com que autoridade ele falava e agia (Lucas 6:10-11; João 11:47-48; 12:9; Atos 4:16); e mesmo assim o odiavam com um ódio diabólico. É evidente que eles estavam mentindo quando o acusaram de ser *ele* o diabólico.

Jesus estava se dirigindo diretamente a eles quando disse: "Raça de víboras, [...] por suas palavras serão condenados" (Mateus 12:34,37). Essa foi sua resposta final a esses hipócritas religiosos mentirosos e blasfemadores. Seu pecado era tão abominável e tão odioso que Jesus os condenou para sempre naquele mesmo instante. Em essência, ele apresentou à toda a multidão uma prévia do juízo final de seus acusadores. Aquele a quem foi confiado todo julgamento (João 5:22) os declarou culpados formalmente. Sua sentença contra eles foi declarada pública e enfaticamente, e com finalidade absoluta. Agora, estavam aprisionados para sempre na escuridão e na dureza do coração que eles haviam escolhido para si mesmos.

Por que sua declaração era uma ofensa tão grave contra o Espírito Santo? Por um lado, a cura do possuído era tanto obra do Espírito Santo quanto obra de Cristo. Todos os milagres de Jesus eram realizados segundo a vontade do Pai por meio do poder do Espírito Santo (Lucas 4:14; João 5:19,30; 8:38; Atos 10:38). Por isso, atribuir os milagres do nosso Senhor a Satanás significava dar crédito ao diabo pela obra do Espírito Santo. Visto que os fariseus sabiam disso, seu insulto abominável era uma blasfêmia direta, deliberada e diabólica contra o Espírito de Deus.

Além do mais, o Espírito Santo é aquele que confirma o testemunho de Cristo e que proclama a sua verdade (João 15:26; 16:14-15). "O Espírito é quem dá testemunho, porque o Espírito é a verdade" (1João 5:6). Para aqueles que têm ouvidos para ouvir, o testemunho do Espírito Santo sobre Cristo era estrondosa e definitivamente o exato oposto daquilo que os fariseus alegavam. Repetindo: *os fariseus sabiam disso*. Os sinais e os milagres que eles haviam visto eram reais e incontestáveis. Eles professaram sua blasfêmia em plena consciência de que estavam se opondo a Deus, mentindo sobre seu Servo ungido e blasfemando contra seu Espírito Santo.

Com isso, selaram seu destino. Não havia esperança para eles, "nem nesta era nem na era que há de vir" (Mateus 12:32). Eles haviam deliberadamente fechado seus olhos e seus ouvidos para a verdade por tempo demais. Quando rejeitaram o testemunho da verdade mais poderoso possível, eles deram preferência a uma mentira. Depois disso, Jesus ocultaria a verdade deles usando parábolas em seu ensino público.

O dia crucial continua

O dia ainda não havia chegado ao fim. Marcos 4:35, ao falar sobre esse mesmo período de 24 horas, diz: "Naquele dia, ao anoitecer, disse ele aos seus discípulos: 'Vamos atravessar para o outro lado.'"* Foi a noite em que Jesus acalmou a tempestade. E mais tarde, quando "atravessaram o mar e foram para a região dos gerasenos" (5:1), ele libertou dois possuídos que estavam vivendo entre os túmulos dali, ordenando que os demônios entrassem numa manada de porcos, que prontamente cometeram suicídio quando correram para o mar e ali se afogaram (Mateus 8:28-34).**

Mas a essência daquele dia foi dedicada ao ensinamento das multidões, e foi exatamente naquele dia que Jesus começou a falar para as multidões por meio de parábolas.

Mateus 13:3 demarca o momento naquele Evangelho em que Jesus começou a ensinar por parábolas. A primeira parábola que Mateus registra é a parábola dos diferentes tipos de solo, seguida pela explicação privada de Jesus. (Nós a examinaremos de perto no próximo capítulo.) Mateus 13, então, continua a registrar algumas parábolas-chave sobre o Reino do céu. Então (numa passagem muito próxima a Marcos 4:33-34), Mateus 13:34-35 diz: "Jesus falou todas estas coisas à multidão por parábolas. Nada lhes dizia sem usar alguma parábola, cumprindo-se, assim, o que fora dito pelo profeta: 'Abrirei minha boca em parábolas, proclamarei coisas ocultas desde a criação do mundo.'"

---

* "Este dia é chamado de 'Dia Agitado', não porque foi o único, mas simplesmente porque tanta coisa é narrada sobre esse dia que ele serve como exemplo para muitos outros dias repletos de estresse e desgaste." Archibald Thomas Robertson, *Word Pictures in the New Testament*, 6 vols. (Nashville: Broadman, 1930), 1:100.

** Mateus não apresenta seu relato em ordem perfeitamente cronológica, mas a afirmação em Marcos 4:35 deixa claro que Jesus acalmou o mar "naquele dia, ao anoitecer". Então, a sequência tanto em Marcos 4-5 e Mateus 8 indica que a libertação dos dois possuídos aconteceu imediatamente após Jesus acalmar o mar e o barco dos discípulos alcançar seu destino.

Quando rejeitaram deliberadamente a verdade, os inimigos jurados de Cristo perderam o privilégio de ouvir a verdade plena de sua boca. Jesus se referia exatamente a isso quando disse: "A quem tiver, mais lhe será dado; de quem não tiver, até o que pensa que tem lhe será tirado" (Lucas 8:18).

A mudança no estilo de ensino de Jesus foi imediata e dramática. A partir daquele dia, tudo que ele ensinava em público permanecia oculto de todos com exceção daqueles com ouvidos dispostos a ouvir.

― CAPÍTULO 2 ―

Uma lição sobre receber a Palavra

Aquele que tem ouvidos para ouvir, ouça!

Lucas 8:8

O CONFRONTO DECISIVO COM OS LÍDERES dos fariseus havia ocorrido no lar de alguma pessoa próximo às margens do mar da Galileia. Logo após o fim da disputa, Mateus 13:1-2 diz: "*Naquele mesmo dia* Jesus saiu de casa e assentou-se à beira-mar. Reuniu-se ao seu redor uma multidão tão grande que ele teve que entrar num barco e assentar-se nele, enquanto todo o povo ficou na praia" (grifo do autor). Lucas, ao descrever o mesmo evento, destaca igualmente o tamanho e a diversidade das multidões reunidas: Veio "a Jesus gente de várias cidades" (Lucas 8:4).

Duas vezes Jesus alimentou multidões de milhares de seguidores. A contagem oficial costumava considerar apenas homens adultos, portanto, as multidões podem ter sido duas vezes maiores do que os números indicados. No entanto, não importa como as cabeças eram contadas, sabemos que Jesus atraía multidões enormes de pessoas, todas tentando se aproximar ao máximo dele. A maneira mais segura de pregar sem ser esmagado pelas multidões era entrar num pequeno barco de pesca e se afastar da praia. (Os rabinos costumavam ensinar sentados, portanto, não havia nada de incomum relacionado ao fato de Jesus permanecer sentado.) As multidões ocupavam as praias para ouvi-lo. As colinas que acompanhavam parte das margens do mar da Galileia formavam um anfiteatro natural, e qualquer brisa carregaria a voz de Jesus e permitiria que milhares a ouvissem nitidamente.

Mas, a partir desse momento, apenas aqueles que estavam dispostos a ouvir fielmente entenderiam a mensagem.

Uma história supreendentemente simples

Nessa ocasião, Jesus começou com uma história que todos que a ouvissem entenderiam imediatamente. Na verdade, naquele exato lugar às margens do mar da Galileia, eles podiam ver uma cena que correspondia exatamente ao que Jesus estava dizendo:

> O semeador saiu a semear. Enquanto lançava a semente, parte dela caiu à beira do caminho; foi pisada, e as aves do céu a comeram. Parte dela caiu sobre pedras e, quando germinou, as plantas secaram, porque não havia umidade. Outra parte caiu entre espinhos, que cresceram com ela e sufocaram as plantas. Outra ainda caiu em boa terra. Cresceu e deu boa colheita, a cem por um. (Lucas 8:5-8)

A história em si não era encantadora. Apenas aqueles entre nós que se acostumaram com um mundo asfaltado considerariam o cenário estranho. Para os ouvintes de Jesus, que viviam numa sociedade agrícola, isso era seu dia a dia.

No século I, os campos de Israel eram terrenos longos e estreitos demarcados por trilhas, não por muros ou cercas. O semeador usava um método de lançar a semente em um arco amplo, pegando um punhado de sementes por vez de um saco pendurado em seu lado e lançando-as sobre uma faixa ampla de terra. O arco de dispersão poderia parecer aleatório, e certamente o era em grande medida, mas o método tinha a vantagem de cobrir grandes áreas de solo com sementes espalhadas de forma homogênea. Um semeador experiente não permitia que as sementes caíssem em áreas concentradas ou se amontoassem em pequenas pilhas. Ele lançava as sementes o mais longe possível, da forma mais regular possível. O objetivo era cobrir todo o campo arado, sem deixar as margens sem sementes.

Evidentemente, é impossível lançar sementes dessa maneira nas margens do campo e garantir que todas elas caiam dentro dos limites do campo. Inevitavelmente, algumas das sementes lançadas cairiam fora do perímetro do campo arado. E até mesmo as sementes lançadas no interior do campo podiam cair em partes do solo que não eram ideais para o uso agrícola. Apenas as sementes que caíam em solo bom produziriam um fruto que podia ser colhido. Todos que já haviam plantado trigo entendiam perfeitamente esse princípio. Não era algo complicado.

Jesus identifica quatro tipos diferentes de solo.

Em primeiro lugar, *o solo à beira do caminho*: "Parte da semente caiu à beira do caminho." Isso se refere àquelas trilhas muito transitadas que separavam os campos. Evidentemente, esse solo não era arado e, naquele clima árido, as trilhas (quando secas) eram duras como concreto. Quando o semeador lançava as sementes nas margens do campo arado, era inevitável que parte delas caísse na terra dura à beira do caminho.

As sementes que caíam no caminho não tinham esperança de penetrar a camada dura da trilha. Elas ficariam jogadas ali e seriam pisoteadas ou comidas pelos pássaros. Jamais teriam a chance de germinar.

Pássaros são supreendentemente inteligentes e agressivos quando se trata de catar sementes espalhadas. Certa vez, tentei semear um pedaço de grama que havia sido pisoteado pelos transeuntes, e eu fiquei frustrado repetidas vezes por causa dessa atividade dos pássaros. Uma coisa que eu aprendi é que não adianta colocar sementes a mais na área sem grama. No solo duro e impenetrável de uma trilha, algumas sementes serão pisoteadas e esmagadas, e os pássaros devorarão o que sobrar até o último grão.

O segundo tipo de solo que Jesus identifica é a *pedra* (v. 6). Isso não se refere a um pedaço rochoso na superfície do solo. Tampouco significa "solo rochoso" (como traduzem alguns), sugerindo uma parte do campo cheia de pedras relativamente grandes. Nenhum fazendeiro com um pouco de respeito próprio permitiria pedras em sua terra. Quando o campo era arado, quaisquer pedras que viessem à superfície eram removidas e afastadas.

O que Jesus está descrevendo aqui é uma camada rochosa sob a superfície do campo, coberta por uma camada rasa de solo bom. A rocha sob a superfície era invisível para o fazendeiro quando o campo era arado, pois o arado penetrava apenas 20 a 25 centímetros do solo. Isso tornava difícil detectar uma camada de calcário 30 centímetros sob a superfície, mas uma camada de solo tão rasa não era profunda o suficiente e não permaneceria úmida o suficiente para sustentar o trigo, especialmente em um clima seco.

A semente penetra esse tipo de solo e brota. Mas, assim que aparentar que vai crescer bem, a planta morre de falta de água. As raízes não conseguem atravessar a camada rochosa. Durante algum tempo, o trigo pode parecer saudável e cheio de potencial, mas quando o sol sai e a água some, a planta morre tão rápido quanto nasceu.

Esse tipo de terra seria a ruína de um fazendeiro que fez tudo que pôde para arar seu campo sem saber da existência de uma camada rochosa sob a superfície. Inicialmente, essa parte do trigo aparentaria crescer mais rápido porque as raízes não têm para onde ir. O crescimento da planta acima do solo apresentaria também mais folhas. Um fazendeiro experiente saberia imediatamente que isso não é um sinal bom. Significa que o trigo não está desenvolvendo um sistema de raízes adequado.

A terceira categoria que Jesus identifica é o *solo infestado por ervas daninhas*, cheio de vegetação selvagem e inútil — espinhos, urtigas, cardos. A palavra grega para "espinhos" é *akantha*. É a mesma palavra grega usada na narrativa bíblica da crucificação para descrever a coroa de espinhos colocada na cabeça de Jesus para zombar dele. A palavra foi transcrita para formar a palavra *acanto* em português. É o nome de um arbusto mediterrâneo com folhas espinhosas. Na arquitetura grega, os ornamentos nos capitéis de Corinto eram representações das folhas do acanto. Mas espinhos e urtigas são inúteis para qualquer propósito agrícola. Na verdade, são plantas danosas para o trigo, pois ocupam todo o campo e sufocam todas as outras plantas. (Esse é outro aspecto-chave da maldição em Gênesis 3:17-19. Ervas daninhas crescem melhor e mais rápido do que qualquer outra planta.)

As sementes semeadas em um campo de ervas daninhas não conseguirão amadurecer para serem colhidas. Se você arar um campo de ervas daninhas, um número muito maior de ervas nascerá, até mesmo dos restos mutilados das antigas raízes. Um campo recentemente arado infestado de ervas tem uma aparência enganosamente promissora. Na superfície, parece ser rico, argiloso, bem cultivado e pronto para a semeadura. Mas a realidade trágica está à espreita sob a superfície. Raízes densas e sementes minúsculas das ervas nocivas ainda estão vivas no solo, prontas para brotar com folhas ricas, mas inúteis. Essas ervas sugarão a umidade e os nutrientes do solo, bloquearão a luz do sol e, assim, sufocarão a vida de qualquer coisa benéfica que possa estar crescendo no campo.

Por fim, há o solo *fértil*. As sementes que caem no campo arado florescerão. Elas conseguem penetrar o solo (e assim ficar fora do alcance dos passos e dos pássaros). As raízes conseguirão se firmar na terra. Trata-se de um solo puro, sem ervas daninhas, com espaço para o crescimento do trigo. É, em todos os sentidos, um solo *preparado*. A semente que cai aqui produz um fruto abundante. Mateus 13:8 e Marcos 4:8 são passagens paralelas que registram a mesma parábola e, nessas passagens, Jesus diz que a semente produz uma colheita a trinta, sessenta ou até mesmo cem por um. Lucas 8:8 diz apenas que esse solo "deu boa colheita, a cem por um".

Gênesis 26 descreve um incidente em que a fome obrigou Isaque e Rebeca a viver na terra dos filisteus durante algum tempo. O versículo 12 diz: "Isaque formou lavoura naquela terra e no mesmo ano colheu a cem por um, porque o Senhor o abençoou." Uma colheita a cem por um significava, portanto, uma benção extraordinária de Deus. O versículo seguinte diz que Isaque "enriqueceu".

"Cem por um" não é uma referência ao número de sementes que cada semente consegue produzir. (Uma única semente de abóbora, por exemplo, consegue produzir dez a 15 abóboras. O número total que estas contêm excede em muito as cem sementes. Cem por um em termos de *sementes* seria uma colheita relativamente pobre.) A expressão se refere ao retorno sobre o investimento financeiro original do fazendeiro. Para cada denário gasto em sementes, ele ganha cem denários ao vender o trigo. Dez por um já seria um retorno bastante positivo. Trinta ou sessenta por um seria algo espetacular. Cem por um era um lucro enorme.

Alguns pontos sutis a serem observados

Na medida em que Jesus conta sua história, algumas coisas se tornam claras: em primeiro lugar, ele não fala nada sobre o semeador e suas qualificações. Existe um único semeador na história. A diferença fundamental entre a semente que produz uma colheita de cem por um e a semente que é devorada pelos pássaros nada tem a ver com o método que o semeador usa para lançar as sementes.

Em segundo lugar, a história nada diz sobre a qualidade das sementes. Todas provêm da mesma fonte. A semente que sobrevive e produz frutos é o mesmo tipo de semente que é sufocado pelas ervas daninhas. Não há nenhum problema com a qualidade das sementes.

A lição de Jesus se refere exclusivamente ao tipo de solo. Trata-se de uma história simples, cujo significado superficial não é nem um pouco misterioso. Mas seguir a trama da história não significa entender ao que ela se refere. O significado real daquilo que Jesus está ensinando não é imediatamente evidente. A parábola precisa ser explicada.

Por isso, Jesus incentiva seus ouvintes a investigar o sentido real da parábola. Ele deixa isso claro na segunda metade de Lucas 8:8: "Tendo dito isso, exclamou: 'Aquele que tem ouvidos para ouvir, ouça!'" O tempo verbal no texto grego é o imperfeito, que normalmente indica uma ação repetida ou contínua. A *New American Standard Bible* traduz o versículo assim: "Ao dizer estas coisas, ele costumava exclamar: 'Aquele que tem ouvidos para ouvir, ouça!'", indicando que, ao contar a parábola, ele ressaltou mais de uma vez a necessidade de prestar atenção, de ouvir com um coração crédulo e de enxergar para além da superfície à procura do sentido verdadeiro. Mais tarde, Jesus reforçaria o ponto, pouco após explicar essa parábola: "Considerem atentamente como vocês estão ouvindo" (Lucas 8:18).

Considerem atentamente como vocês estão ouvindo

Os discípulos o tomaram pela sua palavra. Os Doze e alguns outros seguidores mais próximos eram, aparentemente, os únicos na multidão que fizeram isso. Marcos 4:10 diz: "Quando ele ficou sozinho, os Doze e os outros que estavam ao seu redor lhe fizeram perguntas acerca das parábolas." Isso é uma indicação clara sobre quem tinha ouvidos para ouvir. Eram aqueles que realmente acreditavam nele. Eram aqueles que seguiram o ensinamento de Jesus, que não se limitavam a correr atrás dos seus milagres.

Lucas 8:9-10 retoma a história nesse ponto:

> Seus discípulos perguntaram-lhe o que significava aquela parábola. Ele disse: "A vocês foi dado o conhecimento dos mistérios do Reino de Deus, mas aos outros falo por parábolas, para que 'vendo, não vejam; e ouvindo, não entendam.'"

Quando Jesus fala em "mistérios", ele não está falando sobre algum ensinamento gnóstico clandestino que apenas certas pessoas iniciadas e iluminadas conhecem. Ele não está descrevendo segredos esotéricos. Quando o Novo Testamento fala em "mistérios", o significado é simples e bastante restrito: um *mistério* bíblico é alguma verdade espiritual que era obscura ou completamente oculta sob a antiga aliança, mas agora foi plenamente revelada sob a nova aliança. O fato de que os gentios seriam co-herdeiros e co-participantes no evangelho era um desses mistérios, que "foi dado a conhecer aos homens doutras gerações, mas agora foi revelado pelo Espírito aos santos apóstolos e profetas de Deus" (Efésios 3:5). O próprio evangelho é um mistério (Efésios 6:19). A Encarnação de Cristo era igualmente um mistério, "o mistério de Cristo" (Colossenses 4:3). Tudo isso são verdades que não haviam sido completamente reveladas no Antigo Testamento, mas que agora se tornaram claras no Novo Testamento. Paulo parece estar citando um hino da Igreja primitiva ou alguma confissão de fé quando ele descreve todo o ministério terreno de Cristo (tudo, desde sua encarnação até sua ascensão) como grande "mistério da piedade:

> Deus foi manifestado em corpo,
> justificado no Espírito,
> visto pelos anjos,
> pregado entre as nações,
> crido no mundo,
> recebido na glória." (1Timóteo 3:16)

Um "mistério" (no sentido em que Jesus usou o termo) é, portanto, algo parcial ou completamente oculto em determinado momento e que agora foi plenamente revelado. Nosso Senhor estava prestes a revelar tudo que o Antigo Testamento havia mantido coberto em tipologias, simbolismos e dicas proféticas.

Mas o desvelamento seria propositalmente sutil, de modo que apenas aqueles que o entenderiam seriam fiéis autênticos ansiosos

UMA LIÇÃO SOBRE RECEBER A PALAVRA

de conhecer a verdade, aqueles que tinham ouvidos para ouvir. Eles compreenderam as verdades que Jesus estava ensinando, não por serem videntes ou possuírem alguma habilidade sobrenatural, mas porque tinham interesse o suficiente para pedir que Jesus as interpretasse. Para o restante, os mistérios permaneceriam velados sob um simbolismo parabólico.

Em particular, ele disse aos discípulos: "A vocês foi dado o conhecimento dos mistérios do Reino de Deus" (Lucas 8:10). Àqueles que tinham ouvidos para ouvir, ele estava dizendo: "Vocês foram eleitos; vocês foram escolhidos; vocês são abençoados." Era um privilégio incrível para um grupo composto predominantemente por pescadores de uma remota aldeia da Galileia.

Apesar de Jesus ter apresentado as parábolas de modo a esconder a verdade de ouvidos incrédulos, ninguém era excluído contra a sua vontade. Qualquer um que realmente quisesse entender poderia ter perguntado. Lembre-se, Jesus incentivou cada pessoa que o ouviu a buscar o entendimento: "Portanto, considerem atentamente como vocês estão ouvindo. A quem tiver, mais lhe será dado; de quem não tiver, até o que pensa que tem lhe será tirado" (Lucas 8:18). A reação dos ouvintes separaria aqueles que acreditavam daqueles que não acreditavam. Aqueles que acreditavam buscariam a verdade e a encontrariam. Para aqueles que não acreditavam, as parábolas apenas ocultariam ainda mais a verdade. Sua cegueira espiritual era composta de sua própria descrença e aprofundada ainda mais pelo juízo divino.

Mas à pergunta dos seus discípulos Jesus respondeu: "Mas, felizes são os olhos de vocês, porque veem; e os ouvidos de vocês, porque ouvem. Pois eu lhes digo a verdade: Muitos profetas e justos desejaram ver o que vocês estão vendo, mas não viram, e ouvir o que vocês estão ouvindo, mas não ouviram" (Mateus 13:16-17). Anos mais tarde, Pedro ainda se maravilhava diante desse privilégio. Escreveu:

> Foi a respeito dessa salvação que os profetas que falaram da graça destinada a vocês investigaram e examinaram, procurando saber o

tempo e as circunstâncias para os quais apontava o Espírito de Cristo que neles estava, quando lhes predisse os sofrimentos de Cristo e as glórias que se seguiriam àqueles sofrimentos. A eles foi revelado que estavam ministrando, não para si próprios, mas para vocês, quando falaram das coisas que agora lhes foram anunciadas por meio daqueles que lhes pregaram o evangelho pelo Espírito Santo enviado do céu; coisas que até os anjos anseiam observar. (1Pedro 1:10-12)

Verdades que eram um mistério, não só para os profetas do Antigo Testamento, mas até mesmo para os anjos, estavam prestes a ser explicadas a Pedro e seus companheiros.

A explicação

Essa parábola nos serve como modelo importante para o modo como devemos ler e interpretar as histórias de Jesus. A explicação de Jesus é tão simples e direta quanto a própria parábola:

> Este é o significado da parábola: A semente é a palavra de Deus. As que caíram à beira do caminho são os que ouvem, e então vem o diabo e tira a palavra dos seus corações, para que não creiam e não sejam salvos. As que caíram sobre as pedras são os que recebem a palavra com alegria quando a ouvem, mas não têm raiz. Creem durante algum tempo, mas desistem na hora da provação. As que caíram entre espinhos são os que ouvem, mas, ao seguirem seu caminho, são sufocados pelas preocupações, pelas riquezas e pelos prazeres desta vida, e não amadurecem. Mas as que caíram em boa terra são os que, com coração bom e generoso, ouvem a palavra, a retêm e dão fruto, com perseverança. (Lucas 8:11-15)

A semente representa a Palavra de Deus. O que está em vista aqui é especificamente a mensagem do evangelho (as Boas-novas do

Reino). A Palavra de Deus (a mensagem do evangelho em específico) é retratada como semente também em Tiago 1:18-21 e em 1Pedro 1:23-25. Alguns textos familiares do Antigo Testamento também aludem a essa mesma imagem. Isaías 55:11 imagina a Palavra de Deus sendo propagada de modo análogo ao método do semeador de lançar as sementes: "Minha palavra [...] não voltará para mim vazia." O princípio de Salmos 126:5-6 certamente se aplica à obra do evangelista que espalha o evangelho:

> Aqueles que semeiam com lágrimas,
> com cantos de alegria colherão.
> Aquele que sai chorando
> enquanto lança a semente,
> voltará com cantos de alegria,
> trazendo os seus feixes.

Esta, então, é a chave que nos dá acesso ao significado da parábola: "A semente é a palavra de Deus."

O semeador não é identificado. Alguns acreditam que ele deve representar o próprio Cristo, porque, quando Jesus explicou a parábola do trigo e do joio, ele disse: "Aquele que semeou a boa semente é o Filho do homem" (Mateus 13:37). Mas são parábolas diferentes, e as imagens usadas não são iguais. Uma regra importante que precisa ser lembrada quando interpretamos parábolas é não confundir os detalhes. Na parábola dos tipos de solo, por exemplo, somos informados explicitamente que a semente representa a Palavra de Deus e (como observaremos em breve) o campo arado representa um coração humano adequadamente preparado para receber a Palavra. Mas, alguns versículos mais adiante, na parábola do trigo e do joio (Mateus 13:24-30), a boa semente representa "os filhos do reino" (os verdadeiros habitantes do Reino de Deus), e "o campo é o mundo" (v. 38). Portanto, precisamos ter o cuidado de não misturar o simbolismo das parábolas.

Na parábola dos solos, o semeador não é identificado porque sua identidade simplesmente não importa. Ele representa qualquer um que distribua a semente, qualquer um que proclame a Palavra de Deus, seja por meio da pregação, do evangelismo pessoal, do testemunho individual ou outra forma qualquer. O semeador é todo o que lança a Palavra de Deus ou a mensagem do evangelho.

O ponto crucial da parábola tem a ver com o solo. Você não chegará à essência dessa parábola sem compreender que o solo é uma imagem do coração humano. A parábola destaca especificamente quatro tipos diferentes de corações em variados graus de receptividade. Lucas 8:12 fornece a prova irrefutável de que, na parábola, o solo representa o coração humano: "As que caíram à beira do caminho são os que ouvem, e então vem o diabo e tira a palavra *dos seus corações*, para que não creiam e não sejam salvos" (grifo do autor).

A palavra *corações* torna uma interpretação correta da parábola relativamente fácil. O coração é, evidentemente, o lugar onde a semente da Palavra de Deus deve criar raízes. Nas palavras de Lucas 8:15: "as que caíram em *boa terra* são os que, com *coração bom* e generoso, ouvem a palavra, a retêm e dão fruto, com perseverança" (grifos do autor).

A parábola trata, portanto, dos corações em variados estados de preparação. Todos os quatro tipos de solo consistem dos mesmos minerais. São orgânica e intrinsecamente iguais. O que os distingue uns dos outros é se eles estão em condições adequadas para produzir fruto ou não.

Vemos novamente que a mensagem que Jesus está ensinando nada tem a ver com a habilidade do semeador ou com a qualidade da semente. A semente é perfeita e eternamente imutável. Qualquer tentativa de aumentar a ceifa usando sementes diferentes seria um abandono equivocado das obrigações do semeador. A intenção da atividade não é simplesmente produzir uma folhagem densa, mas infértil. Se este fosse o objetivo, ele poderia semear dentes-de-leão ou salsolas. É verdade que estes brotariam e cresceriam facilmente nos lugares raros, duros ou já ocupados pelas ervas daninhas.

UMA LIÇÃO SOBRE RECEBER A PALAVRA

Mas ai do lavrador que espera colher algo dessa maneira.

A Palavra inadulterada de Deus é a única semente legítima. O semeador é qualquer um que propaga a Palavra de Deus (por meio da proclamação do evangelho). Jesus nem mesmo menciona o clima, mas este seria o mesmo para todos os quatro tipos de solo, e a implicação de uma colheita de cem por um é que, nesse caso, não havia nada de errado com o clima. O único fator que diferencia a colheita abundante da infertilidade dura, seca e desolada à beira do caminho é simples e unicamente a condição do solo.

Esta, então, é a lição dessa primeira parábola: a resposta de uma pessoa à Palavra de Deus depende da condição do coração daquela pessoa. Além do mais, o *fruto* é a única evidência de que ela ouviu a Palavra corretamente.

É significativo que, quando Jesus começou a desvelar os mistérios do Reino, essa foi a primeira verdade que ele ensinou. É uma verdade fundamental da qual a Igreja precisa desesperadamente se lembrar hoje em dia. Os evangélicos adotam constantemente todo tipo de métodos bizarros e não bíblicos, porque acreditam que conseguem assim provocar uma reação melhor nos corações endurecidos, superficiais e mundanos. Alguns *alteram a semente* ou fabricam semente sintética. Tentam atualizar a mensagem, amenizam o escândalo da cruz, deixam as partes difíceis ou impopulares para lá. Muitos simplesmente substituem o evangelho por uma mensagem completamente diferente.

Alguns abandonam a tarefa do semeador. Acham que lançar a semente é primitivo e pouco sofisticado, e imaginam que conseguem aproveitar melhor o campo. Por que não usá-lo para organizar um festival de música ou transformá-lo em um teatro?

Mas a parábola não fala sobre melhorar a qualidade da semente, aprimorar as habilidades do semeador ou encontrar um uso mais elegante para a fazenda. Fala apenas sobre a qualidade do solo. A Palavra de Deus trará fruto na vida de um ouvinte ou não; isso depende apenas da condição do coração daquela pessoa. As várias condições do coração que Jesus ilustra abarcam toda a gama de possibilidades humanas.

O ouvinte à beira do caminho

A terra batida, seca e endurecida à beira do caminho ilustra um coração no qual a verdade bíblica não consegue penetrar. Essa é, talvez, a condição mais perturbadora e desesperadora de todas as condições que Jesus descreve. Descrença e amor pelo pecado transformaram esse coração num ambiente denso e duro como pedra, no qual a verdade não consegue penetrar, muito menos criar raízes. O ouvinte é, portanto, inconsciente, desesperançoso, espiritualmente morto, e totalmente entregue aos estratagemas de Satanás.

Jesus explica: "As que caíram à beira do caminho são os que ouvem, e então vem o diabo e tira a palavra dos seus corações, para que não creiam e não sejam salvos" (Lucas 8:12). Esse versículo, diga-se de passagem, explica o objetivo verdadeiro simbolizado na obra do semeador. Sua intenção é que as pessoas "creiam e sejam salvas". Existe uma única maneira de semear a semente apropriada para alcançar esse objetivo: proclamando o evangelho de Jesus Cristo (que é, afinal de contas, a mensagem última e o foco real de toda a Bíblia). O semeador é um evangelista. Ele espera colher almas.

Inevitavelmente, ele encontrará ouvintes cujos corações são duros como concreto. O Antigo Testamento os chama de "obstinados" (Êxodo 32:9; 2Reis 17:14). A implicação clara é que essas pessoas endureceram seus corações deliberadamente. Eles "se obstinaram e não quiseram obedecer às minhas palavras" (Jeremias 19:15). Sobre Zedequias, o jovem rei mau que "fez o que o Senhor, o seu Deus, reprova" (2Crônicas 36:12), as Escrituras dizem: "Tornou-se muito obstinado e não quis se voltar para o Senhor, o Deus de Israel" (v. 13). Ele deliberadamente fortaleceu seu coração contra o arrependimento. Homens como este apedrejaram Estêvão, e ele os responsabilizou por isso: "Povo rebelde, obstinado de coração e de ouvidos! Vocês são iguais aos seus antepassados: sempre resistem ao Espírito Santo!" (Atos 7:51).

É esse tipo de pessoa que é representado pela trilha pisoteada e infértil em torno do campo. Esse coração é uma via pública, trilhada

UMA LIÇÃO SOBRE RECEBER A PALAVRA

por uma multitude mista de iniquidades que continuam a trafegar por ela. Ela não é cercada, por isso, fica exposta aos passos maus de qualquer maldade que passa por ali. Nunca é arada pela convicção. Nunca é cultivada por qualquer tipo de busca, autoexame, contrição, avaliação honesta de culpa ou arrependimento verdadeiro. O coração se endureceu contra o chamado doce da graça tanto quanto os terrores do julgamento. Indiferença, insensibilidade e amor pelo pecado tornaram o coração dessa pessoa denso, seco e impenetrável.

Este é o tolo de Provérbios, a pessoa que desdenha a sabedoria e a instrução (Provérbios 1:7) e que "não tem prazer no entendimento, mas sim em expor os seus pensamentos" (18:2). O que é interessante aqui é que Jesus não está descrevendo ateus. Ele está se dirigindo a pessoas em uma cultura altamente religiosa, e os corações mais duros em sua audiência pertencem à aristocracia religiosa — os escribas e fariseus, os mesmos que, tão pouco tempo atrás, blasfemaram o Espírito Santo, excluindo-se da graça. Seu pecado representa o extremo absoluto de dureza de coração. O ateu está em uma situação espiritual melhor do que eles. Em outro lugar, Jesus lhes disse: "Vocês pertencem ao pai de vocês, o diabo, e querem realizar o desejo dele" (João 8:44).

Aqui, mais uma vez, ele diz que os corações endurecidos estão entregues à ação do mau. "Então vem o diabo e tira a palavra dos seus corações, para que não creiam e não sejam salvos" (Lucas 8:12).

Como o diabo tira a Palavra de Deus de um coração? Ele tem muitos métodos, e nós não devemos ignorá-los (2Coríntios 2:11). Se você acreditar que Satanás e suas obras são sempre evidentemente diabólicos, você será iludido por ele. Ele usa o engano. "É mentiroso e pai da mentira" (João 8:44). Ele transforma seus servos e a si mesmo em anjos da luz e em ministros da justiça (2Coríntios 11:14-15). Ele confunde as pessoas por meio de mestres falsos, que vêm em nome de Cristo, mas sutilmente atacam ou solapam a verdade do evangelho. Ele explora também as paixões pecaminosas do homem: medo daquilo que outros podem pensar, orgulho, teimosia, preconceito e os mais variados desejos. Ele apela ao amor do coração caído pelos prazeres do pecado. Ele sabe que as pessoas "amam as trevas, e não a luz, porque as suas obras são más" (João 3:19) e ele se aproveita disso. Para ele, é fácil parecer atraente aos olhos daqueles que amam a escuridão. Após ter conquistado a confiança e a atenção do pecador, ele desvia sua mente da verdade da Palavra, efetivamente tirando-a da consciência da pessoa.

O ouvinte superficial

A camada fina de solo sobre uma camada de rochas ilustra uma pessoa de coração superficial que responde imediatamente, mas apenas de modo pouco profundo. "As que caíram sobre as pedras são os que recebem a palavra com alegria quando a ouvem, mas não têm raiz. Creem durante algum tempo, mas desistem na hora da provação" (Lucas 8:13). Sem raízes profundas, a vegetação não consegue sobreviver durante muito tempo num clima árido. Ela cria folhas verdes rapidamente, mas morre na mesma velocidade, antes de chegar à maturidade fértil. Esse tipo de crescimento é inútil para qualquer propósito rentável.

Salmos 129:6 compara os injustos ao "capim do terraço, que seca antes de crescer". Na fina camada de poeira que se acumula em um telhado plano, capim ou ervas podem germinar e até mesmo parecer saudáveis durante algum tempo, mas o local onde estão não pode sustentar uma vida de longo prazo. A planta está condenada à morte no momento em que brota, e até mesmo o feno ressecado é inútil para qualquer propósito. O salmo ainda diz que "não enche as mãos do ceifeiro nem os braços daquele que faz os fardos" (v. 7).

Na região em que moro, somos cercados de colinas e montanhas inférteis. Durante a temporada de chuva, elas de repente vêm à vida e se cobrem de verde. Mas, rapidamente, elas voltam a apresentar o marrom sem vida. O verde que parecia tão promissor se transforma em feno sem vida, bom apenas para alimentar os incêndios florestais do verão californiano.

Isso é uma parábola perfeita para a maneira como algumas pessoas respondem ao evangelho. Eles são o oposto exato dos ouvintes endurecidos. Elas *parecem* receptivas. Demonstram um interesse vívido. Jesus diz que elas "recebem a palavra com alegria" (Lucas 8:13). Ficam entusiasmadas com ela. Mas todo esse entusiasmo oculta o fato de que não há raíz. Elas "creem durante algum tempo". É um fato importante a ser reconhecido: intelectualmente, pelo menos, elas são receptivas, afirmativas, até mesmo entusiasmadas. Existe um tipo de crença temporária que não é fé autêntica, precisamente por ser superficial — rasa, sem raízes, totalmente à mercê dos elementos hostis que testarão sua viabilidade.

Não é uma questão de *se*, mas de *quando* essa "fé" falhará. Normalmente (mas nem sempre) isso acontece mais cedo do que o esperado. Cada pessoa que reage de maneira positiva à Palavra de Deus enfrentará um "período de tentação". A palavra grega traduzida como "tentação" em Lucas 8:13 pode se referir também a uma provação ou a um teste — e este é claramente o sentido da palavra aqui. A fé do novo discípulo será submetida a um teste sob a ameaça de perseguição, pelas calamidades da vida ou pela simples dificuldade de sustentar a pretensão de uma crença profunda e dedicada. Se for superficial, se não tiver raízes, se for uma fé sem coração, não importa quão entusiasmada a reação possa ter sido no início, essa pessoa "desistirá", o que significa que ela abandonará completamente a fé.

Jesus disse em João 8:31: "Se vocês permanecerem firmes na minha palavra, verdadeiramente serão meus discípulos." Hebreus 3:14 diz: "Passamos a ser participantes de Cristo, desde que, de fato, nos apeguemos até o fim à confiança que tivemos no princípio." O apóstolo Paulo disse que você pode saber que foi realmente reconciliado com Deus "desde que continuem alicerçados e firmes na fé, sem se afastarem da esperança do evangelho, que vocês ouviram" (Colossenses 1:23).

Aqueles cuja fé é apenas temporária ouvem o evangelho e respondem, rápida e superficialmente. Talvez tenham algum motivo egoísta (pensando que Jesus resolverá seus problemas mundanos ou facilitará a vida para eles). Não calculam o custo. Durante algum tempo, se deleitam em alguma emoção, um sentimento de alívio, entusiasmo, euforia ou qualquer outro sentimento. Há lágrimas de alegria, abraços, aplausos e muita atividade — no início. Isso tende a convencer os outros cristãos de que se trata de uma conversão real, arraigada em convicção autêntica. Podemos até chegar a achar que essa é uma reação melhor do que a contrição silenciosa de algum cristão autêntico, profundamente convencido de seu pecado e de sua indignidade, que tudo que sente é um profundo senso de mansidão e gratidão silenciosa.

Uma irrupção de alegria não é o aspecto definidor de uma conversão autêntica. É claro que alegria é uma reação apropriada. Todo o céu se regozija quando uma alma se converte. "Eu lhes digo que, da mesma forma, haverá mais alegria no céu por um pecador que se arrepende do que por noventa e nove justos que não precisam arrepender-se" (Lucas 15:7). Mas, como Jesus deixa claro em nossa parábola, às vezes, uma grande alegria acompanha uma conversão falsa. Nem alegria hiperativa nem gratidão silenciosa provam se a profissão de fé de alguém é uma expressão de crença superficial e temporária ou uma convicção profunda e duradoura. O fruto (ou a falta do fruto) de uma pessoa revelará isso. "Uma árvore é conhecida por seu fruto" (Mateus 12:33).

No fim das contas, não importa quanto entusiasmo o ouvinte superficial demonstra em sua reação inicial à Palavra de Deus: se for uma convicção superficial sem raízes verdadeiras, essa pessoa em algum momento desistirá. E quando isso acontece, temos a prova definitiva de que, a despeito de toda a alegria e todo o zelo aparentes, a pessoa nunca teve uma fé verdadeira. "Eles saíram do nosso meio, mas na realidade não eram dos nossos, pois, se fossem dos nossos, teriam permanecido conosco; o fato de terem saído mostra que nenhum deles era dos nossos" (1João 2:19).

O ouvinte mundano

O terceiro tipo de solo, o solo com ervas daninhas, representa um coração excessivamente fascinado ou preocupado com as questões do mundo. Jesus explica: "As que caíram entre espinhos são os que ouvem, mas, ao seguirem seu caminho, são sufocados pelas preocupações, pelas riquezas e pelos prazeres desta vida, e não amadurecem" (Lucas 8:14).

Aqueles que se encaixam nesta categoria (como os ouvintes superficiais) podem parecer estar reagindo de forma positiva no início. A analogia sugere que, muito provavelmente, haverá algum sinal inicial de receptividade. Sementes lançadas entre ervas daninhas *germinam*. "[...] ouvem, mas, ao seguirem seu caminho" significa, aparentemente, que essas pessoas aparentam querer seguir o caminho da fé em todos os sentidos. Marcos parece sugerir que, no início, eles parecem possuir todo potencial para serem férteis, mas então, em algum momento, "quando chegam as preocupações desta vida, o engano das riquezas e os anseios por outras coisas, sufocam a palavra, *tornando*-a infrutífera" (Marcos 4:19; grifo do autor).

Não se trata de um incrédulo com o coração endurecido ou de uma pessoa emocional e superficial. Dessa vez, o solo foi arado e possui a profundidade necessária. Mas há todo tipo de impurezas nele. Ervas nativas já germinaram sob a superfície. Elas sempre crescerão mais fortes e mais rápido do que a boa semente. A Palavra de Deus é estranha a esse coração. Os donos do pedaço são as ervas daninhas e os espinhos.

Essa pessoa também está apaixonada pelo mundo, obcecada com "as riquezas e os prazeres da vida", *desta* vida (Lucas 8:14). Essa é a chave. Os valores temporários do mundo (prazeres pecaminosos, ambições terrenas, dinheiro, prestígio e uma multidão de diversões triviais) inundam o coração e abafam a verdade da Palavra de Deus.

"É alguém que tem mente dividida e é instável em tudo o que faz" (Tiago 1:8). Como ensinou Jesus: "Nenhum servo pode servir a dois senhores; pois odiará a um e amará ao outro, ou se dedicará a um e desprezará ao outro. Vocês não podem servir a Deus e ao Dinheiro" (Lucas 16:13).

Fato é que, no relato de Mateus, o foco está no amor do ouvinte mundano pelo dinheiro: "o engano das riquezas sufocam [a palavra]" (Mateus 13:22). Ao escrever para Timóteo, o apóstolo Paulo disse: "Os que querem ficar ricos caem em tentação, em armadilhas e em muitos desejos descontrolados e nocivos, que levam os homens a mergulharem na ruína e na destruição, pois o amor ao dinheiro é raiz de todos os males. Algumas pessoas, por cobiçarem o dinheiro, desviaram-se da fé e se atormentaram a si mesmas com muitos sofrimentos" (1Timóteo 6:9-10). Nada é mais hostil em relação à verdade do evangelho do que o amor pelas riquezas e pelos prazeres deste mundo. Àqueles cujo maior desejo é gastar seus recursos em prazeres do mundo, Tiago 4:4 diz: "Adúlteros, vocês não sabem que a amizade com o mundo é inimizade com Deus? Quem quer ser amigo do mundo faz-se inimigo de Deus."

O apóstolo João condenou o foco mundano com a mesma severidade. Escreveu: "Não amem o mundo nem o que nele há. Se alguém amar o mundo, o amor do Pai não está nele" (1João 2:15). Ele quis dizer que é um pecado amar montanhas e flores ou uma boa comida e pessoas? É claro que não. Ele está falando sobre os valores e vícios deste mundo, tudo que a inimizade patológica e autodestrutiva do mundo contra Deus representa: "Pois tudo o que há no mundo — a cobiça da carne, a cobiça dos olhos e a ostentação dos bens — não provém do Pai, mas do mundo" (v. 16).

É exatamente isso que as ervas e os espinhos representam na parábola: egoísmo, desejo pecaminoso e o sistema de crença ímpio que domina este mundo. São valores como esses — não os aspectos naturais do mundo criado — que sufocam a verdade da Palavra de Deus nos corações caídos e que tornam este mundo indigno do nosso amor.

Entenda bem. Riqueza material não é má em si mesmo, tampouco o é o prazer em si. Quando as prioridades são corretas, a riqueza e o prazer devem ser recebidos com ações de graças como presentes graciosos da mão de Deus, que é generoso em abençoar (Deuteronômio 8:18; Eclesiastes 5:18-19; Oseias 2:8). Mas é ruim amar os presentes mais do que aquele que os dá, ou valorizar benefícios palpáveis e temporários mais do que bençãos espirituais. Paulo disse a Timóteo: "Ordene aos que são ricos no presente mundo que não sejam arrogantes, nem ponham sua esperança na incerteza da riqueza, mas em Deus, que de tudo nos provê ricamente, para a nossa satisfação" (1Timóteo 6:17).

Um exemplo clássico no Novo Testamento do ouvinte mundano é o jovem rico. Ele veio a Jesus procurando a vida eterna, mas ele era materialista e um amante do mundo; e Jesus sabia disso. As Escrituras dizem que o jovem "afastou-se triste, porque tinha muitas riquezas" (Mateus 19:22). Ele amava os valores do mundo mais do que amava Deus. Outro exemplo é, evidentemente, Judas, que parecia seguir Jesus em todos os aspectos desde o tempo em que Jesus chamou os Doze até finalmente trair Cristo por trintas moedas de prata. A Bíblia nos diz que o pecado de Judas era seu amor pelo dinheiro. "Era ladrão; sendo responsável pela bolsa de dinheiro, costumava tirar o que nela era colocado" (João 12:6). Era o tipo mais sinistro do ouvinte tomado por ervas daninhas.

O que o ouvinte à beira do caminho, o ouvinte superficial e o ouvinte mundano têm em comum: neles, o fruto não amadurece (Lucas 8:14). O propósito da agricultura é produzir uma colheita. Um solo que não produz fruto não tem valor. A beira do caminho permanecerá eternamente endurecida, o solo raso provavelmente não será semeado novamente e o solo infestado de ervas daninhas será queimado. Se ele não pode ser purificado plenamente, libertado das ervas e recultivado, ele será abandonado.

Todas as três variedades de solo infértil são descrições emblemáticas dos incrédulos, inclusive daqueles que, inicialmente, demonstraram algum sinal de fé, mas não produziram fruto.

O ouvinte frutífero

O último tipo de solo é bem cultivado e produz o fruto esperado. Jesus diz que isso simboliza "os que, com coração bom e generoso, ouvem a palavra, a retêm e dão fruto, com perseverança" (Lucas 8:15). Esse é o coração verdadeiramente preparado. Em Mateus 13:23, Jesus diz que o solo bom representa uma pessoa "que ouve a palavra e a entende". Em Marcos 4:20, diz que é um símbolo daqueles que "ouvem a palavra, aceitam-na e dão uma colheita" (grifo meu).

Ele está descrevendo alguém com um coração tão bem preparado que, quando ouve o evangelho, o recebe com entendimento verdadeiro e fé autêntica. A expressão que Lucas usa ("[eles] a retêm e dão fruto, com perseverança") sugere uma lealdade tenaz à verdade e uma perseverança na fé.

Perseverança com fruto é o sinal necessário de uma confiança genuína e salvadora em Cristo. Essa é uma das lições-chave de toda a parábola: *o distintivo da fé autêntica é perseverança*. Jesus disse: "Se vocês permanecerem firmes na minha palavra, verdadeiramente serão meus discípulos" (João 8:31). Fé temporária jamais é fé verdadeira.

O "fruto" mencionado na parábola inclui, é claro, o fruto do Espírito: "amor, alegria, paz, paciência, amabilidade, bondade, fidelidade, mansidão e domínio próprio" (Gálatas 5:22-23). Abarca todo "fruto da justiça, fruto que vem por meio de Jesus Cristo, para glória e louvor de Deus" (Filipenses 1:11). Um coração verdadeiramente fiel produzirá adoração naturalmente — "fruto de lábios que confessam o seu nome" (Hebreus 13:15). E o apóstolo Paulo disse sobre as pessoas que ele levou a Cristo como sendo seu ministério (Romanos 1:13). Jesus tinha em mente todos esses exemplos de tipos de fruto quando disse que o bom solo representa pessoas que "dão fruto, com perseverança".

A expectativa é que produzam também fruto *abundante*. Mateus e Marcos falam em "uma colheita de trinta, sessenta e até cem por um" (Marcos 4:20; cf. Mateus 13:23). Como já observamos neste capítulo, qualquer coisa acima de um retorno de dez por um representaria um lucro imenso sobre o investimento do fazendeiro. Enquanto Jesus está claramente ensinando algo que todos nós conhecemos por experiência própria — que nem todos os cristãos são igualmente frutíferos — e sugere, ao mesmo tempo, que uma abundância de fruto é o resultado esperado da fé. O fruto espiritual em nossa vida deveria ser rico e evidente, e não tão raro a ponto de ser difícil encontrá-lo. Afinal de contas, fomos criados "para fazermos boas obras, as quais Deus preparou de antemão para que nós as praticássemos" (Efésios 2:10). Jesus disse: "Todo ramo que, estando em mim, não dá fruto, ele [o Pai, o agricultor] corta; e todo que dá fruto ele poda, para que dê mais fruto ainda" (João 15:2). Fruto — uma ceifa abundante e produzida divinamente — é o resultado esperado da fé salvadora.

Isso só pode acontecer em um coração puro e bem cultivado.

É a *obrigação* de cada pessoa ter um coração bem preparado, pronto para aceitar "humildemente a palavra implantada" (Tiago 1:21), e então nutrir aquela semente até o pleno amadurecimento. O Antigo Testamento nos conta que Roboão, o filho tolo de Salomão e herdeiro do trono, "agiu mal *porque não dispôs o seu coração para buscar o Senhor*" (2Crônicas 12:14; grifo do autor). Ao povo desviado de Judá e Jerusalém no Antigo Testamento, Deus deu seu mandamento por meio de seu profeta: "Lavrem seus campos não arados e não semeiem entre espinhos" (Jeremias 4:3). O contexto não deixa dúvidas de que ele estava ordenando que o povo preparasse seu coração para receber a palavra (cf. v. 4). Essa é a obrigação de cada pessoa.

Mas aqui está o problema: não podemos realizar isso por conta própria. Já somos impuros além de qualquer medida. Somos pecadores caídos, culpados e temos corações superficiais, rebeldes e dominados por ervas daninhas. Entregues a nós mesmos, endureceríamos apenas mais. Cada exposição à luz aumentaria a dureza do nosso solo até nos tornarmos tão impenetráveis para a Palavra de Deus quanto uma calçada de concreto é impenetrável para sementes de grama. "A mentalidade da carne [não regenerada] é inimiga de Deus porque não se submete à lei de Deus, nem pode fazê-lo. Quem é dominado pela carne não pode agradar a Deus" (Romanos 8:7-8).

Apenas Deus consegue arar e preparar um coração para receber a Palavra. Ele o faz por meio da obra regeneradora e santificadora de seu Espírito Santo, que convence o "mundo do pecado, da justiça e do juízo" (João 16:8). Os que creem são despertados espiritualmente por ele (Romanos 8:11). Ele ilumina suas mentes com a verdade (1Coríntios 2:10). Ele os purifica (Ezequiel 36:25). Ele remove o coração endurecido e lhes dá um coração novo (v. 26). Ele reside em seu povo e o motiva para a justiça (v. 27). Ele inscreve a verdade de Deus em seus corações (Jeremias 31:33; 2Coríntios 3:3). Ele derrama o amor de Deus em seus corações (Romanos 5:5). Nós que cremos em Cristo dependemos totalmente da obra do Espírito em nosso coração para manter-nos amáveis, receptivos e férteis.

E nós precisamos permanecer dependentes dele na fé.

Como Davi, que orou: "Cria em mim um coração puro, ó Deus, e renova dentro de mim um espírito estável" (Salmos 51:10), precisamos nos aproximar de Deus com confiança e submissão, permitindo que ele faça a obra necessária em nosso coração que nós não conseguimos realizar por nós mesmos.

Por fim, a parábola é um lembrete de que, quando proclamamos o evangelho ou ensinamos a Palavra de Deus aos nossos vizinhos e entes queridos, os resultados sempre apresentarão alguma variação de acordo com a condição dos corações dos nossos ouvintes. Sucesso ou fracasso não dependem das nossas habilidades como semeadores. Algumas sementes que lançamos caem em solo duro, raso ou dominado pelas ervas daninhas. Mas não há nada de errado com a semente. Se você for fiel na execução da tarefa, algumas das sementes que você lançar *cairão* em um solo bem cultivado, e o resultado será um fruto abundante.

CAPÍTULO 3

Uma lição sobre o preço do discipulado

Se alguém quiser acompanhar-me, negue-se a si mesmo, tome diariamente a sua cruz e siga-me.

LUCAS 9:23

A ATIVIDADE EXTREMA MAIS DESNECESSÁRIA DE todas talvez seja o alpinismo em altitudes extremas. A cada ano, as trilhas do monte Everest são entulhadas com os corpos de alpinistas que fracassaram, que se juntam aos corpos dos anos anteriores. O esforço é caro, exige tudo e é perigoso. Antes de 1996, um em cada grupo de quatro morria na tentativa de escalar a montanha. As estatísticas são um pouco melhores hoje em dia, mas para cada cem que chegam ao cume ainda morrem 14 pessoas. Dez por cento dos que chegam ao topo morrem durante a descida. Mais de 225 pessoas morreram ao longo das últimas três décadas tentando escalar a montanha. Em abril de 2014, ocorreu o dia mais fatal na história da montanha, quando uma avalanche levou 16 pessoas à morte. Que outro esporte reclama tantas vidas de seus participantes?

Além disso, é uma expedição cara — uma única tentativa custa algo entre 30 e 120 mil dólares. O treinamento para a escalada exige de oito a 12 meses em tempo integral — no mínimo. Vários anos de experiência na prática do alpinismo são considerados absolutamente necessárias pela maioria dos especialistas.

Em vista do custo alto desse passatempo e do possível resultado calamitoso, é surpreendente ver quantas pessoas estão dispostas a arriscar tudo que têm e até mesmo suas próprias vidas para realizar uma proeza que não lhes oferece nenhuma recompensa palpável além da satisfação e do orgulho. Certamente não é um compromisso que se assume sem pensar bem.

Nosso Senhor disse algo semelhante àqueles que demonstravam um interesse superficial por segui-lo. Discipulado não é um estilo de vida que deve ser escolhido em um momento irrefletido. Em Mateus 13, Jesus contou duas parábolas que ilustram a necessidade de calcular os custos de entrar em seu Reino.

O que é o Reino?

O Reino dos céus é um tema frequente nas parábolas de Jesus. É a esfera da qual o próprio Cristo é o Rei dos reis e Senhor dos senhores absoluto. É o domínio em que seu senhorio está em plena operação neste momento. Em outras palavras, todos que realmente pertencem ao Reino dos céus se submeteram formalmente ao senhorio de Cristo. Entrar no Reino significa, portanto, entrar na vida eterna. Ou seja, o Reino de Deus é sinônimo da esfera da salvação, aquela esfera eterna onde os remidos têm sua cidadania verdadeira (Filipenses 3:20).

Atualmente, o Reino é um domínio espiritual, não uma esfera terrena geopolítica. Jesus descreveu o estado atual do Reino como intangível e invisível: "O Reino de Deus não vem de modo visível, nem se dirá: 'Aqui está ele', ou 'Lá está'; porque o Reino de Deus está entre vocês" (Lucas 17:20-21). Ele disse também: "O meu reino não é deste mundo" (João 18:36).

Essa não é a expressão plena e final do Reino de Cristo, é claro. A plenitude terrena do seu Reino aguarda seu retorno físico. Então "o reino do mundo se [tornará] de nosso Senhor e do seu Cristo, e ele reinará para todo o sempre" (Apocalipse 11:15). A primeira fase desse reinado eterno é o reinado de mil anos do Senhor Jesus na terra, conforme prometido em Apocalipse 20:1-7. Isso será seguido pela criação de um novo céu e de uma nova terra, sobre os quais ele continuará a reinar eternamente (Apocalipse 21:1-8).

Jesus nos ensinou que é por isso que devemos orar: "Venha o teu Reino; seja feita a tua vontade, assim na terra como no céu" (Mateus 6:10). Quando o Reino finalmente se manifestar na nova Criação, ele será visível, universal (abarcando o céu e a terra) e sem fim. Não obstante, o Reino é absolutamente real; está presente e está crescendo constante e silenciosamente na medida em que pecadores são remidos e graciosamente declarados cidadãos do Reino por toda a eternidade. Jesus ilustra todas essas verdades em suas parábolas.

As Escrituras dão vários nomes ao Reino: "o reino de Cristo e de Deus" (Efésios 5:5); "o reino de Deus" (Marcos 4:11); e "seu reino [i.e., de Cristo]" (Mateus 13:41; 16:28). A noção comum segundo a qual "o Reino dos céus" e "o Reino de Deus" seriam esferas separadas é uma falácia. Mateus sempre usa a expressão "Reino dos céus", e ele é o único escritor do Novo Testamento que usa essa expressão. Todos os outros Evangelhos dizem "Reino de Deus". Os termos são sinônimos, como mostra uma comparação entre passagens paralelas (cf. Mateus 5:3 e Lucas 6:20; Mateus 19:24 e Marcos 10:23; Mateus 11:11 e Lucas 7:28). Mateus escrevia para o benefício de leitores judeus. Ele sempre dizia "Reino dos céus" no lugar de "Reino de Deus" porque os leitores judeus tendiam a ser extremamente sensíveis em relação ao uso do nome de Deus, e ele não queria criar uma pedra de tropeço desnecessária para seus leitores.

A entrada no Reino é de graça ou há um preço?

Nada no universo jamais se compararia ao valor inestimável do Reino. Vale mais do que qualquer mortal jamais poderia imaginar, o que significa que seu preço se encontra infinitamente além de qualquer preço que qualquer um de nós conseguiria pagar. Se você desse tudo que tem e tudo que jamais terá, tudo isso não chegaria nem perto de merecer uma entrada para o Reino. As Escrituras não deixam dúvida em relação a isso; é simplesmente impossível comprar o acesso a ele.

Na verdade, funciona do jeito inverso. Pessoas que são ricas em bens deste mundo se encontram em uma desvantagem séria do ponto de vista do Reino celestial. Jesus disse: "É mais fácil passar um camelo pelo fundo de uma agulha do que um rico entrar no Reino de Deus" (Mateus 19:24). As Escrituras dizem: "O amor ao dinheiro é a raiz de todos os males" (1Timóteo 6:10). O fascínio por riqueza material torna uma pessoa imprópria para o Reino — mesmo quando a pessoa *não* é rica. Nas palavras de Jesus: "Como é difícil aos ricos entrar no Reino de Deus!" (Marcos 10:24). O reino tampouco pertence às pessoas que se consideram justas ou àquelas que acreditam que sua religião, sua moral, sua educação, seu humanitarismo, sua filantropia, seu empenho pelo meio ambiente, seu ponto de vista político, ou qualquer outra coisa, pode conquistar o favor de Deus (cf. Lucas 18:10-14).

A exigência da Lei de Deus é bem direta. Jesus resumiu tudo em uma única declaração: "Sejam perfeitos como perfeito é o Pai celestial de vocês" (Mateus 5:48). Tiago o expressa desta maneira: "Pois quem obedece a toda a Lei, mas tropeça em apenas um ponto, torna-se culpado de quebrá-la inteiramente" (Tiago 2:10). Assim, a Lei condena a todos nós, pois nenhum consegue alcançar esse padrão. É o cúmulo da arrogância acreditar que um pecador caído possa satisfazer suficientemente o padrão perfeito da justiça de Deus ou, de alguma forma, conquistar seu favor tentando encobrir sua culpa com suas próprias obras imperfeitas. "Somos como o impuro — todos nós! Todos os nossos atos de justiça são como trapo imundo" (Isaías 64:6).

Seria mais fácil comprarmos todos os palácios e todas as mansões da terra do que adquirir uma entrada para o Reino dos céus por mérito próprio. Na verdade, a postura característica de todo cidadão do Reino é ser "pobre em espírito" (Mateus 5:3). Ele reconhece e

UMA LIÇÃO SOBRE O PREÇO DO DISCIPULADO

confessa sua profunda pobreza espiritual. Sabe que é um pecador indigno (1Timóteo 1:15).

Isso não é, diga-se de passagem, um dos mistérios do Reino mantidos em segredo até finalmente serem revelados no Novo Testamento. Trata-se de uma verdade básica expressa de maneira perfeitamente clara:

> Aqueles que confiam em seus bens
> e se gabam de suas muitas riquezas:
> Homem algum pode redimir seu irmão
> ou pagar a Deus o preço de sua vida,
> pois o resgate de uma vida não tem preço. (Salmos 49:6-8)

É por isso que Jesus — o Cordeiro de Deus, perfeito, sem mácula e sem pecado — teve de realizar a única expiação possível para os pecadores. "Deus tornou pecado por nós aquele que não tinha pecado, para que nele nos tornássemos justiça de Deus" (2Coríntios 5:21). Cristo pagou a taxa de entrada completa ao Reino para todos que creem em seu nome, porque ele é o único capaz de pagar um preço tão alto.

E o preço foi verdadeiramente exorbitante, muito mais alto do que todo o ouro e todas as riquezas materiais do mundo. "Pois vocês sabem que não foi por meio de coisas perecíveis como prata ou ouro que vocês foram redimidos [...], mas pelo precioso sangue de Cristo, como de um cordeiro sem mancha e sem defeito" (1Pedro 1:18-19).

Ele pagou *todo* o preço. Suas últimas palavras na cruz significavam exatamente isso: "Está consumado" (João 19:30). "Por meio de um único sacrifício, ele aperfeiçoou para sempre os que estão sendo santificados" (Hebreus 10:14).

Por isso, todos que entram no Reino o fazem de graça, "sem dinheiro e sem custo" (Isaías 55:1), pela graça por meio da fé — não por qualquer mérito ou virtude própria (Efésios 2:8-9).

No entanto, veremos a seguir, por meio de duas ilustrações sucintas, que a fé autêntica jamais deixa de apreciar o custo verdadeiro da salvação, o preço que nossa libertação da maldição e da escravidão do pecado custou a Cristo; o que significa ser comprado por Cristo e se submeter ao seu senhorio; e (acima de tudo) o quão valiosa é a redenção em termos de seu valor eterno para o pecador.

Além disso, e paradoxalmente, apesar de o Senhor Jesus ter pagado o preço completo, *não* é incoerente incentivar as pessoas a considerar os custos de entrar no Reino. Na verdade, é exatamente esta a mensagem que Jesus transmite nestas duas parábolas sucintas em Mateus 13:44-46. Ele incentiva todos que querem entrar no Reino a contemplar o que isso lhes custará.

Qual *é* o custo para um pecador que entra no reino de Deus?

O tesouro escondido

A primeira parábola é tão simples que cabe em um único versículo: "O Reino dos céus é como um tesouro escondido num campo. Certo homem, tendo-o encontrado, escondeu-o de novo e, então, cheio de alegria, foi, vendeu tudo o que tinha e comprou aquele campo" (Mateus 13:44).

Uma história tão simples indica que Jesus estava lidando com uma imagem familiar. Os ouvintes entenderiam o contexto legal e cultural sem explicação. Mas nós precisamos de algumas informações adicionais. Comecemos com uma história recente e surpreendentemente semelhante que se tornou viral na internet em fevereiro de 2014. Um casal do norte da Califórnia estava passeando com seu cachorro em sua própria propriedade quando viram algo na trilha. Era uma lata enferrujada que havia sido enterrada anos antes. Ao escavá-la, encontraram outras latas, e todas elas continham moedas de ouro — mais de 1400 ao todo, avaliadas em mais de 10 milhões de dólares. As moedas haviam sido cunhadas em São Francisco entre 1847 e 1894, durante a era da corrida ao ouro na Califórnia. Uma das moedas foi avaliada em mais de um milhão de dólares. Acredita-se

UMA LIÇÃO SOBRE O PREÇO DO DISCIPULADO

que este foi o tesouro mais valioso já encontrado nos Estados Unidos.[1] A maioria das reportagens sobre a história destacava o fato de que as chances de ganhar na loteria eram milhares de vezes maiores do que a chance de encontrar um tesouro tão raro.

Esconder um tesouro no campo talvez tenha sido mais comum nos dias do nosso Senhor do que hoje. Hoje em dia, as pessoas depositam seu dinheiro na poupança ou investem em ações, fundos de investimento ou imóveis. Objetos valiosos costumam ser guardados em cofres. No tempo de Jesus, cambistas e agiotas trabalhavam com o templo, não com bancos, e não ofereciam lugares seguros para guardar as riquezas de seus clientes. Riqueza era investida em terra e bens. Apenas os extremamente ricos teriam um excedente em moedas, joias ou outros tesouros valiosos, e cabia ao indivíduo que possuía essa riqueza encontrar um jeito de escondê-la.

Em regiões em que guerras e levantes políticos eram eventos bastante comuns, enterrar suas riquezas era um modo conveniente de proteger a riqueza da família. Os exércitos vitoriosos sempre achavam que tinham direito aos espólios da guerra. Alguns viam isso como permissão para roubar, pilhar e saquear os bens dos habitantes locais. Se uma batalha se anunciava no horizonte, uma pessoa prudente pegava todas as joias e todo o dinheiro que tinha em casa, os enterrava num jarro de argila e fixava o lugar na memória para recuperar o tesouro após o fim da guerra. Josefo escreveu sobre os eventos após a destruição de Jerusalém por Roma sob o reinado de Tito Vespasiano, em 70 d.C.:

> Uma quantia não pequena das riquezas que existiam naquela cidade ainda podia ser encontrada entre as ruínas; grande parte foi escavada pelos romanos; mas a maior parte foi descoberta por aqueles que eram cativos, e assim a levaram embora. Estou falando do ouro, da prata e o restante daqueles móveis mais precisos que os judeus possuíam e que os donos haviam escondido na terra, contra as fortunas incertas da guerra.[2]

Às vezes as pessoas enterravam seus objetos valiosos por um medo covarde, desconfiança ou preguiça. Jesus se refere a isso em Mateus 25:18, onde uma de suas parábolas descreve um administrador preguiçoso que "cavou um buraco no chão e escondeu o dinheiro do seu senhor", em vez de investir ou usá-lo para algum propósito lucrativo. No mínimo, ele deveria ter devolvido o dinheiro com juros, Jesus disse. Enterrá-lo quando ele tinha a oportunidade de ganhar algo com ele era tolo e infiel. (Examinaremos essa parábola no capítulo 7.)

Temos então aqui um homem que descobre um tesouro enterrado em um campo que pertence a outra pessoa. Ele pode ter sido contratado pelo proprietário do campo para lavrar a terra. Enquanto ara o campo, ele desenterra um tesouro enterrado. Imediatamente, ele o coloca de volta no lugar onde o encontrou. Então ele volta para casa, vende tudo que tem e compra aquele campo para ganhar o tesouro escondido nele.

A parábola não nos diz que tipo de tesouro era, apenas que era de valor imensurável.

Às vezes os leitores se perguntam se o homem agiu de forma ética. Ele descobre um tesouro que não pertence a ele, então o enterra novamente sem contar à pessoa que possui o campo. Ele não tinha o dever de relatar sua descoberta ao proprietário da terra?

Não. A lei rabínica era muito específica em relação a essas coisas. Quando um objeto de valor, cujo dono era desconhecido, era encontrado ao ar livre (mesmo que apenas a um passo da porta de entrada da casa), o dono da terra não tinha um direito de reivindicá-lo. Segue aqui um exemplo de uma coletânea moderna de fontes antigas:

> [Se] ele encontrava [um objeto] entre as tábuas [na soleira da porta da casa], [se o objeto estivesse localizado] da batente para fora, ele pertencia [à pessoa que o achou]. Se estivesse localizado do batente para dentro, ele pertencia ao dono da casa. [Se] alguém encontrava um objeto num buraco ou num muro novo, se

o objeto estivesse localizado do centro para fora, ele pertencia [à pessoa que o achou]. [Se o objeto estivesse localizado] do centro para dentro [para dentro da casa], ele pertencia ao dono da casa. [...] [Se o muro ou o buraco] estivesse completamente aberto para fora, mesmo se o objeto estivesse localizado do centro para o lado interior da casa, ele pertencia à pessoa que o achou. [Se o muro ou o buraco] estivesse completamente para dentro, mesmo se o objeto estivesse localizado do centro para o lado exterior da casa, ele pertencia ao dono da casa.[3]

O tesouro encontrado no campo não pertencia ao dono da terra. (Se tivesse pertencido a ele, ele teria escavado o campo inteiro antes de vendê-lo para outra pessoa. O fato de ele não saber que o tesouro se encontrava ali significava que ele não tinha direito a ele.) Portanto, segundo a lei judaica, o tesouro pertencia à pessoa que o achou.

Se o homem que encontrou o tesouro tivesse tido menos escrúpulos, ele simplesmente teria pegado o tesouro e sumido com ele. Ou ele poderia ter usado parte do tesouro para comprar o campo que continha o restante. Não foi o que ele fez. Tampouco provocou um debate desnecessário sobre quem era o dono legítimo. Ele simplesmente pegou o tesouro que encontrara e o devolveu à terra. Então, vendeu tudo que ele possuía e comprou o campo inteiro a fim de garantir a posse incontestável do tesouro.

Essa é a mensagem da parábola: um homem encontrou algo tão valioso que ele vendeu tudo que possuía para consegui-lo. Ficou tão feliz, tão maravilhado diante do valor de sua descoberta que se dispôs a entregar tudo que tinha para conseguir o tesouro.

A pérola de grande valor

A segunda parábola transmite a mesma mensagem: "O Reino dos céus também é como um negociante que procura pérolas preciosas.

Encontrando uma pérola de grande valor, foi, vendeu tudo o que tinha e a comprou" (Mateus 13:45-46).

Esse homem era, muito provavelmente, um atacadista. (A palavra para "negociante" é *emporos* no texto grego. É a mesma palavra da qual deriva o nosso *empório*.) Ele viajava de cidade para cidade, vasculhando mercados, portos de pesca, feiras, à procura de pérolas de altíssima qualidade para revendê-las. As pessoas fazem o mesmo hoje em dia com antiguidades. Vasculham celeiros antigos, sótãos e vão a liquidações esperando encontrar entre todos aqueles móveis usados algum tesouro que eles conseguem comprar por uma mixaria.

No tempo de Jesus, pérolas eram aquilo que diamantes representam hoje em dia. Pérolas perfeitas eram tão valiosas quanto qualquer pedra preciosa. Ao mesmo tempo, pérolas tornavam a riqueza facilmente transportável. Se você possuía pérolas finas, possuía uma fortuna. Mergulhadores (sem máscaras, roupas e pesos de mergulho ou cilindros de oxigênio) as colhiam em profundezas perigosas no mar Vermelho, no golfo Pérsico e no oceano Índico. Muitos morriam durante esses mergulhos. Os mergulhadores costumavam amarrar pedras em seus corpos, respirar fundo, pular na água e vasculhar o fundo do mar à procura de ostras.

Uma única pérola perfeita em tamanho, forma e beleza podia ser de valor imenso. Quando Jesus disse: "Não atirem suas pérolas aos porcos" (Mateus 7:6), ele estava esboçando uma pintura verbal absurda para ilustrar a tolice de tentar argumentar com pessoas que claramente só desdenhavam a verdade. Quem jamais esperaria que os mais baixos dos animais impuros reconhecessem algo tão valioso quanto pérolas?

Esse comerciante estava procurando pérolas para vender porque eram um investimento seguro; seu valor aumentava com o passar do tempo. Como acontece ainda hoje, um investidor sábio diversificava seus investimentos: ele enterrava parte do seu dinheiro, investia outra parte em pérolas, outra parte em imóveis. O que um investidor sábio não fazia era aplicar tudo em um único bem.

UMA LIÇÃO SOBRE O PREÇO DO DISCIPULADO

À luz disso, é significativo que, em ambas as parábolas, o personagem principal faz exatamente o que investidores espertos jamais fariam. O primeiro homem vendeu tudo e comprou um campo. O segundo homem vendeu tudo e comprou uma pérola.

Seis verdades vitais sobre o Reino

Essas duas parábolas simples não tratam de princípios de investimento. Sua mensagem é espiritual: tudo que este mundo considera valioso ou importante é nada comparado com o valor de conhecer Cristo e de fazer parte do seu Reino (Filipenses 3:7-8). Esse ponto resume várias lições subjacentes sobre o Reino escondidas nessas parábolas.

A primeira é uma verdade sobre a qual já falamos: *o valor do Reino não tem preço*. Temos, em Cristo e seu Reino, um tesouro eterno e de valor incomparável. Esse tesouro é incorruptível, sem mácula, eterno e reservado para os fiéis no céu (1Pedro 1:4).

Ambas as parábolas falam de uma fortuna valiosíssima que representa o Reino de Deus. Lembre-se de como nós definimos o Reino: é a esfera sobre a qual Cristo reina graciosamente e onde ele abençoa eternamente os súditos dispostos e amorosos que alegremente o aceitam como Senhor por meio da fé. Trata-se do âmbito da salvação. Cristo é o soberano absoluto e sua glória é o núcleo do Reino.

Isso já bastaria para determinar o valor infinito do Reino, mas isso não é tudo. O Reino consiste de tudo que é eterno, de tudo que possui um valor real, de tudo que é eternamente incorruptível e puro. Todo o resto passará, mas a benção do Reino não pode desvanecer nem diminuir. Na verdade, "ele estenderá seu domínio, e haverá paz sem fim" (Isaías 9:7). Parafraseando um hino de que gosto muito, a paz do Reino é perfeita, mas ela flui mais ricamente a cada dia; perfeita, mas mais profunda a cada dia.[4]

O Reino de Deus é um tesouro celestial enterrado no campo deste mundo pobre, falido e amaldiçoado. É de um valor grande o suficiente para tornar imensamente rico, por toda a eternidade, cada um dos habitantes pobres, miseráveis, cegos e pecaminosos. O tesouro inclui salvação, perdão, amor, alegria, paz, virtude, bondade, glória, vida eterna no céu, a presença de Deus sob seu sorriso e o próprio Cristo. Literalmente tudo de valor eterno é incluído no tesouro do Reino.

É por isso que esse é o bem mais valioso que pode ser encontrado, e apenas um louco completo não estaria disposto a abrir mão de tudo que possui para adquiri-lo.

Há uma segunda lição aqui: *o reino não é visível na superfície.* O tesouro estava escondido; a pérola precisou ser procurada. Não eram evidentes ao observador casual. Isso se espelha perfeitamente nas próprias parábolas. O sentido verdadeiro não se manifesta imediatamente. Ele está ali para quem o procura, mas ele não se destaca de forma inconfundível de modo que uma pessoa com interesse tímido o perceba.

Semelhantemente, Jesus disse que o Reino de Deus não vem anunciado por fanfarras; a maioria nem o percebe (Lucas 17:20). Realidades espirituais não podem ser vistas naturalmente e, portanto, não são apreciadas por uma humanidade não regenerada. "Ninguém conhece as coisas de Deus, a não ser o espírito de Deus" (1Coríntios 2:11). "Quem não tem o Espírito não aceita as coisas que vêm do Espírito de Deus, pois lhe são loucura; e não é capaz de entendê-las, porque elas são discernidas espiritualmente" (v. 14). "Ninguém pode ver o Reino de Deus, se não nascer de novo" (João 3:3). Assim, o Reino e seu valor real permanecem escondidos das mentes carnais. É por isso que o tesouro da salvação não é apreciado nem mesmo descoberto pela maioria. Afinal de contas, "a mentalidade da carne é inimiga de Deus" (Romanos 8:7).

Isso explica também por que as pessoas do mundo não entendem como os cristãos podem ser passionais em relação à glória de Deus.

Não entendem por que nós valorizamos tanto o Reino dos céus, pois não significa nada para elas. Pessoas não regeneradas simplesmente não têm qualquer ideia do que a glória divina inclui. Não conseguem imaginar por que alguém se submeteria voluntariamente ao senhorio de Jesus Cristo. Não entendem por que qualquer pessoa repudiaria o pecado e seus prazeres para buscar a justiça, sacrificando as alegrias terrenas em prol das alegrias celestiais. Isso é contrário ao instinto e todo desejo do coração humano caído.

As pessoas estão simplesmente cegas para as riquezas do Reino. As Escrituras dizem: "O deus desta era cegou o entendimento dos descrentes, para que não vejam a luz do evangelho da glória de Cristo, que é a imagem de Deus" (2Coríntios 4:4). Cristo, que é a luz do mundo, "estava no mundo, e o mundo foi feito por intermédio dele, mas o mundo não o reconheceu. Veio para o que era seu, mas os seus não o receberam" (João 1:10-11).

Isso explica em grande parte a deterioração moral da nossa cultura de hoje. Os pecadores não têm a inclinação natural de buscar Deus. Na verdade, as Escrituras dizem: "Não há ninguém que busque a Deus" (Romanos 3:11). Mas apenas aqueles que buscam encontrarão. E aqueles que buscam o fazem porque Deus graciosamente os atrai para Cristo (João 6:44); não arrastando-os contra sua vontade, mas atraindo-os com "laços de bondade humana e de amor" (Oseias 11:4). Ele convida todos nós a "buscar o Senhor enquanto se pode achá-lo; clamar por ele enquanto está perto" (Isaías 55:6). E o próprio Cristo promete: "Peçam, e lhes será dado; busquem, e encontrarão; batam, e a porta lhes será aberta. Pois todo o que pede, recebe; o que busca, encontra; e àquele que bate, a porta será aberta" (Mateus 7:7-8).

Aqui está uma terceira lição dessas duas parábolas: *o Reino é apropriado pessoalmente*. A figura-chave em ambas as parábolas é um indivíduo. Cada um encontra algo de grande valor especificamente para ele e se apropria daquilo. A imagem é vital, pois Jesus estava instruindo pessoas que tendiam a pensar que, por serem parte da nação de Israel, eram automaticamente membros do Reino do Messias. Semelhantemente, muitas pessoas pensam que, simplesmente por terem sido batizadas, por frequentarem a igreja ou se afiliarem formalmente a uma igreja, isso lhes garantirá a entrada ao Reino de Cristo. Hoje em dia, está teologicamente em moda imaginar pessoas entrando no Reino coletivamente e não como indivíduos, porque sua tribo, nação ou clã se associa formalmente com alguma forma de cristianismo.

Não é bem assim. "Nem todos os descendentes de Israel são Israel" (Romanos 9:6). "Não é judeu quem o é apenas exteriormente, nem é circuncisão a que é meramente exterior e física. Não! Judeu é quem o é interiormente, e circuncisão é a operada no coração, pelo Espírito" (Romanos 2:28-29). Você não é cidadão do Reino dos céus se não foi levado à união com Cristo pelo Espírito de Deus e assim se apropriou pessoalmente do tesouro. O fruto e a prova necessária dessa união é o amor verdadeiro por Cristo, a submissão à sua autoridade e uma confiança sincera nele como Senhor e Salvador. "Se alguém não ama o Senhor, seja amaldiçoado. Vem, Senhor!" (1Coríntios 16:22).

Quarta lição: *o Reino é a fonte real de alegria verdadeira*. Mateus 13:44 diz que o homem foi "cheio de alegria" e vendeu tudo que tinha para comprar o campo com o tesouro enterrado. A menção da alegria nesse contexto é altamente significativa. Por um lado, o Senhor está reconhecendo o desejo básico de todo ser humano de ser feliz. Alegria é uma coisa boa. Jesus disse em João 15:11: "Tenho lhes dito estas palavras para que a minha alegria esteja em vocês e a alegria de vocês seja completa." Mais tarde, ensinando-lhes a orar, ele disse: "Até agora vocês não pediram nada em meu nome. Peçam e receberão, para que a alegria de vocês seja completa" (João 16:24). Anos mais tarde, o apóstolo João repetiu essas palavras: "Escrevemos estas coisas para que a nossa alegria seja completa" (1João 1:4). Romanos 14:17 eleva a alegria ao mesmo nível da justiça e da paz: "Pois o Reino de Deus [...] é [...] justiça, paz e alegria no Espírito Santo." E em sua benção aos Romanos, Paulo escreveu: "Que o Deus da esperança os encha de toda alegria e paz, por sua confiança nele" (15:13). A ale-

UMA LIÇÃO SOBRE O PREÇO DO DISCIPULADO

gria é, evidentemente, o resultado natural da apropriação do tesouro. Portanto, se vocês possuem o tesouro, "alegrem-se sempre no Senhor. Novamente direi: alegrem-se!" (Filipenses 4:4).

Uma quinta lição: *nem todos chegam ao Reino pelo mesmo caminho.* Dificilmente preciso apontar as semelhanças óbvias entre as duas parábolas. Em ambos os casos vemos um indivíduo. Os dois encontram algo de grande valor. Cada um dos dois reconhece seu valor. E cada um está disposto a abrir mão de tudo para obter o tesouro.

Mas há também uma diferença entre as duas histórias.

Na primeira parábola, o homem simplesmente tropeça no tesouro. Na segunda parábola, o comerciante procura a pérola, ele sabe exatamente o que está procurando.

Não existe razão para pensarmos que o homem no campo estava procurando um tesouro. Ele estava simplesmente executando qualquer que fosse a sua rotina naquele dia, trabalhando, caminhando, arando o campo, construindo algo ou fazendo qualquer outra coisa que talvez envolvesse alguma escavação ou o cultivo de trigo. E enquanto estava no campo, cuidando de sua vida, ele tropeçou em uma fortuna.

Muitas pessoas entram no Reino de Deus dessa forma. O apóstolo Paulo, por exemplo, não estava tentando entrar no Reino. Ele acreditava já estar nele, e ele estava a caminho de Damasco para perseguir cristãos. No próximo instante, Deus interveio do céu, ele caiu no chão e foi remido. Na verdade, ele estava bastante satisfeito com sua justiça própria até tropeçar em uma fortuna que fez suas conquistas religiosas parecerem um saco cheio de esterco (Filipenses 3:8).

A mulher samaritana também veio ao poço porque precisava de água. Não procurando um encontro com Cristo, a Providência divina a levou a Cristo, e ela foi para casa como mulher remida. Ela, o homem nascido cego (João 9), o apóstolo Mateus (Mateus 9:9) e inúmeros outros tropeçaram no Reino sem intenção.

O comerciante, por sua vez, estava especificamente à procura de pérolas valiosas. Ele sabia o que estava procurando. Ele queria algo de valor genuíno e duradouro. Ele era como o eunuco etíope de Atos

8, como Cornélio em Atos 10 ou os bereanos em Atos 17. Ele representa aqueles que buscam o Reino. Ele está sendo atraído para Cristo em uma busca consciente pela vida eterna.

Alguns parecem chegar ao Reino quase que por acaso; outros são atraídos, investem tempo na busca consciente. Em ambos os casos, é Deus quem soberanamente ordena sua descoberta de Cristo. Ele trata cada um como indivíduo, ordenando os passos de cada um de acordo com seu plano, concedendo graciosamente aos corações pecaminosos a vontade e a sabedoria para ver e reconhecer o valor infinito do Reino, motivando-os assim a apreciar Cristo mais do que todas as riquezas do mundo. Essa é a fé salvadora.

Em sexto lugar: *a fé salvadora tem um preço alto*. Observe que, em ambas as parábolas, o tesouro é comprado. É claro que Jesus não estava ensinando que a vida eterna pode ser comprada com dinheiro ou merecida por obras humanas. Já destacamos que isso é um pensamento contrário a tudo que as Escrituras ensinam sobre graça, fé e salvação. Como sabemos, o Senhor Jesus Cristo pagou o preço da salvação por inteiro. Ele fez a expiação completa dos pecados de seu povo. A vida eterna é de graça para o pecador arrependido; é uma dádiva que recebemos exclusivamente por meio da fé, não como recompensa por obras de qualquer tipo.

Mas dizer que a vida eterna pode ser recebida de graça por meio da fé não significa que essa fé é um mero conhecimento ou uma aceitação racional de determinados fatos. A fé salvadora não é um ato físico como percorrer um corredor ou levantar a mão. A fé genuína não é uma mera ideia ou um consentimento seletivo com o ensinamento de Jesus. Significa abrir mão de todo o resto e desistir de qualquer convicção de que qualquer coisa ou qualquer pessoa possa conquistar nosso favor com Deus. É uma entrega total à pessoa e à obra do Salvador. Como diz o hino clássico: "Nada trago em minhas mãos; simplesmente me agarro à tua cruz."[5]

A fé autêntica "é uma graça salvadora, pela qual o recebemos e confiamos só nele para a salvação, como ele nos é oferecido no evangelho". Essas palavras são emprestadas do Breve Catecismo de Westminster (pergunta 86). O Catecismo Maior diz (pergunta 72):

> A fé justificadora é a que salva. É operada pelo Espírito e pela Palavra de Deus no coração do pecador que, sendo por eles convencido do seu pecado e miséria e da sua incapacidade, e das demais criaturas, para o restaurar desse estado, não somente aceita a verdade da promessa do Evangelho, mas recebe e confia em Cristo e na sua justiça, que lhe são oferecidos no Evangelho, para o perdão de pecados e para que a sua pessoa seja aceita e reputada justa diante de Deus para a salvação.

Em palavras mais simples: a fé salvadora é uma troca de tudo que somos por tudo que Cristo é. Cristo assumiu o lugar do pecador crente quando sofreu a penalidade pelo pecado na cruz. Os pecadores assumem seu lugar "em Cristo" *por meio da fé* quando o Espírito Santo os traz para a união perfeita e permanente com Cristo por meio do batismo espiritual (1Coríntios 12:13). É essa a transação retratada nessas parábolas.

A fé salvadora autêntica se entrega incondicionalmente a Cristo como Senhor e Salvador. Isso não significa que, no momento em que passamos a crer, perdemos qualquer tendência pecaminosa ou conquistamos uma vitória imediata sobre todos os hábitos ruins. Significa que repudiamos o pecado de todo coração e adquirimos um amor pela justiça. Essa mudança de coração é o fruto da regeneração e a prova da nossa união espiritual com Cristo. Aqueles que nunca se arrependem e que não apresentam o amor verdadeiro pela justiça nunca creram de verdade. A prova da salvação verdadeira é uma vida de submissão amorosa ao Senhor e à sua Palavra.

Jesus frequentemente mandava embora as pessoas quando demonstravam que sua fé era superficial, que elas não tinham um compromisso real. Em Lucas 9:57-62, por exemplo, lemos o seguinte diálogo:

Quando andavam pelo caminho, um homem lhe disse: "Eu te seguirei por onde quer que fores."

Jesus respondeu: "As raposas têm suas tocas e as aves do céu têm seus ninhos, mas o Filho do homem não tem onde repousar a cabeça."

A outro disse: "Siga-me."

Mas o homem respondeu: "Senhor, deixa-me ir primeiro sepultar meu pai."

Jesus lhe disse: "Deixe que os mortos sepultem os seus próprios mortos; você, porém, vá e proclame o Reino de Deus."

Ainda outro disse: "Vou seguir-te, Senhor, mas deixa-me primeiro voltar e me despedir da minha família."

Jesus respondeu: "Ninguém que põe a mão no arado e olha para trás é apto para o Reino de Deus."

Em Mateus 10:37-39, Jesus fornece uma descrição detalhada do tipo de transação que a fé genuína exige: "Quem ama seu pai ou sua mãe mais do que a mim não é digno de mim; quem ama seu filho ou sua filha mais do que a mim não é digno de mim; e quem não toma a sua cruz e não me segue, não é digno de mim. Quem acha a sua vida a perderá, e quem perde a sua vida por minha causa a encontrará." Em outras palavras, se você não estiver disposto a abrir mão de qualquer coisa da qual precise abrir mão a fim de ser fiel a Cristo, então você não é digno de Cristo.

Lemos a mesma coisa expressada em menos palavras em Mateus 16:24: "Jesus disse aos seus discípulos: 'Se alguém quiser acompanhar-me, negue-se a si mesmo, tome a sua cruz e siga-me.'" Essa é a transação. É uma troca em que eu abro espaço e reconheço Cristo como único senhor legítimo da minha vida. É isso que distingue uma fé autêntica de todas as variedades falsas e superficiais de profissão religiosa.

Isso, então, se torna o princípio orientador da vida do cidadão do Reino. Obviamente, as pessoas não entendem todas as consequências dessa autoentrega no momento em que são salvas. Mas os cristãos verdadeiros crescem "na graça e no conhecimento de nosso Senhor e Salvador Jesus Cristo" (2Pedro 3:18), e essa é a evidência de que eles são verdadeiramente salvos.

A necessidade de calcular o preço não é ressaltada suficientemente no evangelismo de hoje. Em Lucas 14:28, Jesus diz: "Qual de vocês, se quiser construir uma torre, primeiro não se assenta e calcula o preço, para ver se tem dinheiro suficiente para completá-la?" Três versículos depois, ele acrescenta: "Ou, qual é o rei que, pretendendo sair à guerra contra outro rei, primeiro não se assenta e pensa se com dez mil homens é capaz de enfrentar aquele que vem contra ele com vinte mil?"

A mensagem das duas parábolas é a mesma: calcule o preço de segui-lo. E se você fizer isso de forma ponderada, você certamente perceberá que a pérola é tão valiosa e o tesouro é tão valioso que vale a pena abrir mão de qualquer tesouro temporal.

CAPÍTULO 4

Uma lição sobre justiça e graça

E então, que diremos? Acaso Deus é injusto?
De maneira nenhuma!

ROMANOS 9:14

Alguma vez você já refletiu sobre o contraste que existe entre Judas Iscariotes e o ladrão na cruz? Um era um discípulo próximo de Jesus Cristo, que dedicou três anos de sua vida à melhor e mais intensa instrução religiosa disponível. *Mas ele perdeu sua alma para sempre.* O outro era um criminoso endurecido, que ainda zombava de tudo que era sagrado enquanto estava sendo executado por seus crimes. *Mas ele foi diretamente e para sempre para o paraíso.*

A diferença entre os dois homens dificilmente poderia ser maior; tampouco poderiam ser mais surpreendentes os finais das histórias de suas vidas. Judas era um discípulo de Cristo, membro do círculo mais íntimo dos Doze. Ele pregou, evangelizou, serviu e até recebeu o poder de "curar enfermidades" (Lucas 9:1). Ele parecia ser um discípulo modelo. Quando Jesus predisse que um dos Doze o trairia, ninguém apontou para Judas. Os outros discípulos confiavam tanto nele que o haviam elegido seu tesoureiro (João 13:29). Evidentemente, não reconheciam nada questionável ou até mesmo diabólico em seu caráter e em sua postura. Mas ele traiu Cristo, encerrou sua própria vida miserável cometendo suicídio e entrou na condenação eterna carregando uma culpa terrível. As palavras de Cristo sobre ele em Marcos 14:21 são assombrosas: "Ai daquele que trai o Filho do homem! Melhor lhe seria não haver nascido."

O ladrão na cruz, por outro lado, era um criminoso de carreira, perigoso o bastante para ser condenado à morte pelo método de execução mais lento e mais doloroso. Ele é chamado de "ladrão" em Mateus 27:38, que traduz uma palavra grega que se refere a um salteador ou assaltante de estradas. Ele estava sendo crucificado com seu sócio. Originalmente, ambos deveriam ser executados com Barrabás, um revolucionário e assassino (Lucas 23:19). Tudo isso indica que ele fazia parte de um bando de assaltantes perigosos que roubavam usando violência e que viviam fora da lei e segundo suas próprias paixões. Ele era claramente um homem mau, de espírito vil e agressivo, pois nas primeiras horas da crucificação ele e seu parceiro no crime estavam assombrando Jesus juntamente com a multidão que zombava dele (Mateus 27:44). Mas, quando o ladrão observou como Jesus morria em silêncio — "oprimido e aflito, [...] como um cordeiro [...] levado para o matadouro" (Isaías 53:7) —, o criminoso endurecido vivenciou uma surpreendente mudança em seu coração. Literalmente, nos últimos minutos de sua vida terrena miserável, ele confessou seu pecado (Lucas 23:41), fez uma simples oração: "Jesus, lembra-te de mim quando entrares no teu Reino" (v. 42), e naquele mesmo dia foi levado para o paraíso (v. 43), revestido em perfeita justiça, toda sua culpa assumida e quitada por Cristo.

Aqueles que acham que o céu é uma recompensa por boas obras talvez protestem dizendo que isso foi justiça jogada no lixo. O ladrão não havia feito nada para merecer o céu. Se era possível perdoar tão completamente um homem nos momentos finais de uma vida arruinada cheia de pecados violentos, não teria sido mais do que justo cancelar (ou mitigar) também o único ato de traição de Judas na base de todas as boas obras que ele fizera seguindo Cristo durante três anos? Às vezes as pessoas levantam perguntas como esta. A internet está cheia de comentários e artigos sugerindo que Judas foi tratado de forma injusta ou julgado com uma severidade excessiva.

O próprio Judas parecia ser o tipo de pessoa que mantinha a conta atualizada nessas questões. Ele protestou, por exemplo, quando Maria ungiu os pés de Jesus com uma fragrância valiosa. Ele conhecia o valor exato do óleo (igual ao salário de um ano) e se queixou: "Por que este perfume não foi vendido, e o dinheiro dado aos pobres? Seriam trezentos denários" (João 12:5). Ele sem dúvida teria pensado também que a graça que Jesus demonstrou ao ladrão era demasiadamente extravagante.

Pessoas que dedicaram suas vidas à religião parecem, às vezes, ficar ressentidas quando Deus estende sua mão e graciosamente redime alguém que elas consideram indignas do favor divino.

Precisamos manter em mente que todas as pessoas são totalmente indignas. Ninguém *merece* o favor de Deus. Somos todos pecadores culpados que merecem nada além da condenação. Ninguém que pecou tem o direito de reivindicar a bondade de Deus.

Deus, por outro lado, tem todo direito de demonstrar misericórdia e compaixão a quem ele quiser (Êxodo 33:19). Além do mais, quando ele demonstra misericórdia, isso sempre acontece em abundância generosa. Como ele disse a Moisés: Ele é "Senhor, Senhor, Deus compassivo e misericordioso, paciente, cheio de amor e de fidelidade, que mantém o seu amor a milhares e perdoa a maldade, a rebelião e o pecado" (34:6-7).

As pessoas que acusam Deus de ser injusto quando ele demonstra graça às pessoas que menos a merecem simplesmente não entendem o princípio da graça. Justiça plena significaria a morte imediata para todo pecador, pois "o salário do pecado é a morte" (Romanos 6:23). A verdade é: no fundo não queremos o que é "justo". Todos nós precisamos desesperadamente de graça e misericórdia.

Por outro lado, a graça não é injusta, pois Cristo expiou completamente os pecados daqueles que confiam nele — e assim a justiça se volta em prol deles. "Se confessarmos os nossos pecados, ele é fiel *e justo* para perdoar os nossos pecados e nos purificar de toda injustiça" (1João 1:9; grifo do autor). Visto que Cristo tomou sobre si a penalidade do pecado, Deus pode justificar o pecador que crê (até mesmo pecadores notórios como o ladrão na cruz) sem comprometer sua própria justiça. "No presente, demonstrou a sua justiça, a fim de ser justo e justificador daquele que tem fé em Jesus" (Romanos 3:26).

E se Deus demonstra misericórdia para com um ladrão vil em seu momento de morte e condena alguém com um currículo religioso igual ao de Judas? "E então, que diremos? Acaso Deus é injusto? De maneira nenhuma!" (Romanos 9:14). "Deus tem misericórdia de quem ele quer" (v. 18).

Jamais devemos imaginar a misericórdia de Deus como recompensa por boas obras. O céu não é uma recompensa para pessoas que o merecem. Deus "justifica o ímpio" (Romanos 4:5). A graça é, por definição, *imerecida*. Mas ela não é injusta. Não tente sujeitar a graça de Deus às noções infantis sobre justiça e equidade. Ninguém tem o direito de reivindicar a misericórdia de Deus. Ele tem toda a liberdade de conceder a sua graça a quem ele quiser. Como ele disse a Moisés: "Terei misericórdia de quem eu quiser ter misericórdia e terei compaixão de quem eu quiser ter compaixão" (Romanos 9:15).

Em Mateus 20:1-15, Jesus conta uma parábola que ilustra esses princípios:

> O Reino dos céus é como um proprietário que saiu de manhã cedo para contratar trabalhadores para a sua vinha. Ele combinou pagar-lhes um denário pelo dia e mandou-os para a sua vinha. Por volta das noves hora da manhã, ele saiu e viu outros que estavam desocupados na praça, e lhes disse: "Vão também trabalhar na vinha, e eu lhes pagarei o que for justo." E eles foram. Saindo outra vez, por volta do meio dia e das três horas da tarde e nona, fez a mesma coisa. Saindo por volta da cinco horas da tarde, encontrou ainda outros que estavam desocupados e lhes perguntou: "Por que vocês estiveram aqui desocupados o dia todo?" "Porque ninguém nos contra-

tou", responderam eles. Ele lhes disse: "Vão vocês também trabalhar na vinha." Ao cair da tarde, o dono da vinha disse a seu administrador: "Chame os trabalhadores e pague-lhes o salário, começando com os últimos contratados e terminando nos primeiros." Vieram os trabalhadores contratados por volta das cinco horas da tarde, e cada um recebeu um denário. Quando vieram os que tinham sido contratados primeiro, esperavam receber mais. Mas cada um deles também recebeu um denário. Quando o receberam, começaram a se queixar do proprietário da vinha, dizendo-lhe: "Estes homens contratados por último trabalharam apenas uma hora, e o senhor os igualou a nós, que suportamos o peso do trabalho e o calor do dia." Mas ele respondeu a um deles: "Amigo, não estou sendo injusto com você. Você não concordou em trabalhar por um denário? Receba o que é seu e vá. Eu quero dar ao que foi contratado por último o mesmo que lhe dei. Não tenho o direito de fazer o que quero com o meu dinheiro? Ou você está com inveja porque sou generoso?"

Como todas as parábolas, esta também procura ensinar uma verdade espiritual profunda. Jesus não está falando sobre leis trabalhistas justas, sobre salário mínimo, equidade em negócios ou qualquer outro princípio terreno. Ele está descrevendo como funciona a graça na esfera em que Deus reina.

Essa parábola pertence à fase tardia do ministério de Cristo, quando ele estava ministrando em Pereia, ao leste do rio Jordão, no lado oposto a Jericó. Era a mesma região em que o ministério de João Batista havia florescido. Jesus havia se retirado para essa região após uma tentativa dos fariseus de capturá-lo (João 10:39-40). As semanas que ele passou na Pereia foram alguns de seus dias mais férteis de seu ministério terreno. A região era um deserto árido e infértil, mas multidões de toda a Galileia e Judeia vinham ouvir Jesus. "Muita gente foi até onde ele estava, dizendo: 'Embora João nunca tenha realizado um sinal miraculoso, tudo o que ele disse a respeito deste homem era verdade.' E ali muitos creram em Jesus" (vv. 41-42).

A parábola

A parábola da vinha nos apresenta a um "proprietário". A palavra no texto grego é *oikodespotes* (de *oikos*, que significa "casa", e *despotes*, que significa "senhor"). Quando esse senhor da casa pergunta: "Não tenho o direito de fazer o que quero com o meu dinheiro?", ele dá a entender que o dinheiro que ele pagou aos trabalhadores pertence a ele (Mateus 20:15). O versículo 8 o chama de "proprietário da vinha", e tratava-se de uma propriedade de tamanho considerável, pois exigia muitos trabalhadores durante a colheita. Era, portanto, um homem de grande influência e riqueza.

Os ouvintes de Jesus conheciam muito bem as vinhas. Grandes áreas de Israel estavam cobertas de videiras perfeitamente alinhadas. Israel possuía dois tipos de terra agrícola: planícies e colinas. As planícies e as grandes áreas planas eram usadas para cultivar trigo ou criar gado, e as colinas mais íngremes eram trabalhadas para formar terraços apropriados para plantar vinhas. Era um trabalho difícil, pois os terraços precisavam ser sustentados por muros de pedra, e essas pedras precisavam ser levadas e colocadas à mão. Qualquer terra fértil também precisava ser transportada nas costas dos homens ou por animais de carga.

As videiras eram plantadas na primavera e podadas durante o verão. A colheita acontecia durante um período muito curto no final de setembro. A temporada de chuva começava imediatamente após a colheita. A colheita era, portanto, corrida, pois as uvas precisavam ser colhidas antes da chuva. O proprietário precisava de ajuda extra durante a colheita. Por isso, ia à feira para contratar diaristas. Era o lugar mais público da aldeia e servia como local de reunião de trabalhadores cuja única esperança de ganhar algum dinheiro era ser contratado como mão de obra.

O versículo 1 diz que o proprietário saiu de manhã cedo — sem dúvida alguma antes das seis da manhã, quando começava o dia de trabalho de 12 horas.

O salário de um diarista era bem menor do que o salário de um empregado fixo ou de um servo doméstico, que era de um denário por dia. O denário era uma moeda de prata romana que continha pouco menos de quatro gramas de prata. Era o pagamento típico de um soldado que servia no exército romano, e era um salário respeitável. (O nome *denário* deriva de uma palavra latina que significa "dez", pois o valor original da moeda era equivalente ao valor de 10 jumentos.) Um diarista sem formação profissional podia ser contratado por uma fração disso, é claro, pois não estava em condições de negociar. Se não trabalhasse, era possível que não comesse naquele dia. Além disso, a concorrência entre os diaristas era feroz.

O proprietário na parábola de Jesus foi extremamente generoso ao oferecer aos diaristas um denário por um dia de trabalho. Era um salário respeitável, muito mais do que diaristas costumavam receber por um trabalho manual. Obviamente, a equipe da manhã aceitou os termos e foi ao trabalho.

Na terceira hora (às 9 da manhã), o proprietário voltou para a feira. A parábola o retrata como um homem gentil e generoso, não como um homem abusivo e ganancioso. É possível que ele nem precisasse tanto desses trabalhadores adicionais. Talvez tenha sentido compaixão por eles por causa da necessidade extrema *deles*. Ainda havia muitos sem trabalho naquela feira. Estavam à toa, não porque não quisessem trabalhar, mas porque ninguém os havia contratado até então.

Dessa vez, ele não negociou um salário específico antes de contratar os trabalhadores e enviá-los para sua vinha. Tudo que ele disse foi: "Eu lhes pagarei o que for justo" (Mateus 20:4).

"E eles foram." Provavelmente, sabiam que se tratava de um homem honrado, e sua palavra lhes bastava, a despeito dos termos vagos. Três horas após o início do dia de trabalho e ainda sem emprego, eles não estavam em uma posição de negociar. Precisavam aceitar qualquer coisa que aparecesse.

"Saindo outra vez, por volta do meio dia e das três horas da tarde e nona, fez a mesma coisa" (v. 5). Ele continuou voltando para a feira em intervalos regulares, ao meio dia e às três da tarde, reunindo todos para trabalhar em sua vinha.

O dia de trabalho estava praticamente encerrado, quando o versículo 6 diz que ele voltou mais uma vez "por volta das cinco horas da tarde". Restava apenas uma hora de trabalho, mesmo assim encontrou trabalhadores à toa. Eram homens persistentes, que haviam esperado o dia todo, mas que precisavam tanto de trabalho que ainda não haviam desistido. Sem dúvida alguma, após um dia de espera, esses homens estavam desencorajados, pensando que naquele dia nada teriam para sustentar sua família.

Não podemos confundir isso com preguiça. Quando o proprietário perguntou: "Por que vocês estiveram aqui desocupados o dia todo?", eles responderam: "Porque ninguém nos contratou." Talvez fossem homens já mais velhos, mais fracos ou menos qualificados para o trabalho duro no campo. O proprietário os contratou na mesma hora sob os mesmos termos vagos sob os quais ele havia contratado o grupo das nove da manhã: "Vão vocês também trabalhar na vinha" (Mateus 20:7).

Em outro momento, Jesus diz: "O trabalhador merece o seu salário" (Lucas 10:7; 1Timóteo 5:18). Tratava-se de um princípio rigoroso na Lei de Moisés: "Não retenham até a manhã do dia seguinte o pagamento de um diarista" (Levítico 19:13). Esta regra se aplicava especialmente aos pobres e aos diaristas: "Não se aproveitem do pobre e necessitado, seja ele um irmão israelita ou um estrangeiro que viva numa das suas cidades. Paguem-lhe o seu salário diariamente, antes do pôr do sol, pois ele é necessitado e depende disso. Se não, ele poderá clamar ao SENHOR contra você, e você será culpado de pecado" (Deuteronômio 24:14-15).

O proprietário da vinha era um homem honrado, fiel aos preceitos da Lei de Deus: "Ao cair da tarde, o dono da vinha disse a seu administrador: "Chame os trabalhadores e pague-lhes o salário, *começando com os últimos contratados e terminando nos primeiros*'" (Mateus 20:8; grifo do autor). É importante o fato de que ele instruiu seu administrador a pagar os trabalhadores em ordem inversa. O contexto imediato sugere que esta é a chave para o significado dessa parábola, e veremos em breve por quê. Por ora, observe que os primeiros homens na fila haviam trabalhado apenas uma hora. Os últimos na fila haviam trabalhado 12 horas. Mas, quando o administrador começou a distribuir os pagamentos daqueles que haviam trabalhado menos, "cada um recebeu um denário". Eles receberam o salário de um dia inteiro em troca de uma hora de trabalho manual! Eles devem ter ficado muito felizes com a generosidade do patrão.

Sem dúvida alguma, os homens no fim da fila começaram a salivar. Em seu entendimento, o proprietário acabara de se comprometer a pagar um denário por hora. Devem ter acreditado que eles receberiam um pagamento equivalente ao salário de 12 dias.

Jesus introduz uma elipse a essa altura de sua narrativa. Ele não descreve como os grupos das nove horas, do meio dia e das três horas da tarde foram pagos, mas o texto dá a entender claramente que todos receberam um denário.

Os versículos 10-12 continuam: "Quando vieram os que tinham sido contratados primeiro, esperavam receber mais. Mas cada um deles também recebeu um denário. Quando o receberam, começaram a se queixar do proprietário da vinha, dizendo-lhe: 'Estes homens contratados por último trabalharam apenas uma hora, e o senhor os igualou a nós, que suportamos o peso do trabalho e o calor do dia.'"

Isso é justo?

O que o proprietário havia lhes prometido? "Um denário pelo dia" (20:2). Isso não era apenas um salário justo; era um salário extraordinariamente generoso para diaristas. E eram os termos que eles haviam aceito prontamente.

No entanto, ficaram ressentidos com o proprietário. A palavra traduzida como "queixar" é *egogguzon* no texto grego. É uma onomatopeia: a própria palavra produz um som que evoca seu significado.

UMA LIÇÃO SOBRE JUSTIÇA E GRAÇA

Soa como um resmungo ou uma queixa abafada. Estavam resmungando em voz baixa e se queixando do salário que receberam.

Quando o proprietário ouviu a queixa, respondeu a um deles: "Amigo, não estou sendo injusto com você. Você não concordou em trabalhar por um denário? Receba o que é seu e vá. Eu quero dar ao que foi contratado por último o mesmo que lhe dei. Não tenho o direito de fazer o que quero com o meu dinheiro? Ou você está com inveja porque sou generoso?" (20:13-15).

Sejamos sinceros: a inveja é um aspecto intrínseco à natureza humana caída. Quase todos nós teríamos sentido algum tipo de ressentimento se estivéssemos no fim daquela fila. Afinal de contas, aqueles homens haviam trabalhado 12 horas, a maior parte sob um sol escaldante, enquanto os trabalhadores contratados às cinco da tarde começaram a trabalhar já na brisa refrescante do pôr do sol e tiveram que trabalhar apenas uma hora.

Mas não devemos perder de vista o fato de que quando a equipe das seis da manhã foi contratada, eles aceitaram alegremente a oferta de um denário por um dia de trabalho. Começaram o seu dia de trabalho animados, entusiasmados com a extrema generosidade do proprietário. Ele havia lhes oferecido um salário maior do que jamais teriam imaginado.

O que mudou seu humor de modo tão drástico? O simples fato de que uma pessoa menos merecedora (aos seus olhos) estava recebendo um tratamento ainda *mais* generoso. Imediatamente, eles se sentiram tratados injustamente — e invejaram a sorte da outra pessoa. Toda sua atitude mudou. Não suportavam a ideia de que alguém que havia trabalhado menos do que eles receberia o mesmo salário. De repente, sua gratidão e admiração pela extrema generosidade do proprietário deu lugar a um ressentimento amargurado.

É claro que os trabalhadores contratados na décima primeira hora ficaram extasiados. Eles compreenderam melhor do que todos os outros a enorme generosidade que lhes havia sido concedida (cf. Lucas 7:40-48).

O provérbio

Agora, dê uma olhada no contexto imediato dessa parábola e observe como tanto o prefácio quanto o epílogo consistem em um único e simples provérbio: "Muitos primeiros serão últimos, e muitos últimos serão primeiros" (Mateus 19:30). (A passagem do capítulo 19 para o capítulo 20 é uma interrupção artificial. Na verdade, o último versículo do capítulo 19 introduz a parábola que segue.) E o mesmo provérbio é repetido no fim da parábola: "Assim, os últimos serão primeiros, e os primeiros serão últimos" (20:16). Encontramos um eco desse mesmo provérbio também na própria parábola, naquela expressão-chave em Mateus 20:8 quando o proprietário instrui o administrador a como pagar os trabalhadores: "Chame os trabalhadores e pague-lhes o salário, começando com os últimos contratados e terminando nos primeiros."

Jesus usou variações desse mesmo provérbio em outras ocasiões. Encontramos uma, por exemplo, em Lucas 13:30: "De fato, há últimos que serão primeiros, e primeiros que serão últimos"; e em Marcos 10:31: "Contudo, muitos primeiros serão últimos, e os últimos serão primeiros."

O provérbio tem também algo de um enigma. O que ele significa? Ele não diz exatamente a mesma coisa que Marcos 9:35: "Se alguém quiser ser o primeiro, será o último, e servo de todos." Ou como Marcos 10:43-44: "Quem quiser tornar-se importante entre vocês deverá ser servo; e quem quiser ser o primeiro deverá ser escravo de todos." Esses versículos encorajam a humildade e o sacrifício próprio. São *imperativos*: ordens que nos instruem a ser servos humildes em vez de buscar proeminência e poder.

Mas o provérbio que acompanha essa parábola é *indicativo*, uma simples constatação de fatos: "O último será o primeiro; e o primeiro, o último." O que isso significa, e como isso funciona? Em uma corrida, por exemplo, a única maneira de o primeiro ser o último; e o último, o primeiro, é todos cruzarem a linha de chegada ao mesmo tempo. Se todos cruzarem a linha de chegada exatamente no mesmo momento, o primeiro será o último; e o último, o primeiro. Todos terminam empatados.

Isso é, evidentemente, exatamente o que Jesus queria dizer com essa parábola. Os primeiros contratados e os últimos contratados receberam exatamente o mesmo salário. Todos eles, do primeiro ao último, receberam todos os benefícios da generosidade do proprietário em partes iguais.

Qual é a lição espiritual dessa história?

A mensagem

A lição é, na verdade, bem simples: a história é uma imagem precisa da soberana graça salvadora de Deus. Já que todos os pecadores são indignos, e já que as riquezas da graça de Deus são inesgotáveis, todos os cristãos recebem uma parte infinita e eterna de sua misericórdia e generosidade, mesmo que ninguém a mereça. "Nele temos [todos nós] a redenção [completa] por meio de seu sangue, o perdão dos pecados, de acordo com as riquezas da graça de Deus" (Efésios 1:7). Ele "*nos* ressuscitou com Cristo e com ele *nos* fez assentar nos lugares celestiais em Cristo Jesus, para mostrar, nas eras que hão de vir, a incomparável riqueza de sua graça, demonstrada em sua bondade para conosco em Cristo Jesus" (2:6-7; grifos do autor). Isso se dirige a todos os remidos. É a boa vontade do Pai dar-nos seu Reino (Lucas 12:32) — a todos nós em igual generosidade. O ladrão moribundo que se arrependeu em seus momentos finais entrou no paraíso, onde ele está desfrutando a vida eterna e a comunhão eterna com Cristo, juntamente com Pedro, Tiago e João, que literalmente deram suas vidas servindo ao Salvador.

O proprietário da parábola representa Deus. A vinha é o Reino, a esfera do domínio de Deus. Os trabalhadores são fiéis, pessoas que trabalham para o Rei. O dia de trabalho é sua vida. A noite é a eternidade. O administrador representa, talvez, Jesus Cristo, ao qual foi confiado todo juízo. O denário representa a vida eterna.

Observe: *esse salário não é algo que os trabalhadores mereceram*. Não é lhes dado como um salário mínimo em troca justa por um trabalho realizado. Seu valor é muito maior. Representa antes uma dádiva graciosa, um presente abundante que excede a melhor recompensa que qualquer diarista poderia merecer.

Essa, então, é a mensagem: se você for um cristão autêntico, receberá os benefícios plenos da graça imensurável de Deus, como todos os outros no Reino de Deus. Seu lugar no céu não é determinado pelo tempo que você gasta fazendo a obra do Senhor. As bênçãos da redenção não são concedidas em cotas baseadas nas suas conquistas pessoais. O perdão não é concedido de acordo com o que resulta de uma comparação entre suas obras boas e seus pecados, tampouco é retido se pecamos durante tempo demais. *Todos* que entram no Reino recebem a abundância plena da graça, da misericórdia e do perdão de Deus. E não importa durante quanto tempo você trabalhou no Reino de Deus. Não importa se suas circunstâncias foram difíceis ou fáceis. Não importa se seu serviço foi mínimo ou se você deu o máximo; se você morre como mártir no auge de sua vida ou após uma longa vida relativamente pacífica. Não importa se você encontra Cristo na adolescência ou se você se arrepende de seus pecados no fim de uma vida promíscua. Se você for cristão, quando essa vida terrena acabar você estará com Cristo, como o ladrão na cruz (Lucas 23:43); como o apóstolo Paulo (2Coríntios 5:8); e como qualquer outro santo que morreu desde então.

O céu não é uma recompensa por um serviço longo ou um trabalho duro. Algumas pessoas servem a Cristo durante toda a sua vida; outros, durante pouco tempo. Todos nós entramos na mesma vida eterna. Todos nós recebemos as mesmas bênçãos espirituais no céu.

Se isso lhe parece injusto, lembre-se de que isso é muito mais do que qualquer um de nós merece. Os benefícios do Reino são iguais para todos porque fomos remidos apenas pela graça de Deus, e por nada além disso. Isso são notícias verdadeiramente boas para você e para mim; não precisamos merecer nosso acesso ao reino. O céu não se baseia em nosso mérito.

O propósito

Por que Jesus contou essa parábola nesse contexto? Os eventos que Mateus relata antes e depois da parábola respondem à nossa pergunta.

Nosso Senhor apresentou essa analogia primariamente para o benefício de seus 12 apóstolos imediatamente após sua conversa com o jovem rico. Esse homem jovem de grande riqueza e influência havia procurado Jesus com a pergunta: "Mestre, que farei de bom para ter a vida eterna?" (Mateus 19:16). Talvez quisesse apenas ser elogiado, pois pensava claramente que havia cumprido cada obrigação espiritual e que sua vida estava em perfeita ordem. Ele aparentava ser um interessado promissor.

Mas em vez de simplesmente lhe apresentar as Boas-novas do evangelho, Jesus o desafiou em relação à sua obediência à lei. Quando o rapaz insistiu: "A tudo isso tenho obedecido. O que me falta ainda?" (19:20), Jesus o instruiu a vender todos os seus bens, a doar seu lucro aos pobres e a segui-lo. Era um sacrifício que o jovem homem não estava disposto a fazer.

Assim, Jesus expôs o fato de que o jovem amava seus bens mais do que ele amava a Deus ou ao seu próximo. Em outras palavras, apesar de sua alegação de ter obedecido a toda a lei de Deus, ele estava violando o primeiro e o segundo dos grandes mandamentos (22:37-40). Mesmo assim, o homem não quis admitir isso. Indisposto a encarar seu pecado e a se arrepender, ele "afastou-se triste" (19:22).

Os discípulos estavam visivelmente surpresos quando viram como Jesus colocou obstáculos no caminho do jovem em vez de encorajá-lo. "Neste caso, quem pode ser salvo?" (v. 25), perguntaram.

A resposta de Jesus ressalta o fato de que a salvação é obra de Deus, não algo que um pecador pode conquistar por esforço próprio: "Para o homem é impossível, mas para Deus todas as coisas são possíveis" (v. 26).

Assim, os discípulos começaram a refletir sobre a impossibilidade de merecer o favor de Deus. Sem dúvida alguma, estavam sondando seus próprios corações. Diferentemente do jovem rico, eles *haviam* deixado tudo para trás a fim de seguir Cristo (v. 27). E agora estavam esperando que Cristo lhes garantisse que seu sacrifício não havia sido em vão. E foi isso que levou Jesus a contar a parábola.

Quando o jovem rico se afastou, foi Pedro quem falou em nome de todos os discípulos, dizendo: "Nós deixamos tudo para seguir-te! Que será de nós?" (v. 27). Os Doze eram como o grupo das seis da manhã na parábola. Eram os primeiros que Jesus havia chamado no início de seu ministério. Eles haviam trabalhado sob o sol escaldante do dia, muito mais do que apenas 12 horas. Já fazia quase três anos. Haviam deixado suas casas, seus empregos e seus relacionamentos para servir a Cristo. Com a única exceção de Judas, eles certamente amavam Jesus. Todos eles dariam suas vidas em nome do evangelho. Eles queriam saber o que receberiam em troca de seu sacrifício.

Os discípulos acreditavam certamente que eles receberiam benefícios especiais. Acreditavam que herdariam o Reino muito em breve, e isso os empolgava. Estavam cientes de que Jesus era o Messias de Israel. Eles esperavam um reino terreno e político com toda a glória e todas as riquezas que o domínio do mundo lhes traria. Eram os primeiros discípulos, portanto, fazia sentido que um deles se sentaria à direita de Jesus, no lugar de maior honra.

Era uma visão ingênua e imatura da missão de Jesus, e eles se agarraram a ela até mesmo após a ressurreição. Enquanto o Cristo ressurreto estava se encontrando com eles como grupo, preparando-os para o Pentecostes, eles perguntaram: "Senhor, é neste tempo que vais restaurar o reino a Israel?" (Atos 1:6). Agora que Cristo havia triunfado até mesmo sobre a morte, eles esperavam receber finalmente as suas coroas, os seus tronos e seus lugares de honra.

No final de Mateus 19, quando Pedro perguntou: "Que será de nós?", Jesus respondeu dirigindo-se à sua sede de honras especiais. Ele lhes garantiu que eles realmente receberiam lugares de honra no Reino. Mas continuou dizendo que *todos* no Reino seriam honrados: "Digo-lhes a verdade: Por ocasião da regeneração de todas as coisas, quando o Filho do homem se assentar em seu trono glorioso, vocês que me seguiram também se assentarão em doze tronos, para julgar as doze tribos de Israel. E todos os que tiverem deixado casas, irmãos, irmãs, pai, mãe, filhos ou campos, por minha causa, receberão cem vezes mais e herdarão a vida eterna" (vv. 28-29).

É assustador quão pouco efeito a lição dessa parábola teve sobre os apóstolos. Estavam tão obcecados com a ideia de uma honra *especial* que, mesmo após ouvirem essa parábola, continuaram a tramar e competir pelo primeiro lugar. Na verdade, o episódio que se segue imediatamente em Mateus, relata isto: "Então, aproximou-se de Jesus a mãe dos filhos de Zebedeu com seus filhos e, prostrando-se, fez-lhe um pedido. 'O que você quer?', perguntou ele. Ela respondeu: 'Declara que no teu Reino estes meus dois filhos se assentarão um à tua direita e o outro à tua esquerda'" (20:20-21). Mateus que, evidentemente, era um dos Doze, continua: "Quando os outros dez ouviram isso, ficaram indignados com os dois irmãos" (v. 24). Ficaram indignados porque todos eles queriam aqueles lugares!

Isso se tornou uma fonte constante de briga entre os Doze. Até mesmo no Cenáculo, na noite da traição de Jesus, foi Jesus quem lavou os pés dos outros, porque todos eles queriam ser considerados "grandes", e a lavagem dos pés era o trabalho dos servos mais inferiores (João 13:4-17). Mais tarde, naquela mesma noite, imediatamente após Jesus partir o pão e consagrar o vinho, "surgiu também uma discussão entre eles, acerca de qual deles era considerado o maior" (Lucas 22:24).

A parábola dos trabalhadores foi apresentada para confrontar as percepções egoístas, invejosas e confusas dos discípulos, mas eles demoraram para entender a mensagem.

Os princípios

No entanto, a parábola está repleta de princípios vitais, incluindo alguns que representam verdades centrais do evangelho, e a maioria destes são bastante evidentes.

Ela ensina, em primeiro lugar, que *a salvação não é merecida*. A vida eterna é uma dádiva que Deus concede puramente pela graça de acordo com sua vontade soberana.

Mas a lição mais óbvia da parábola é que *Deus concede a mesma graça abundante a todos que seguem a Cristo*. Coletores de impostos, prostitutas, mendigos e cegos compartilharão a mesma vida eterna como aqueles que serviram durante toda a sua vida; como aqueles que pregaram o evangelho a milhares; como aqueles que morreram como mártires por Cristo. Graças a Deus, ele não dá a qualquer cristão aquilo que ele realmente merece.

Quando chegarmos ao céu, todos nós viveremos na casa do Pai (João 14:2). Somos todos "herdeiros de Deus e co-herdeiros com Cristo" e todos nós seremos glorificados juntos (Romanos 8:17). Ninguém de nós recebe parte do céu; todos nós receberemos todo ele!

Em outro lugar, as Escrituras dão a entender que, além da redenção plena do pecado e além da vida eterna, haverá recompensas diferentes que o Senhor dará aos seus filhos por sua fidelidade. Em seu trono, Cristo julgará: "Se o que alguém construiu permanecer, esse receberá recompensa. Se o que alguém construiu se queimar, esse sofrerá prejuízo" (1Coríntios 3:14-15). Alguns sofrerão perdas, e alguns serão recompensados, dependendo da qualidade duradoura de sua obra.

Mas Apocalipse 4:10-11 retrata o que acontece com essas recompensas: "Os vinte e quatro anciãos se prostram diante daquele que está assentado no trono e adoram aquele que vive para todo o sempre. Eles lançam as suas coroas diante do trono, dizem:

> 'Tu, Senhor e Deus nosso,
> és digno de receber a glória, a honra e o poder,
> porque criaste todas as coisas,
> e por tua vontade elas existem e foram criadas.'"

No entanto, as recompensas não são o tema na parábola dos trabalhadores. Jesus está dando uma lição sobre a vida eterna e abundante que pertence a todos que o aceitam como Senhor e Salvador. O céu em si não é uma recompensa que pode ser conquistada por meio de trabalho duro; é uma dádiva graciosa, concedida em abundância plena igualmente a todos os cristãos. Deus "não trata as pessoas com parcialidade" (Atos 10:34), e ele não faz qualquer distinção entre homens e mulheres, entre ricos e pobres, entre judeus e gentios (Gálatas 3:28).

A parábola ilustra também alguns princípios secundários importantes. Por exemplo, vemos nessa imagem que *é Deus quem inicia a salvação*. Na parábola, o proprietário sai para procurar trabalhadores na feira do mundo e os traz para sua vinha. Deus procura e salva. Nossa salvação é exclusivamente obra dele, e essa é a razão principal pela qual não temos direito de fazer exigências ou impor limites ao que ele dá à outra pessoa. É o privilégio de Deus, e apenas seu, demonstrar misericórdia para com quem ele bem quiser.

Contudo, *ele continua a chamar trabalhadores para o seu Reino*. Ao longo de toda a história humana e em cada fase da vida de um ser humano, Deus está chamando pessoas para o seu Reino. É uma obra que continua. Jesus disse em João 9:4: "Enquanto é dia, precisamos realizar a obra daquele que me enviou. A noite se aproxima, quando ninguém pode trabalhar." Nossa parábola ilustra o que ele quis dizer. A redenção continua até o juízo. E esse juízo *está* vindo.

Deus chama os pecadores, não os autossuficientes. Ele traz para a sua vinha aqueles que sabem da sua necessidade, não pessoas que acreditam ser "ricas, adquiram riquezas e não precisam de nada. Não reconhecem, porém, que são miseráveis, dignas de compaixão, pobres, cegas e que estão nuas" (Apocalipse 3:17). Os homens que se reuniram na feira estavam desesperadamente à procura de trabalho, totalmente cientes de sua necessidade. Eram pobres e humildes, não tinham recursos e estavam implorando por trabalho, representando os pobres de espírito. Não havia nada de complacente ou autossuficiente neles, principalmente naqueles que vieram no fim do dia e ainda não tinham nada. É exatamente esse tipo de pessoa que Cristo veio procurar e salvar: "Não são os que têm saúde que precisam de médico, mas sim os doentes. Eu não vim para chamar justos, mas pecadores" (Marcos 2:17; cf. também 1Coríntios 1:26-31).

Deus é soberano na realização da salvação. Por que ele espera até a última hora para chamar alguns? Por que o proprietário não contratou todos em sua primeira ida à feira? A parábola não revela as razões. Tampouco sabemos por que Deus salva as pessoas em fases diferentes da vida. Ele determina soberanamente quando e quem ele chamará. E a disposição dos que atendem ao chamado é um resultado, não a causa da graça que Deus lhes demonstra. "Pois é Deus quem efetua em vocês tanto o querer quanto o realizar, de acordo com a boa vontade dele." (Filipenses 2:13).

Deus cumpre sua promessa. O proprietário disse ao primeiro grupo que ele daria a cada um deles um denário, e foi o que ele fez. Ele cumpriu sua promessa também àqueles que contratou mais tarde. Ele disse que lhes daria o que era justo, e o que ele lhes deu foi mais do que generoso. Semelhantemente, Deus nunca dá menos do que ele prometeu, e muitas vezes ele dá "infinitamente mais do que tudo o que pedimos ou pensamos" (Efésios 3:20).

Deus sempre dá mais do que merecemos. "Toda boa dádiva e todo dom perfeito vêm do alto, descendo do Pai" (Tiago 1:17). E tudo que recebemos que não seja a condenação eterna é mais do que merecemos. Portanto, não há espaço para que o cristão fique ressentido com a graça que Deus concede a outros ou que pense que Deus de alguma forma nos enganou. Essa ideia é repleta de blasfêmia. Na verdade, era esse o espírito do irmão mais velho na parábola do filho pródigo. Ele ficou profundamente ressentido com a graça que o pai concedeu ao pródigo.

Deus é gracioso, e sempre deveríamos celebrar a sua graça. A parábola dos trabalhadores exalta maravilhosamente o princípio da graça. Minha própria reação à parábola é profunda gratidão, pois existem muitos que foram mais fiéis do que eu, que trabalharam mais do que eu, que labutaram durante mais tempo do que eu e que sofreram provações maiores. Há, talvez, outros que trabalharam menos, durante menos anos, com menos zelo. Mas a graça é abundante até mesmo para o maior dos pecadores, e Deus salva todos nós plenamente (Hebreus 7:25). Isso dá glória a ele, e essa é certamente uma razão para louvá-lo, e para regozijar com *todos* que receberam essa mesma graça.

CAPÍTULO 5

Uma lição sobre o amor ao próximo

*Toda a lei se resume num só mandamento:
Ame o seu próximo como a si mesmo.*

GÁLATAS 5:14

O CONTO DRAMÁTICO DO BOM SAMARITANO em Lucas 10:30-37 é uma das parábolas mais queridas e mais interessantes de Jesus. É tão conhecida que já se tornou uma expressão proverbial para um comportamento generoso e sacrificial. Chamar alguém de "bom samaritano" é um elogio nobre. Mas a nossa familiaridade com essa parábola pode nos levar a crer que a conhecemos melhor do que realmente é o caso. Muitas pessoas supõem que entendem exatamente do que essa história trata e o que ele pretende transmitir, quando, na verdade, estão erradas.

A lição do bom samaritano não nos exorta apenas a ajudar os necessitados. É uma abordagem demasiadamente simplista afirmar que a mensagem principal de Jesus é demonstrar bondade para um estranho. Ele contou essa história para ilustrar o quanto nós ficamos aquém daquilo que a Lei de Deus realmente exige. Ele explica *por que* todas as nossas boas obras e méritos religiosos não são suficientes para conquistar o favor de Deus. Ele mostra o que a Lei realmente exige de nós — e assim destrói sistematicamente as esperanças das pessoas religiosas supermeticulosas que acreditam poder merecer a vida eterna cumprindo meticulosamente a tradição rabínica, insistindo em detalhes da lei de Deus e inventando formas de evitar todos os princípios realmente importantes e difíceis das Escrituras.

A mensagem verdadeira da parábola se torna evidente quando prestamos atenção ao contexto imediato em Lucas 10. Jesus está contando essa parábola a um legalista religioso pedante que tentou diminuir a força da lei de Deus com uma análise exagerada da palavra *próximo*.

Uma pegadinha

Durante o ministério de Jesus na Galileia (na região em que ele fora criado), ele sofreu a oposição incessante dos principais líderes religiosos e de seus seguidores. Em Lucas 10, ele envia setenta de seus discípulos em uma última missão para levar o evangelho às cidades da Galileia. Ele sabe que seus discípulos também enfrentarão muita oposição, por isso, ele os instrui:

> Mas quando entrarem numa cidade e não forem bem recebidos, saiam por suas ruas e digam: "Até o pó da sua cidade, que se apegou aos nossos pés, sacudimos contra vocês. Fiquem certos disto: O Reino de Deus está próximo." Eu lhes digo: Naquele dia haverá mais tolerância para Sodoma do que para aquela cidade. (Lucas 10:10-12)

Jesus continua então com algumas palavras duras de condenação dirigidas contra três cidades específicas, onde ele já havia passado bastante tempo no início de seu ministério na Galileia: Corazim, Betsaida e (a mais importante) Cafarnaum, a cidade natal de muitos de seus discípulos (Lucas 10:13-16). Suas palavras de condenação contra essas cidades são umas das palavras mais duras que Jesus disse.

Previsivelmente, esse sucinto discurso profético irritou ainda mais os líderes religiosos, que já haviam se voltado contra ele. A essa altura, um especialista da Lei (um dos líderes religiosos hostis, não um advogado civil) deu um passo a frente e fez uma pergunta a Jesus sobre a vida eterna com a qual pretendia encurralá-lo ou envergonhá-lo.

Lucas relata o diálogo: "Certa ocasião, um perito na lei levantou-se para pôr Jesus à prova e lhe perguntou: 'Mestre, o que preciso fazer para herdar a vida eterna?'" (Lucas 10:25). As Escrituras fazem questão de destacar a falta de sinceridade do homem. Não era a pergunta sincera de uma pessoa que estivesse disposta a aprender; era uma prova — um desafio ou uma pegadinha —, ou uma tentativa de confundi-lo com um dilema moral ou um paradoxo para o qual não existia uma resposta clara, como acreditava o especialista. Era apenas a primeira de uma série de perguntas que ele pretendia fazer a Jesus e (como veremos em breve) sua intenção era clara. Ele queria envergonhar Jesus e impressionar a multidão com suas faculdades supostamente superiores como sofista legal e especialista em detalhes teológicos.

A despeito da motivação vil do especialista, a primeira pergunta que ele fez é uma pergunta boa. Na verdade, é a melhor pergunta já feita ou respondida, e era uma pergunta que mantinha ocupada a mente daqueles que se aproximavam de Jesus para aprender dele. Era a pergunta que pesava no coração de Nicodemos quando ele procurou Jesus sob a proteção da escuridão em João 3. É a mesma pergunta que o jovem rico levantou em Mateus 19. Na verdade, essa mesma pergunta foi feita várias vezes a Jesus e ela aparece em vários lugares dos Evangelhos.

O Antigo Testamento prometia vida eterna, um Reino infinito, no qual os fiéis verdadeiros viveriam na presença de Deus, no cumprimento de todas as promessas divinas. O próprio Jesus falou muitas vezes sobre a vida eterna, pois esta era a promessa central do evangelho, a mensagem que ele viera proclamar, "para que todo o que nele crer não pereça, mas tenha a vida eterna" (João 3:16). Ele disse coisas como: "Eu sou a ressurreição e a vida. Aquele que crê em mim, ainda que morra, viverá; e quem vive e crê em mim, não morrerá eternamente" (João 11:25-26); "Quem beber da água que eu lhe der nunca mais terá sede. Pelo contrário, a água que eu lhe der se tornará nele uma fonte de água a jorrar para a vida eterna" (João 4:14); "Quem ouve a minha palavra e crê naquele que me enviou, tem a vida eterna e não será condenado, mas já passou da morte para a vida" (João 5:24); e assim por diante.

A maioria dos judeus aprendeu de seus rabinos que sua linhagem, sua circuncisão, suas cerimônias e suas tradições lhes garantiam a entrada para o Reino eterno. Mas era evidente que havia um senso inquietante de incerteza e culpa em muitos corações, por isso, as pessoas levantavam essa questão constantemente quando conversavam com Jesus. Seus próprios corações as acusavam, e elas temiam que, a despeito de suas qualificações étnicas e religiosas, a despeito daquilo que pareciam ser na superfície, elas estavam observando a Lei e mantendo a fachada apenas superficialmente. Sua consciência lhes dizia que elas não eram dignas de fazer parte desse Reino.

Dessa vez, Jesus respondeu com outra pergunta: "O que está escrito na Lei? Como você a lê?" (Lucas 10:26). Jesus estava se referindo ao Keri'at Shema, a leitura diária em voz alta de Deuteronômio 6:4-5: "Ouça, ó Israel: O Senhor, o nosso Deus, é o único Senhor. Ame o Senhor, o seu Deus, de todo o seu coração, de toda a sua alma e de todas as suas forças."

Ao responder, o perito na lei citou a primeira metade da mesma passagem, acrescentando a segunda metade de Levítico 19:18: "'Ame o Senhor, o seu Deus de todo o seu coração, de toda a sua alma, de todas as suas forças e de todo o seu entendimento' e 'Ame o seu próximo como a si mesmo'" (Lucas 10:27). Era um resumo perfeito das exigências morais da lei. É exatamente a mesma resposta que Jesus deu em outra ocasião, em Mateus 22:37-40, quando outro perito na lei lhe perguntou: "Mestre, qual é o maior mandamento da Lei?" (v. 36). Naquele contexto, Jesus respondeu que Deuteronômio 6:5 ("Ame [...] seu Deus de todo o seu coração") é o primeiro e maior mandamento, e que Levítico 19:18 ("Ame o seu próximo como a si mesmo") vem logo em seguida, como segundo mandamento. Então acrescentou: "Destes dois mandamentos dependem toda a Lei e os Profetas" (Mateus 22:40).

Evidentemente, como já discutimos, os Dez Mandamentos se dividem nessas mesmas duas categorias. Os primeiros quatro mandamentos explicam o que significa amar a Deus e honrá-lo adequadamente. O grupo do sexto ao décimo mandamento esboça o que significa amar o próximo. Assim, todo o conteúdo moral da lei se resume nesses dois simples mandamentos. O homem em Lucas 10 acertou em cheio: ame Deus com todo o seu coração, e ame seu próximo como a si mesmo. Se fizéssemos essas duas coisas com perfeição, não precisaríamos de outras regras. Todos os outros mandamentos — todos os preceitos morais na aliança de Moisés — explicam simplesmente em detalhes o que amar a Deus e amar ao próximo realmente envolve.

Assim, Jesus disse ao perito da Lei: "Você respondeu corretamente" (Lucas 10:28). Então, nosso Senhor acrescentou: "Faça isso, e viverá." *Você quer a vida eterna? Obedeça à Lei.*

Isso nos lembra da resposta que Jesus deu ao jovem rico. Não é evangelho, é a lei. As Escrituras dizem em outro lugar: "Ninguém será declarado justo diante dele baseando-se na obediência à lei, pois é mediante a lei que nos tornamos plenamente conscientes do pecado" (Romanos 3:20). Na verdade, a resposta de Jesus parece, à primeira vista, contradizer a própria essência da verdade do evangelho: "Sabemos que o ninguém é justificado pela prática da lei, mas mediante a fé em Jesus Cristo. [...] Somos justificados pela fé em Cristo, e não pela prática da lei, porque pela prática da lei ninguém será justificado" (Gálatas 2:16).

O que está acontecendo aqui? Por que Jesus pregou a lei e não o evangelho a esse homem?

Um coração endurecido

Jesus estava simplesmente mostrando o espelho da Lei a esse "perito" da lei para demonstrar a ele como a lei o condenava. Se o perito na

UMA LIÇÃO SOBRE O AMOR AO PRÓXIMO

lei fosse um homem honesto, teria reconhecido que *não* amava Deus como devia; ele nem mesmo amava o próximo como devia. Esse homem, imerso no estudo da lei de Deus, deveria ter se abalado com a mensagem da lei. Ele deveria ter sentido uma profunda convicção. Deveria estar penitente, contrito, humilde. Sua próxima pergunta deveria ter sido algo como: "Se por experiência própria e amarga eu percebo que não consigo cumprir nem mesmo os mandamentos mais básicos da lei; onde posso encontrar redenção?"

Em vez disso, apagou o fogo de sua consciência com a água do orgulho e da justiça própria: "Mas ele, querendo justificar-se, perguntou a Jesus: 'E quem é o meu próximo?'" (Lucas 10:29; grifo do autor).

Ele queria convencer as pessoas de que ele era justo, mesmo sabendo que não o era. Ele queria manter a fachada. Esse era o problema com os legalistas, os fariseus e os outros valentões religiosos que constantemente desafiavam Jesus. Eles "confiavam em sua própria justiça e desprezavam os outros" (Lucas 18:9). Essa era a crítica central de Jesus ao tipo de religião dos fariseus. Ele lhes disse: "Vocês são os que se justificam a si mesmos aos olhos dos homens, mas Deus conhece os corações de vocês" (Lucas 16:15). Nas palavras do apóstolo Paulo: "Porquanto, ignorando a justiça que vem de Deus e procurando estabelecer a sua própria, não se submeteram à justiça de Deus" (Romanos 10:3). Esse legalista, em especial, estava desesperadamente querendo parecer bem aos olhos dos outros, independentemente daquilo que Deus pensava sobre ele.

Assim, em vez de fazer a pergunta que a resposta de Jesus deveria ter provocado, ele perguntou: "Quem é o meu próximo?" (Lucas 10:29).

Observe, acima de tudo, que ele pulou a parte que diz que ele deve amar Deus com todo seu coração, alma, mente e força. Em vez disso, prefere discutir um detalhe técnico sobre a identidade de seu próximo. Pois, como Jesus diz em outro lugar, a tradição rabínica e a interpretação popular de Levítico 19:18 ("Ame seu próximo como a si mesmo") é "Ame o seu próximo e odeie o seu inimigo" (Mateus 5:43). Isso suga toda a força do mandamento, pois, se você tem a liberdade de odiar seu inimigo, então você está livre também de sua obrigação de amar qualquer pessoa que considerar um inimigo. Segundo essa interpretação, você não tem qualquer obrigação moral ou legal de amar qualquer pessoa que você não queira amar.

É óbvio para onde o perito na lei queria levar a conversa. Ele queria envolver Jesus em um debate mesquinho sobre quem é seu próximo e quem não é. Achava que conseguiria "justificar a si mesmo" se conseguisse apresentar uma defesa convincente da noção tradicional de que o inimigo não é um "próximo".

A essa altura, Jesus poderia ter mandado ele embora. Ele poderia ter dito: "Vejo que você está excluído do Reino de Deus" e voltado para o seu ensinamento. Jesus poderia ter deixado ele bem ali com seu orgulho e sua justiça própria. Mas demonstra uma compaixão terna com esse homem teimoso e orgulhoso. Na verdade, Jesus está nos dando um exemplo do mesmo princípio que, em breve, ele ilustrará com uma parábola. Trata-se de um preceito que ele ensinou e viveu: "Amem os seus inimigos e orem por aqueles que os perseguem" (Mateus 5:44).

E mesmo que esse perito da lei tenha conseguido rebater a tentativa de Cristo de convencer seu coração, mesmo que a única motivação do homem tenha sido a de elevar a si mesmo e rebaixar Jesus, o Salvador lhe responde com gentileza terna e paciente. Não é a repreensão dura que o homem merece. Jesus lhe conta uma história.

E a história que o nosso Senhor conta é uma de suas parábolas mais pungentes e poderosas. Certamente teria bastado destruir o orgulho de qualquer pessoa sensível em busca de uma orientação espiritual. É uma história devastadora que produz uma convicção imensa. Não se trata de uma simples lição de comportamento correto, tampouco é um manual sobre como ajudar os menos afortunados (apesar de certamente nos ensinar muito sobre caridade e boa educação). Não se trata de uma lição para crianças de como compartilhar seus brinquedos e de ser gentil com um novo colega. Trata-se de uma história contada a uma pessoa religiosa que não acreditava, a um homem orgulhoso. Era um esforço evangelístico de devolver a esse homem um senso correto de sua pecaminosidade e de sua necessidade de misericórdia. Era o apelo de Jesus a uma alma condenada (mas profundamente religiosa). Jesus queria que esse homem acordasse e reconhecesse o quanto ele estava perdido.

Uma resposta branda com uma mensagem poderosa

E aqui está a parábola do bom samaritano:

> Um homem descia de Jerusalém para Jericó, quando caiu nas mãos de assaltantes. Estes lhe tiraram as roupas, espancaram-no e se foram, deixando-o quase morto. Aconteceu estar descendo pela mesma estrada um sacerdote. Quando viu o homem, passou pelo outro lado. E assim também um levita; quando chegou ao lugar e o viu, passou pelo outro lado. Mas um samaritano, estando de viagem, chegou onde se encontrava o homem e, quando o viu, teve piedade dele. Aproximou-se, enfaixou-lhe as feridas, derramando nelas vinho e óleo. Depois colocou-o sobre o seu próprio animal, levou-o para uma hospedaria e cuidou dele. No dia seguinte, deu dois denários ao hospedeiro e disse-lhe: "Cuide dele. Quando voltar lhe pagarei todas as despesas que você tiver." (Lucas 10:30-35)

O fato de que Jesus continuou a responder a esse homem já era, por si só, um ato de graça. A tentativa do homem de envergonhar Jesus era repulsiva. Os líderes religiosos tentaram isso muitas vezes e *sempre* fracassaram. Sua capacidade de responder bem às suas perguntas difíceis apenas os deixava ainda mais furiosos. Mas não importava o que fizessem, eles não conseguiam provocá-lo.

Nessa ocasião específica, a resposta de Jesus se destaca por sua contenção calorosa, graciosa e amorosa. O homem estava tentando zombar de Jesus, implorando por uma resposta dura, à qual ele responderia com um debate acalorado. Mas, às vezes, "a língua branda quebra ossos" (Provérbios 25:15), e foi isso que aconteceu aqui.

Jesus não conta essa história como se fosse um relato verídico. É uma parábola, um conto criado para dramatizar de forma inesquecível a mensagem que ele queria plantar no coração desse legalista — e também no nosso. Como acontece com a maioria das histórias e parábolas de Jesus, sua mensagem é uma só e é simples. Há muitos detalhes nessa história e muitas implicações secundárias, mas o que realmente importa aqui é sua lição central, e é nela que precisamos focar nossa atenção.

A estrada perigosa e o assalto

A história começa com uma viagem em uma estrada muito perigosa. É a estrada que leva "de Jerusalém para Jericó" (Lucas 10:30). A estrada existe. Eu já viajei nessa estrada. As pessoas que visitam Israel ainda podem seguir a mesma estrada usada pelos viajantes no tempo de Jesus. Jericó fica mais ou menos a 1200 metros abaixo de Jerusalém, e essa diferença em elevação é vencida pelo percurso de mais ou menos 24 quilômetros de uma estrada sinuosa, que atravessa montanhas sem vegetação. Em alguns lugares, um precipício de cem metros acompanha a estradas. Grande parte do trajeto passa por cavernas e rochas enormes, que oferecem esconderijos aos assaltantes. Ainda é uma estrada perigosa.

Na história de Jesus, o previsível acontece. Um homem, que está viajando sozinho nessa estrada é assaltado por um bando de ladrões especialmente violentos. Eles não se contentaram em roubá-lo; deixaram-no praticamente nu. Não levaram apenas sua carteira com o dinheiro; levaram tudo que ele tinha. Então, eles o espancaram e, tendo-o como morto, o largaram na estrada. Hoje, diríamos que ele se encontrava em estado crítico, um homem moribundo em uma estrada deserta.

Quando as pessoas iam e voltavam das festas em Jerusalém, aquela estrada apresentava um fluxo constante de pessoas. Mas, em outras temporadas — especialmente durante o calor do verão ou na estação gélida do inverno —, o trânsito naquela estrada podia ser escasso. Ao longo da estrada, existiam poucas casas e pouquíssimas paradas. Não era um lugar amigável, principalmente para uma pessoa solitária e desesperada. Era possível que se passasse muito tempo antes de alguém passar por ali. Não havia garantia de que alguém o encontraria ou ajudaria.

O sacerdote e o levita

Nesse ponto dramático da história, Jesus introduz um pouco de esperança: "Aconteceu estar descendo pela mesma estrada um sacerdote" (Lucas 10:31). À primeira vista, isso parece ser uma ótima notícia. Aqui vem um servo de Deus, um homem que oferece sacrifícios para o povo no templo, um homem espiritual que deveria ser um paradigma de compaixão (Hebreus 5:2). Ele representa o melhor dos homens. Um sacerdote conheceria a Lei de Moisés. Ele conheceria Levítico 19:18, que diz: "Ame o seu próximo como a si mesmo." Deveria conhecer também os versículos 33 e 34 daquele mesmo capítulo que explicam o princípio do amor ao próximo aplicando-o especificamente a estrangeiros: "Quando um estrangeiro viver na terra de vocês, não o maltratem. O estrangeiro residente que viver com vocês será tratado como o natural da terra. Amem-no como a si mesmos, pois vocês foram estrangeiros no Egito." Um sacerdote conheceria também Miqueias 6:8:

> Ele mostrou a você, ó homem,
> o que é bom e o que o Senhor exige:
> Pratique a justiça,
> ame a fidelidade
> e ande humildemente com o seu Deus.

Ele estaria plenamente ciente de que "quem fecha os ouvidos ao clamor dos pobres também clamará e não terá resposta" (Provérbios 21:13). O princípio exposto em Tiago 2:13 também se encontrava no Antigo Testamento: "Porque será exercido juízo sem misericórdia sobre quem não foi misericordioso."

E certamente o sacerdote conhecia Êxodo 23:4-5: "Se você encontrar perdido o boi ou o jumento que pertence ao seu inimigo, leve-o de volta a ele. Se você vir o jumento de alguém que o odeia caído sob o peso de sua carga, não o abandone, procure ajudá-lo." Então: Se alguém encontrasse o jumento de seu inimigo caído em uma vala, ele tinha a obrigação de resgatar o jumento, certo? Evidentemente, tinha um dever ainda maior de ajudar um homem em estado crítico.

Mas aquele raio de esperança não teve vida longa. Quando o sacerdote viu o homem ferido, "passou pelo outro lado" (Lucas 10:31). O texto grego usa um verbo que não ocorre em nenhum outro lugar das Escrituras: *antiparerchomai*. O prefixo "*anti*" significa, é claro, "oposto". É uma forma verbal ativa que significa que o sacerdote deliberadamente se deslocou para o lado oposto da estrada. Ele fez um desvio para evitar o viajante machucado, desviando-se deliberadamente do homem necessitado.

Obviamente, o sacerdote não tinha compaixão por pessoas em necessidade aguda. Nenhuma outra conclusão pode ser tirada disso. Jesus virou a pergunta do perito na lei de ponta-cabeça. A pergunta que ele fizera foi: "Quem é meu próximo?" Mas essa não é a pergunta correta. Jesus está lhe mostrando por meio dessa parábola que a compaixão justa não é limitada. Ela não procura definir os sofredores que merecem receber ajuda. As obrigações do segundo mandamento não se definem pela pergunta de quem é o seu próximo. Na verdade, vale o oposto: o amor autêntico nos compele a amar até mesmo estranhos e estrangeiros. O sentido pleno do segundo mandamento inclui o princípio que Jesus demonstrou enfaticamente em Mateus 5:44: *devemos amar até mesmo o nosso inimigo*. Ele também é o nosso próximo, portanto, somos obrigados a abençoá-lo, fazer-lhe o bem e orar por ele.

O sacerdote frio desta parábola não foi necessariamente incluído para acusar o sacerdócio em geral. Sim, é verdade que muitos dos sacerdotes e líderes religiosos no tempo de Jesus não eram exemplos de compaixão. Mas essa não é a mensagem aqui. Esse sacerdote representa qualquer um que possua conhecimento pleno das Escrituras e que conheça as obrigações da lei, que sabe que deve ajudar. Mas que não o faz.

O próximo versículo apresenta um levita. Todos os sacerdotes eram, é claro, da tribo de Levi. Mais especificamente, aqueles que serviam como sacerdotes eram descendentes de Arão (um dos filhos de Levi). O termo *levita* se referia, portanto, aos descendentes de Levi, mas que não eram da linhagem de Arão. Exerciam funções secundárias no templo. Alguns eram assistentes de sacerdotes, alguns eram membros da polícia do templo; outros trabalhavam nos bastidores e mantinham e cuidavam do templo. Mas suas vidas eram dedicadas ao serviço religioso, portanto esperava-se que eles (como os sacerdotes) tivessem bons conhecimentos das Escrituras.

No entanto, quando esse levita se aproximou do lugar em que se encontrava o homem ferido, ele agiu como agira o sacerdote antes dele. Assim que viu a vítima deitada na estrada, ele passou para o outro lado da estrada. Aqui estava outro homem sem compaixão e sem amor.

Anteriormente, em Lucas 10, Jesus havia orado: "Eu te louvo, Pai, Senhor do céu e da terra, porque escondeste estas coisas dos sábios e cultos e as revelaste aos pequeninos. Sim, Pai, pois assim foi do teu agrado" (v. 21). Esses dois personagens religiosos dessa parábola, o sacerdote e o levita, representavam aqueles aos quais Jesus se referiu quando falou em "sábios e cultos". Representavam os homens de melhor formação de sua cultura e os dignitários religiosos mais respeitados. Mas eles não conheciam Deus.

Nenhum estava preparado para o céu; eram "filhos da desobediência" — e, portanto, objetos da ira de Deus (Efésios 2:2; 5:6; Colossenses 3:6). Não amavam Deus de verdade, pois quando você ama Deus, você guarda seus mandamentos. Também não amavam seus próximos, pois quando se viram diante de uma necessidade real e urgente e tiveram a oportunidade de demonstrar amor, eles se recusaram. São ilustrações fortes dos hipócritas religiosos, que observam a lei cerimonial e devotam suas vidas ao serviço no templo, mas que não possuem qualquer virtude real.

Às vezes, as pessoas citam a história do bom samaritano, apontam para o sacerdote e para o levita como exemplos de extrema desumanidade e então fecham o livro com um sentimento de superioridade moral.

Fazer isso significa não entender a mensagem de Jesus.

Evidentemente, é correto condenar a indiferença insensível desses dois homens e desdenhar sua negligência deliberada. Mas quando fazemos isso, condenamos a nós mesmos. Sua postura é exatamente o que vemos na natureza humana hoje em dia, até mesmo dentro do nosso próprio coração. Pensamos: "Não quero me envolver. Não sei o que esse homem ou as pessoas que fizeram isso com ele podem fazer comigo." Sem justificar a apatia fria que Jesus estava condenando, precisamos confessar que nós também somos culpados de uma indiferença cega semelhante, de uma insensibilidade vil e de um desrespeito pelas pessoas em necessidade profunda. Mesmo que nós não passemos para o outro lado da rua sempre que virmos uma pessoa necessitada, todos nós falhamos muitas vezes nessa obrigação, de modo que todos nós somos culpados perante a lei com sua exigência de perfeição.

Jesus transmite essa mensagem de modo inequívoco ao apresentar-nos o bom samaritano.

Judeus e samaritanos

O samaritano representa um ponto de virada inesperado na história de Jesus. Como o homem que foi espancado e assaltado, o samaritano também estava viajando a sós. Algum tempo após o sacerdote e o levita terem passado, o samaritano aparece na cena. Diferentemente dos dois clérigos, o samaritano "teve compaixão" quando viu o corpo sangrento do pobre viajante (Lucas 10:33).

A vítima do assalto era um homem judeu. Os ouvintes de Jesus não tinham dúvida disso, pois a história se passa em Israel, em uma estrada deserta que sai de Jerusalém. Raramente um gentio passava por aqui, muito menos um samaritano. Na mente do público original de Jesus, um samaritano seria a fonte de ajuda menos provável para um viajante judeu na estrada de Jericó. Em primeiro lugar, os samaritanos evitavam a todo custo viajar por aquela estrada. Um samaritano a percorreria apenas em uma situação de extrema emergência. Os judeus desprezavam os samaritanos, e vice-versa. Uma hostilidade cáustica mútua havia separado os dois povos durante séculos. Os viajantes judeus a caminho da Galileia usavam a estrada de Jerusalém para Jericó justamente porque não queriam passar pela Samaria. As pessoas não seguiam diretamente para o norte, em direção à Galileia, mas para o leste, para a Pereia, que ficava do outro lado do rio Jordão. Era uma rota indireta à Galileia, mais longa e difícil, mas que circundava a Samaria.

O povo judeu considerava os samaritanos ética e religiosamente impuros, e os samaritanos também desprezavam e desdenhavam seus primos judeus. Os samaritanos eram descendentes dos israelitas que haviam se casado com pagãos quando os assírios levaram a maior parte da população do reino do norte para o exílio em 722 a.C. (2Reis 17:6). Quando os assírios conquistaram o reino do norte de Israel, eles levaram grande parte da população em cativeiro e povoaram a terra com pessoas de outros países gentios. "O rei da Assíria trouxe gente da Babilônia, de Cuta, de Ava, de Hamate e de Sefarvaim e os estabeleceu nas cidades de Samaria para substituir os israelitas. Eles ocuparam Samaria e habitaram em suas cidades. Quando começaram a viver ali, não adoravam o Senhor" (vv. 24-25).

Alguns retardatários israelitas permaneceram ou voltaram para a sua terra após a maioria de seus irmãos ter sido levada para o exílio, e esses israelitas dispersos se misturaram e casaram com os colonos pagãos. Preservaram algumas tradições arraigadas na doutrina do Antigo Testamento, mas também adotaram crenças pagãs e criaram aquela mistura de culto samaritano que, eventualmente, se transformou em algo completamente diferente do judaísmo ou da religião pagã. Era uma religião híbrida, que pode ser comparada aos cultos modernos quase cristãos. Evidentemente, os judeus fiéis consideravam o samaritanismo como algo corrupto, impuro e contrário ao Deus das Escrituras.

Durante o tempo de Esdras, os judeus do reino do sul começaram a retornar do cativeiro babilônico. Quando começaram a reconstruir o templo em Jerusalém, os samaritanos ofereceram sua ajuda. Incapazes de esconder seu desdém pelo sincretismo samaritano, os judeus a recusaram. Então, os samaritanos tentaram sabotar o projeto (Esdras 4:1-5). Alguns anos mais tarde, por ocasião da instigação de Sambalate, eles também tentaram impedir a reconstrução do muro de Jerusalém (Neemias 4:2). A partir de então e durante séculos, os judeus e samaritanos permaneceram os inimigos mais ferozes.

O povo judeu considerava os samaritanos um povo apóstata, que havia vendido seu direito de nascimento espiritual. Afinal de contas, os samaritanos haviam participado ativamente da profanação da terra; haviam corrompido a linhagem de sangue; e eram culpados de idolatria. No que dizia respeito aos judeus, a própria existência dos samaritanos era um fruto vil que provinha dos "pecados de Jeroboão" (1Reis 14:16; 2Reis 17:22). Como Jeroboão, os samaritanos também acabaram construindo seu próprio templo, com sacerdotes falsos e sacrifícios ilegítimos. Aos olhos dos judeus, os samaritanos eram pio-

UMA LIÇÃO SOBRE O AMOR AO PRÓXIMO

res do que pagãos por causa da sutileza com que haviam poluído sua religião.

O ódio que os samaritanos nutriam pelos judeus não ficava para trás. Uns 130 anos antes do tempo de Cristo, João Hircano, um rei judeu da dinastia dos macabeus, derrotou a nação samaritana. Os judeus destruiram o templo samaritano no monte Gerizim. E apesar de nunca ter sido reconstruído, os samaritanos insistiam que Gerizim era o único lugar legítimo de adoração (João 4:20). Hoje existem menos de mil samaritanos, mas eles continuam a cultuar em Gerizim.

Na época de Jesus, a inimizade entre judeus e samaritanos era especialmente feroz. O tamanho do desdém dos judeus por seus primos desviados se mostra não só no fato de que eles evitavam passar pela terra dos samaritanos, mas também no modo como eles falavam sobre os samaritanos. Em algum momento, alguns líderes judeus desesperados, que estavam perdendo um debate público com Jesus, mas estavam desesperadamente desacreditando Jesus, cuspiram o pior insulto imaginável: "Não estamos certos em dizer que você é samaritano e está endemoninhado?" (João 8:48)

Aqui, então, temos um homem samaritano, que, na opinião do líder religioso judeu, certamente seria o inimigo de sangue do viajante ferido. Se o sacerdote e o levita haviam ignorado a vítima, o que esse samaritano faria ao ver o judeu ferido no meio do nada? Mataria e roubaria seus últimos pertences?

Nada disso: "Quando o viu, teve piedade dele" (Lucas 10:33).

O que Jesus estava tentando dizer? Era uma resposta preliminar à pergunta original. E era uma resposta dura com uma repreensão sutil voltada contra o perito da lei que havia levantado a pergunta. O status de líder religioso não havia contribuído em nada para preparar o sacerdote e o levita para o Reino. "A religião que Deus aceita como pura e imaculada" nada tem a ver com direitos de nascença e linhagens de sangue, nem com rituais e confissões de fé rotineiras (cf. Tiago 1:27). Uma religião pura é algo completamente diferente.

Como o samaritano amou

Agora, o samaritano passa a ocupar o centro do palco, e agora vem a mensagem principal: observe *como* esse homem ama. "Ele o viu" (Lucas 10:33). Nada de especial aqui. O sacerdote e o levita também chegaram até aqui, mas não demonstraram amor. Esse homem, um herege banido, teve piedade. Alguma parte de seu coração acolheu o homem — um senso de tristeza, luto, empatia. Ele viu e reconheceu a necessidade urgente de resgatar esse homem. *Ele assumiu o fardo do homem ferido como se fosse o seu próprio.*

"Aproximou-se" (v. 34). É o oposto daquilo que o sacerdote e o levita fizeram. Ele "enfaixou-lhe as feridas, derramando nelas vinho e óleo". Lembre-se de que todos os pertences de algum valor haviam sido roubados do homem ferido. Tudo que o samaritano usou para enfaixá-lo veio de seu próprio bolso ou de sua própria roupa. O vinho era um antisséptico e o óleo era bálsamo e anódino. Ambos purificariam e selariam as feridas para impedir infecções. O óleo também umedeceu, acalmou e amaciou o tecido. (Azeite era o emoliente principal usado pela medicina na época, e trazia um alívio rápido para a dor causada pelas feridas.)

De onde vieram o vinho e o óleo? Viajantes em uma longa jornada costumavam levar consigo azeite para cozinhar e vinho para beber (a água encontrada ao longo do caminho não era pura). O samaritano estava usando suas próprias provisões. A expressão usada nos diz que ele usou o vinho e o óleo generosamente. Não estava usando um conta-gotas. Ele lavou as feridas do homem com muito vinho. Jesus está enfatizando a abundância da generosidade do samaritano.

Então Jesus diz: "Depois colocou-o sobre o seu próprio animal", provavelmente um jumento ou burro (v. 34). É o animal do *próprio samaritano*. O samaritano vai a pé, enquanto o homem ferido monta o animal. O que Jesus pretende ressaltar é que isso não era um cuidado mínimo; o samaritano estava fazendo um sacrifício extraordinário por alguém que nem conhecia.

Ele "levou-o para uma hospedaria e cuidou dele" (v. 34). Não o largou ali; o samaritano permaneceu ao lado do viajante ferido. Alugou um quarto para o homem e ficou com ele para cuidar dele até que ele recuperasse a saúde. Continuou a tratar suas feridas, fornecendo comida, descanso, conforto, água e tudo que o homem ferido precisasse. Ficou com ele durante a noite, pois o versículo 35 diz: "*No dia seguinte*, deu dois denários ao hospedeiro e disse-lhe: 'Cuide dele. Quando voltar lhe pagarei todas as despesas que você tiver'" (grifo do autor).

Dois denários representavam o salário de dois dias, e pelo que sabemos das taxas cobradas naquela época, isso bastava para pagar dois meses de hospedagem e comida numa hospedaria à beira da estrada. Isso era uma caridade notável, especialmente se levarmos em conta que os homens não se conheciam e que, normalmente, seriam considerados inimigos. O samaritano, porém, abriu mão de suas próprias roupas, de suas provisões, de seu sono e de uma quantia considerável de dinheiro. Ele até prometeu pagar mais caso fosse necessário. Alguém poderia criticá-lo por se expor ingenuamente ao perigo de ser explorado. Mas ele estava mais preocupado com as necessidades de seu próximo. Por isso, deixou um cheque em branco para o homem ferido.

O samaritano nunca havia encontrado o outro homem. Ele nem sabia o que havia acontecido com o viajante e, como Jesus conta a história, ele jamais parou para investigar ou submeter o homem a qualquer tipo de interrogatório. Seu coração estava tão cheio de amor que, quando alguém cruzava seu caminho com uma necessidade urgente que ele fosse capaz de satisfazer, ele fazia tudo que podia para ajudar. Jamais questionou ou hesitou.

Em outras palavras: O samaritano nunca parou para perguntar o que o legalista perguntara: "E quem é o meu próximo?" A pergunta muito mais importante é: "E eu sou próximo de quem?" A resposta é: qualquer pessoa necessitada.

Mas sejamos sinceros com nós mesmos. Se nos deparássemos com um cenário como este na vida real, a maioria de nós consideraria a generosidade do samaritano exagerada. Alguma vez você já abriu mão de tudo para ajudar a um estranho numa situação desesperada?

Ou, melhor ainda: alguma vez você fez algo assim para um inimigo seu? Você se expôs à impureza para satisfazer todas as suas necessidades? Você forneceu tudo que ele precisava: faixas para suas feridas, alimento, companhia durante uma noite de dor, dinheiro, um teto sobre a cabeça, assistência médica, para então entregar-lhe um cheque em branco caso ele precisasse de outra coisa?

Não?

Amor sem limites

Na verdade, existe alguém por quem você fez todas as coisas: você mesmo. É exatamente assim que procuramos satisfazer as nossas próprias necessidades, não é? *Dê-me tudo que eu preciso. Chame o melhor médico. Leve-me para o melhor hospital. Contrate os melhores cuidados disponíveis. Cuide de mim enquanto for necessário. Me paparique. Não esqueça de nenhuma comodidade.* Talvez nos aproximemos um pouco do autossacrifício quando a pessoa necessitada é um membro da família ou algum amigo íntimo. Mas quem faria tudo isso por um estranho — ou até mesmo por um inimigo? Isso simplesmente não se faz.

Sem dúvida alguma, em algum momento de sua vida, você fez algo maravilhosamente generoso. Mas será que você realmente ama os estranhos dessa forma o tempo todo?

É claro que não. Jesus está descrevendo um tipo raro de amor que não tem limites. Lembre-se de que isso é também uma resposta à pergunta original do perito na lei em Lucas 10:25: "O que preciso fazer para herdar a vida eterna?" A resposta é esta:

O que diz a lei?

"Ame [...] seu próximo como a si mesmo" (v. 27).

"Você respondeu corretamente. Faça isso, e viverá" (v. 28).

UMA LIÇÃO SOBRE O AMOR AO PRÓXIMO

Jesus contou a parábola do bom samaritano para mostrar como o padrão estabelecido pela lei é inalcançável. E é uma repreensão dirigida não só ao perito na lei, mas a todos nós. Se realmente sempre amássemos nosso próximo da mesma forma como amamos e cuidamos de nós mesmos, a generosidade do samaritano não nos pareceria tão notável.

Qualquer que tenha sido a armadilha polêmica que o perito na lei pretendia armar para Jesus, ele foi derrotado pela parábola. No fim da história, Jesus devolveu a pergunta ao perito na lei: "Qual destes três você acha que foi o próximo do homem que caiu nas mãos dos assaltantes?" (v. 36).

A poderosa lição dessa parábola ainda pairava no ar, e o perito na lei só podia dar uma resposta: "Aquele que teve misericórdia dele" (v. 37).

A próxima resposta de Jesus deveria ter provocado uma convicção profunda e uma confissão humilde da própria incapacidade do homem: "Vá e faça o mesmo" (v. 37).

Pois a questão é esta: a lei exige que você faça isso *o tempo todo*. Como um perito na lei, o homem deveria saber que não era capaz de executar um único ato de altruísmo extravagante e mesmo assim acreditar que ele cumpria as exigências da lei o tempo todo. A lei exige perfeição *o tempo todo*. "Maldito quem não puser em prática as palavras desta lei" (Deuteronômio 27:26). "Pois quem obedece a toda a Lei, mas tropeça em apenas um ponto, torna-se culpado de quebrá-la inteiramente" (Tiago 2:10).

Assim, a resposta final de Jesus ao homem: "Vá e faça o mesmo" deveria tê-lo levado a cair de joelhos e a implorar por graça e perdão. Se é a isso que a lei se refere quando promete vida àqueles que obedecem (Levítico 18:5), não temos qualquer esperança sob a lei. A única coisa que a lei pode fazer por nós é nos condenar. "O próprio mandamento, destinado a produzir vida, na verdade produziu morte" (Romanos 7:10). Visto que a lei exige perfeição absoluta e divina (Mateus 5:48), ninguém que pecou alguma vez na vida está preparado para a vida eterna sob os termos da lei. O perito na lei deveria ter entendido isso. E nós também. A verdade plena é que, até mesmo os cristãos, em cujos corações "Deus derramou seu amor" (Romanos 5:5), não amam como exige a lei.

Mas há uma lição ainda mais profunda aqui. A maneira como o bom samaritano cuidou do viajante é a maneira como Deus ama os pecadores. Na verdade, o amor de Deus é infinitamente mais profundo e mais maravilhoso do que isso. O samaritano sacrificou seu tempo e seu dinheiro para cuidar do inimigo ferido. Deus deu seu próprio Filho eterno para que ele morresse pelos pecadores que merecem nada mais do que a condenação eterna. "De fato, no devido tempo, quando ainda éramos fracos, Cristo morreu pelos ímpios. Dificilmente haverá alguém que morra por um justo; pelo homem bom talvez alguém tenha coragem de morrer. Mas Deus demonstra seu amor por nós: Cristo morreu em nosso favor quando ainda éramos pecadores" (Romanos 5:6-8). Na verdade, "quando éramos *inimigos* de Deus fomos reconciliados com ele mediante a morte de seu Filho" (v. 10; grifo do autor).

O que Cristo fez para remir seu povo excede em muito o ato generoso de benevolência ilustrado na parábola. Cristo é a encarnação viva do amor divino em toda sua perfeição. Ele é sem mácula, sem pecado, "santo, inculpável, puro, separado dos pecadores" (Hebreus 7:26). Durante sua vida na terra, ele *cumpriu* literalmente cada risco e ponto da lei em absoluta perfeição. E na morte ele até tomou sobre si a penalidade dos pecados dos outros. Além disso, sua justiça imaculada — incluindo o mérito pleno desse amor perfeito — é imputada àqueles que confiam nele como seu Senhor e Salvador. Seus pecados são perdoados, e eles são revestidos com a justiça perfeita exigida pela lei. Eles herdam a vida eterna, não como recompensa por suas boas obras, mas puramente pela graça, por causa da obra de Cristo em seu lugar.

Se aquele perito da lei tivesse confessado sua culpa e reconhecido sua incapacidade de fazer o que a lei exigia, Jesus teria lhe oferecido uma eternidade de misericórdia, graça, perdão e amor verdadeiro. Se ele simplesmente tivesse percebido suas necessidades, a resposta direta, simples à sua pergunta já estava nos lábios de Jesus, que repetiu em diversas ocasiões: "Eu lhes asseguro: Quem ouve a minha palavra e crê naquele que me enviou, tem a vida eterna e não será condenado, mas já passou da morte para a vida" (João 5:24). "Quem crê no Filho tem a vida eterna" (3:36). "As minhas ovelhas ouvem a minha voz; eu as conheço, e elas me seguem. Eu lhes dou a vida eterna, e elas jamais perecerão" (10:27-28). "Quem vive e crê em mim, não morrerá eternamente" (11:26).

Jesus nunca fez esse tipo de promessas a almas orgulhosas e presunçosas. O perito na lei e também o jovem rico lhe fizeram perguntas específicas sobre como herdar a vida eterna, e ele respondeu confrontando-os com as exigências da lei. Mas àqueles que tinham ouvidos para ouvir, ele deixou sempre claro que a vida eterna não pode ser ganha por meio de méritos legais. A vida eterna é a herança graciosa de todos aqueles que depositam sua fé em Cristo como Senhor e Salvador.

O homem aceitou a lição que Jesus estava lhe dando? Ele confessou sua incapacidade quando Jesus lhe disse: "Vá e faça a mesma coisa"? Ele reconheceu sua necessidade de graça e se arrependeu?

Aparentemente não. Esse é o fim da história. Lucas volta sua atenção imediatamente para outro incidente no ministério de Jesus. Publicamente envergonhado em sua tentativa fracassada de vencer um debate com Jesus, o perito na lei anônimo simplesmente desaparece da narrativa, e nós jamais voltamos a ouvir dele. Como pessoa religiosa orgulhosa e autossuficiente, é possível que ele tenha resolvido fazer um esforço extra de fazer boas obras a fim de mostrar-se digno do favor divino e da vida eterna. Essas pessoas ignoram (ou se recusam a aceitar) aquilo que a justiça de Deus realmente exige delas. Procuram estabelecer sua própria justiça sem se submeter à justiça que Deus revelou em Cristo (cf. Romanos 10:3). Leem a parábola do bom samaritano como se não fosse nada mais do que uma instrução humanitária.

Não há mal nenhum em ser motivado pela parábola para o aperfeiçoamento do amor ao próximo. Espero que ela tenha motivado você nesse sentido. Mas se essa for sua *única* reação à parábola, ela seria praticamente a pior resposta que você poderia dar à lição que Jesus estava ensinando. Essa parábola pretende incentivar-nos a confessar nossa fraqueza pecaminosa (que se revela em nossa falta de amor compassivo e sacrificial) e a buscar a graça e a misericórdia voltando-nos para Jesus Cristo: o único que real e verdadeiramente cumpriu o que a lei exige de nós. Apenas ele "é capaz de salvar definitivamente aqueles que, por meio dele, aproximam-se de Deus" (Hebreus 7:25). Ele é a única fonte verdadeira da vida eterna.

Se aquele perito da lei tivesse realmente estudado a lei de Deus (e não só recitado os mandamentos) e se ele tivesse reconhecido seu pecado em vez de afastar-se e "depois de olhar para si mesmo, logo se esquecendo a sua aparência" (Tiago 1:24), ele teria encontrado um Salvador cujo jugo é suave e cujo fardo é leve. Mas, como vimos, a história termina sem qualquer sinal de seu arrependimento.

Essa *não pode* ser a nossa reação a essa parábola.

― CAPÍTULO 6 ―

Uma lição sobre a justificação por meio da fé

> *Quando se manifestaram a bondade e o amor pelos homens da parte de Deus, nosso Salvador, não por causa de atos de justiça por nós praticados, mas devido à sua misericórdia, ele nos salvou pelo lavar regenerador e renovador do Espírito Santo, que ele derramou sobre nós generosamente, por meio de Jesus Cristo, nosso Salvador. Ele o fez a fim de que, justificados por sua graça, nos tornemos seus herdeiros, tendo a esperança da vida eterna.*
>
> TITO 3:4-7

No tempo de Jesus, os fariseus eram a seita religiosa mais rígida e mais influente em Israel. O Novo Testamento não os apresenta sob uma luz favorável. Um dos momentos-chave no ministério de João Batista foi sua repreensão chocante voltada contra alguns fariseus que vieram para serem batizados. João se recusou, dizendo: "Raça de víboras! Quem lhes deu a ideia de fugir da ira que se aproxima? Deem fruto que mostre o arrependimento!" (Mateus 3:7-8; Lucas 3:7-8).

Pouco depois disso, João identificou Jesus como o verdadeiro Cordeiro de Deus (João 1:29-30), e, como era de se esperar, o apoio de João a Jesus colocou Jesus no lado oposto dos fariseus. Assim que se evidenciou que Jesus estava conquistando mais seguidores do que João, os fariseus se opuseram a ele (João 4:1-3). Durante todo o ministério terreno de Jesus, eles foram sua oposição mais incessante e incansável. Os líderes dos fariseus foram aqueles que iniciaram e tramaram a conspiração que o levaria à morte (João 11:46-53).

O desdém que os fariseus nutriam contra Jesus continuou até mesmo após a sua ressurreição, especialmente na época em que a Igreja primitiva estava criando raízes. Em Atos 7:58-8:1, lemos que Saulo de Tarso supervisionou o apedrejamento do primeiro mártir cristão, Estêvão. Atos 26:10 dá a entender que o apedrejamento de Estêvão fora apenas o início de uma campanha violenta de terror que Saulo liderou contra os cristãos. Saulo era "fariseu, filho de fariseus" (Atos 23:6). Em outras palavras: ele descendia de uma linhagem de fariseus e foi treinado desde seu nascimento nas doutrinas dos fariseus, buscando observar a Lei de Moisés durante toda sua vida. Ele era o fariseu ideal, "circuncidado no oitavo dia de vida, pertencente ao povo de Israel, à tribo de Benjamim, verdadeiro hebreu; quanto à lei, fariseu; quanto ao zelo, perseguidor da igreja; quanto à justiça que há na lei, irrepreensível" (Filipenses 3:5-6).

Nascido e criado como fariseu, Saulo se tornou líder da seita quando era ainda bastante jovem. Ele foi escolhido a dedo pelos sumo sacerdotes para aterrorizar e prender os primeiros cristãos por causa de sua fé. Sempre que os seguidores de Jesus eram levados aos tribunais, Saulo votava a favor de seu apedrejamento (Atos 26:10). O fato de que ele tinha um voto sugere que o próprio Saulo era membro do Sinédrio. Ele havia alcançado o cume da influência na seita. Seu zelo incomum pela doutrina dos fariseus se refletia claramente no ódio que ele nutria pelo cristianismo.

Tudo isso, é claro, aconteceu antes de seu famoso encontro com Cristo na estrada para Damasco, quando Saulo de Tarso foi instantaneamente transformado no apóstolo Paulo. Ao dar seu testemunho anos mais tarde, Paulo disse que considerava todos os seus esforços de ser justo enquanto fariseu como nada mais do que "esterco" (Filipenses 3:8). Essa foi a avaliação franca de Paulo sobre sua vida como fariseu, quando já era uma santo testado e um apóstolo amadurecido.

Do início ao fim, o Novo Testamento deixa claro que a doutrina dos fariseus e o cristianismo não combinam. Na verdade, certos princípios centrais da religião dos fariseus e de sua visão do mundo são contrários à mensagem do evangelho.

De forma alguma, porém, queremos sugerir que a religião dos fariseus representa a pior perversão possível da religião. Longe disso. Os fariseus ensinavam muitas coisas verdadeiras, pois suas crenças estavam intimamente vinculadas às Escrituras. O próprio Jesus disse sobre eles: "Obedeçam-lhes e façam tudo o que eles lhes dizem" (Mateus 23:3). Diferentemente de tantos cultos e religiões falsas descaradamente não ortodoxos, excessivamente diabólicos ou totalmente indiferentes em relação à Lei de Deus, os fariseus eram tradicionalistas e idealistas famosos por sua atenção obsessiva aos pormenores da lei. O Novo Testamento destaca os fariseus não porque se trata de alguma superstição extrema, mas porque representa o desvio mais sutil da verdade bíblica. Os perigos espirituais que os fariseus representavam podem ser uma tentação e uma armadilha até mesmo para o estudante mais devoto das Escrituras.

Por que essa vertente específica do judaísmo era tão mortífera? Afinal de contas, os fariseus *pareciam e se apresentavam* como defensores da justiça. Na verdade, as aparências externas eram a única coisa que lhes interessava. Sua ideia de justiça era essencialmente de natureza cosmética. Eles eram campeões em esconder sua própria injustiça e em encobrir seus pecados secretos com obras religiosas, enquanto acusavam publicamente os pecados mais visíveis dos outros. Eles respeitavam a Lei, mas encenavam como grande espetáculo a sua obediência à Lei de forma exagerada (Mateus 23:5). Seu uso da Lei era um manto para cobrir seus pecados, virando, portanto, todo o propósito da Lei de ponta-cabeça. Enquanto a Lei pretende revelar o pecado, eles a usavam para mascarar o que realmente estava em seus corações, e mitigavam a própria culpa comparando-se orgulhosamente com os outros. A sutileza de seu erro, obscurecida pela pretensão de que eram fortemente comprometidos com a Lei de Deus é o que tornava sua vertente religiosa tão perigosa.

No entanto, os fariseus eram realmente estudantes rigorosos do texto bíblico. Um número considerável de elementos nobres e louváveis se destacam entre suas crenças e ensinamentos. Eles se opunham, por exemplo, a todas as formas pagãs de idolatria e estavam decididos a não permitir que sua nação caísse no tipo de erro que manchava a história de Israel no Antigo Testamento. Os fariseus representavam em muitos aspectos a melhor de todas as seitas do judaísmo do século I.

Mais especificamente, os fariseus eram menos místicos e mais dedicados à prática de sua fé no mundo real do que os essênios, ascéticos que viviam em grupos comunitários. Sua doutrina era muito mais sensata e bíblica do que a dos saduceus, que eram céticos em relação a qualquer coisa sobrenatural (Mateus 22:23; Atos 23:8). Os fariseus não produziam extremistas políticos, brigões, criminosos ou assassinos, como fazia o partido dos zelotes.

Pelo contrário. Os fariseus eram tão meticulosos em sua observância das entrelinhas da Lei que eles filtravam cuidadosamente cada bebida para garantir que nenhum mosquito caísse em seu vinho. (Mosquitos são insetos e, por isso, cerimoniosamente impuros.) Eles contavam cada grão para garantir que seu dízimo era correto (Lucas 11:42). Afinal de contas, Levítico 27:30 diz: "Todos os dízimos da terra, seja dos cereais, seja das frutas das árvores, pertencem ao SENHOR; são consagrados ao SENHOR."

Jesus não brigou com eles por causa de sua obsessão com a contagem de sementes, com a filtragem de insetos ou outras observâncias meticulosas. Jesus disse: "Vocês devem praticar estas coisas", mas sem ignorar os princípios morais maiores da lei (Mateus 23:23). A despeito de toda a sua atenção aos detalhes externos da lei, eles ignoravam completamente a mensagem central dela. A Lei deveria tê-los humilhado, mostrando-lhes a magnitude de sua culpa. Em vez disso, tornou-se uma questão de extremo orgulho para eles.

Jesus chamou os fariseus de "Guias cegos! Vocês coam um mosquito e engolem um camelo" (v. 24). Os mosquitos são os menores animais impuros descritos na lei de Moisés; os camelos, os maiores. A imagem verbal de Jesus gera uma imagem mental cômica, mas sua mensagem é totalmente séria. Todos os seus esforços de manter as aparências não haviam diminuído sua culpa nem pela menor das medidas. Tampouco havia diminuído a expressão do pecado em seus corações. Ele lhes disse: "Ai de vocês, mestres da lei e fariseus, hipócritas! Vocês são como sepulcros caiados: bonitos por fora, mas por dentro estão cheios de ossos e de todo tipo de imundície. Assim são vocês: por fora parecem justos ao povo, mas por dentro estão cheios de hipocrisia e maldade" (Mateus 23:27-28). Eles eram pecadores culpados. Estavam tão perdidos, depravados e espiritualmente cegos quanto as pessoas excluídas e impuras que eles tratavam com extremo desdém. Apesar de seu legalismo ter ocultado sua maldade dos olhos humanos, eles não enganaram a Deus. A hipocrisia dos fariseus era, em si, um pecado condenável.

Dois homens no templo

Ao contrário do que acreditavam, a preocupação dos fariseus com os pormenores da Lei não possuía qualquer valor justificador. Na verdade, sua ostentação religiosa aumentava sua culpa, pois produzia uma confiança falsa neles mesmos. Essa era precisamente a lição e mensagem central da parábola que Jesus conta em Lucas 18:9-14. Essa parábola serve também como afirmação clara e sucinta vinda dos próprios lábios do nosso Senhor em relação ao princípio *sola fide* da Reforma — a verdade de que a fé é o único instrumento da justificação.

A alguns que confiavam em sua própria justiça e desprezavam os outros, Jesus contou esta parábola: "Dois homens subiram ao templo para orar; um era fariseu e o outro, publicano. O fariseu, em pé, orava no íntimo: 'Deus, eu te agradeço porque não sou como os outros homens: ladrões, corruptos, adúlteros; nem mesmo como este publicano. Jejuo duas vezes por semana e dou o dízimo de tudo quanto ganho.' Mas o publicano ficou à distância. Ele nem ousava olhar para o céu, mas batendo no peito, dizia: 'Deus, tem misericórdia de mim, que sou pecador.' Eu lhes digo que este homem, e não o outro, foi para casa justificado diante de Deus. Pois quem se exalta será humilhado, e quem se humilha será exaltado."

Como vale para tantas das histórias do nosso Senhor, essa parábola não só contrariava o bom senso, mas era também chocante e vergonhosa segundo cada um dos padrões religiosos da época. Ao dizer que um pecador confesso saiu do templo justificado e, ao mesmo tempo, avaliar como absolutamente sem valor todas as boas obras de um fariseu dedicado, Jesus se posicionou totalmente contrário à teologia da salvação dominante. E mais do que isso, ele contrapôs seu evangelho ao ensinamento de todas as grandes religiões do mundo, a cada doutrina da teologia natural e a cada noção inata do coração humano caído.

Essa parábola era uma lição pungente sobre a graça para com os humildes, cuidadosamente calculada para ferir a justiça própria orgulhosa dos fariseus. Isso deu aos líderes judeus que ouviram Jesus mais uma razão para rejeitá-lo. A parábola pisava nos calos de sua pretensão e humilhava toda a sua religião. As pessoas que, hoje em dia, se preocupam mais com a boa educação e o politicamente correto do que com a proclamação da verdade poderiam até considerar isso um discurso de ódio. Os seguidores dos fariseus entre o público de Jesus devem ter considerado sua história um sacrilégio. Certamente a consideraram um rebaixamento do padrão divino. Sugerir que o pior dos pecadores pode ser justificado enquanto um líder religioso devoto é rejeitado deve ter parecido um ataque frontal à justiça divina, à Lei de Moisés e a cada regra de justiça e piedade. Como Deus pode ser justo se ele justifica os injustos?

Isso é, evidentemente, a pergunta que o evangelho responde. Já que Deus, graciosamente, providenciou uma expiação por meio da morte de Cristo, ele é *ao mesmo tempo* "justo e justificador daqueles que têm fé em Jesus" (Romanos 3:26). "Ele é fiel *e justo* para perdoar os nossos pecados e nos purificar de toda injustiça" (1João 1:9; grifo do autor).

O problema para os pecadores

No entanto, é fácil ver por que a justificação dos pecadores representava um dilema impossível para as pessoas antes da morte e da ressurreição de Cristo. Elas não faziam ideia de como poderia ser uma expiação perfeita. Não podiam imaginar como o perdão pleno de uma vida repleta de pecados poderia ser possível. Na verdade, exclusivamente sob os termos da Lei, o perdão parecia estar completamente fora do alcance delas.

A dificuldade começa com uma compreensão da exigência justa da Lei. Em Levítico 19:2, o próprio Deus diz: "Sejam santos porque eu, o SENHOR, o Deus de vocês, sou santo." A santidade perfeita de Deus estabelece o padrão legal e a exigência moral para a nossa situação perante Deus. Jesus reforça o mesmo padrão no Novo Testamento, dessa vez em uma linguagem que pretende ressaltar a impossibilidade de alcançar um padrão tão alto. Em seu Sermão da Montanha, ele disse: "Se a justiça de vocês não for muito superior à dos fariseus e mestres da lei, de modo nenhum entrarão no Reino dos céus" (Mateus 5:20).

Isso foi, sem dúvida, um choque para todos que ouviram essas palavras. Você pode dizer o que quiser sobre a hipocrisia e a maldade oculta dos fariseus, eles haviam elevado a obediência às leis externas a um nível sem precedentes. Se Deus representasse o comportamento humano em uma curva, os fariseus ocupariam seu ponto mais alto. Mas Jesus estava querendo dizer que Deus não ajusta sua escala de justiça para acomodar o fracasso humano. Sua justiça é sem máculas e perfeita, e baixar o nível, mesmo que apenas um pouco, para acomodar o pecado anularia sua santidade.

Assim, a justiça que Deus exige precisa exceder até mesmo a justiça aparentemente superior dos fariseus. O que, precisamente, isso exige de nós? Jesus também responde a essa pergunta em termos inequívocos: "Sejam perfeitos como perfeito é o Pai celestial de vocês" (Mateus 5:48). A justiça verdadeira, definida pelo caráter de Deus, exige uma perfeição absoluta e incondicional. Ele mesmo é o padrão e única medida verdadeira da perfeição que exige de nós.

Nesse mesmo contexto, Jesus ensinou que é simplesmente insuficiente obedecer às exigências externas óbvias da Lei — até em seus pormenores, como contar sementes e filtrar mosquitos. Nossas posturas e nossos desejos também precisam sempre estar em conformidade perfeita com as exigências da Lei. Um olhar desejoso viola o mesmo princípio moral ferido por um ato de adultério (Mateus 5:27-28). Irritar-se sem causa, insultar alguém ou odiar outra pessoa é uma violação do mesmo mandamento que nos proíbe de cometer assassinato (Mateus 5:21-22).

Para piorar ainda mais as coisas, Tiago 2:10 diz: "Pois quem obedece a toda a Lei, mas tropeça em apenas um ponto, torna-se culpado de quebrá-la inteiramente." Não existem lacunas ou portas de fundo para escapar da lei. Ela só pode condenar quem a viola.

E além de tudo isso, Deus abomina qualquer pessoa que justificar um malfeitor: "Absolver o ímpio e condenar o justo, são coisas que o Senhor odeia" (Provérbios 17:15). Sabemos, porém, é claro, que "Senhor é muito paciente, mas o seu poder é imenso" (Naum 1:3). Mas o mesmo versículo que faz essa promessa continua e acrescenta que Deus "não deixará impune o culpado". Deus avisou todos os israelitas: "Não se envolva em falsas acusações nem condene à morte o inocente e o justo, porque *não absolverei o culpado*" (Êxodo 23:7; grifo do autor).

Quem, então, pode ser justo perante Deus? Se Deus diz que é pecado justificar o culpado, e ele afirma enfaticamente que ele não justificará o culpado, como então uma pessoa, mesmo que tenha cometido apenas um pecado, pode ser aceita no Reino celestial? O relato de Abraão em Gênesis nos dá uma dica: "Abrão creu no SENHOR, e isso lhe foi creditado como justiça" (Gênesis 15:6). A justiça foi *creditada* a Abraão. Uma justiça que não pertencia a ele lhe foi creditada (Romanos 4:1-12). Ele não mereceu a justiça por meio de suas obras; ele a adquiriu por meio da fé. Além do mais, "os que são da fé são abençoados juntamente com Abraão, homem de fé" (Gálatas 3:9). Essa é a doutrina da justificação por meio da fé.

Mas baseada em que essa justificação pode ser possível, visto que Deus diz que ele não inocentará os culpados ou os declarará justos simplesmente por meio de um *fiat* divino?

A resposta plena a essa pergunta se revela no sacrifício oferecido por Jesus Cristo. Deus não apaga a culpa dos pecadores simplesmente fazendo de conta que seu pecado jamais ocorreu. Ele não ignora o mau, não o esconde debaixo do tapete ou inocenta os pecadores por um capricho. Ele forneceu uma expiação plena e perfeita do pecado na pessoa de seu próprio Filho, que "Deus ofereceu como sacrifício para propiciação mediante a fé, pelo seu sangue, demonstrando a sua justiça" (Romanos 3:25). Cristo oferece também a justiça perfeita, que é imputada àqueles que creem: "Deus tornou pecado por nós aquele que não tinha pecado, para que nele nos tornássemos justiça de Deus" (2Coríntios 5:21).

Havia indícios dessa verdade já no Antigo Testamento. Em Isaías 53, Deus diz (falando profeticamente): "Meu servo justo justificará a muitos, e levará a iniquidade deles" (v. 11). O tema de todo esse capítulo é a expiação substitutiva:

> Certamente ele tomou sobre si as nossas enfermidades
> e sobre si levou as nossas doenças,
> contudo nós o consideramos castigado por Deus,
> por ele atingido e afligido.
> Mas ele foi transpassado por causa das nossas transgressões,

foi esmagado por causa de nossas iniquidades;
o castigo que nos trouxe paz estava sobre ele [...].
O Senhor fez cair sobre ele a iniquidade de todos nós. (vv. 4-6)

Mas a compreensão plena dessa passagem permaneceu velada até Jesus cumprir a profecia por meio de sua morte na cruz. Evidentemente, isso não havia ocorrido ainda quando Jesus contou a parábola. Mas a parábola está, mesmo assim, repleta de lições sobre a depravação humana, a graça divina, a redenção do pecado e a doutrina da justificação por meio da fé.

"Justificado"

A última linha da parábola é a chave para a mensagem de Jesus. Ele diz sobre o odiado coletor de impostos: "Eu lhes digo que este homem, e não o outro, foi para casa justificado diante de Deus" (Lucas 18:14). É disso que a parábola fala: justificação.

Aqui temos um pecador do tipo mais abjeto: um coletor de impostos. Ele é um traidor de seu povo, que se vendeu por dinheiro. Ele recebe o direito de se apresentar a Deus como homem justo sem realizar qualquer ritual religioso, sem efetuar qualquer tipo de autoexpiação e sem fazer qualquer obra de mérito. Cada detalhe da doutrina da justificação é apresenta ou explícita ou implicitamente, ilustrada ou afirmada de alguma outra forma nessa parábola.

Jesus disse não só que Deus aceita o coletor de impostos; mas também que o fariseu foi rejeitado. "Eu lhes digo que este homem, *e não o outro*, foi para casa justificado diante de Deus" (Lucas 18:14). Isso era chocante. Como isso era possível?

Essa pergunta é relevante para cada um de nós: *como um pecador pode ser justificado perante Deus?* Na verdade, não existe pergunta mais importante do que esta. Como podemos ser remidos do nosso estado de caídos? Nas palavras de Bildade em Jó 25:4: "Como pode então o homem ser justo diante de Deus?" Ou como o carcereiro filipense diz em Atos 16:30: "Senhores, que devo fazer para ser salvo?" É a mesma pergunta feita pelo jovem rico em Mateus 19:16: "Mestre, que farei de bom para ter a vida eterna?" e pelo perito na lei em Lucas 10:25: "Mestre, o que preciso fazer para herdar a vida eterna?"

Lembre-se de que Jesus respondeu ao jovem rico e ao perito na lei citando as exigências da lei. O jovem rico alegou ter observado a lei desde sua infância. Ele pareceu surpreso quando Jesus não o elogiou (Mateus 19:20). A intenção do perito da lei também era "justificar-se a si mesmo" (Lucas 10:29). Ambos eram exatamente como o fariseu na parábola de Lucas 18 — tinham certeza de que mereciam o louvor e a aceitação de Deus, ignorantes da magnitude de sua própria culpa e da mensagem real da lei e desdenhosos em relação às pessoas que eles consideravam pecadores.

Você alguma vez já se perguntou por que Jesus pregou a lei no lugar da graça a esses homens? Em nenhum dos casos ele chegou a dar a resposta do evangelho à pergunta tão importante feita por esses homens. Por quê? Porque precisavam ouvir a lei. Nenhum dos dois jamais havia sentido o peso real da lei. Eles não acreditavam estar perdidos. "Não são os que têm saúde que precisam de médico, mas sim os doentes. Eu não vim para chamar justos, mas pecadores" (Marcos 2:17).

O evangelho nada tem a dizer para aqueles que se contentam com sua própria justiça. Não existem boas-novas para uma pessoa nesse estado mental.

A parábola do fariseu e do coletor de impostos ilustra essa mensagem com uma precisão vívida. Na forma narrativa velada, essa parábola *dá* a resposta verdadeira do evangelho à pergunta como um pecador pode ser justificado perante Deus. Qual é a resposta? Em uma palavra: *graça*. Deus "justifica o ímpio" (Romanos 4:5). Ele "credita justiça independentemente de obras" (v. 6). Toda a doutrina da justificação é apresentada aqui em toda sua profundidade, simplicidade e clareza maravilhosas.

A mensagem de Jesus é simples: todos que estiverem determinados a estabelecer uma justiça por conta própria fracassarão e assim condenarão a si mesmos; mas aqueles que se submeterem à justiça de Deus serão graciosamente justificados por ele (cf. Romanos 10:3-4). Ninguém pode se justificar perante Deus; apenas Deus é "justificador daquele que tem fé em Jesus" (Romanos 3:26).

Esse princípio é a simples linha divisória entre o evangelho de Jesus Cristo e todos os outros sistemas de crença equivocados ou demoníacos. Reduzido à sua essência, toda religião falsa inventada por mentes depravadas é um sistema baseado em méritos. Todas elas ensinam que a justificação é conquistada ou alcançada por algo que o adorador faz por Deus — algum tipo de boas obras, sacramentos ou cerimônias religiosas; um ato de caridade ou altruísmo; um estilo de vida austero; ou (como recentemente) dedicação a alguma causa política, campanha de proteção ao meio ambiente ou sistema de valores alternativos. O zelo religioso que as pessoas caídas cultivam pela sua causa ou credo escolhido nunca é realmente altruísta ou sacrificial. A causa se transforma em plataforma que as eleva acima dos outros. A maioria das pessoas pensa exatamente como o fariseu na parábola de Jesus: "Não sou tão ruim quanto os outros; devo ficar bem." Nada é mais natural para o coração humano não regenerado.

Não precisamos ser fariseus para pensar assim. Até mesmo os ateus mais passionais tentam se convencer de que eles são pessoas decentes, honráveis, generosas ou boas. Raramente tiram a consequência moral óbvia de sua descrença (só para o caso que realmente exista algum princípio ou força cármica para manter o equilíbrio do universo por meio de restituições). Como todos os outros, eles não conseguem manter o padrão moral, qualquer que este seja — mas eles têm um desejo aparentemente irresistível de justificar a si mesmos. Cada pesquisa que tenha feito essa pergunta revela que a maioria das pessoas acredita que seja boa o bastante para chegar ao céu, ou boa demais para Deus mandá-la para o inferno.

O erro subjacente a tudo isso, a crença de que uma pessoa possa conquistar o favor de Deus sendo boa o bastante, é a mentira central que domina toda religião falsa.

A parábola de Jesus expõe a tolice dessa ideia. A parábola estabelece uma linha clara entre os dois únicos tipos de religião que existem: a religião falsa da *conquista humana* e o evangelho verdadeiro da *realização divina*. O fariseu da parábola é convencido, orgulhoso, desdenhoso e sofre de um enorme complexo de superioridade. Ele se aproxima o máximo possível do lugar santo sem tocar em ninguém que ele considere inferior. Segundo sua convicção, o contato com pecadores o contaminaria. Ele não busca misericórdia, graça, perdão ou simpatia para si mesmo. Ele não pede absolutamente nada a Deus, pois não consegue pensar em nada que ele precise. Ele sente apenas gratidão por não ser injusto. Exaltado por si mesmo, ele se afasta sem ser justificado.

O outro personagem é o coletor de impostos — um pecador marginalizado, objeto do desprezo de todos (inclusive, agora, de seu próprio). Sabe que é culpado. Mantém-se longe do lugar santo, pois se sente impuro e indesejado. Não consegue nem mesmo elevar os olhos para o céu. Seu próprio pecado o deixa desesperado. Ele bate em seu peito de vergonha. Encontra-se no ponto mais baixo possível de desespero — sem qualquer esperança de ser redimido. Tudo que pode fazer é humildemente pedir pela misericórdia e graça de Deus. Jesus disse que, naquele dia, ele voltou para casa justificado.

Analisando a parábola

Lucas deixa claro quem é o público-alvo de Jesus para essa parábola: "A alguns que confiavam em sua própria justiça e desprezavam os outros, Jesus contou esta parábola" (Lucas 18:9). O texto grego usa um pronome indefinido (*tis*, traduzido como "alguns"), que significa "todos, qualquer um ou quem quer que seja". A parábola não se dirigia a um fariseu específico (nem mesmo aos fariseus em geral) como a parábola do bom samaritano. É uma mensagem voltada para todos "que confiavam em sua própria justiça e desprezavam os outros". Como acabamos de ver, isso inclui cada pessoa não regenerada. Essa parábola transmite uma mensagem evangelística deliberada. É uma lição para todos que confiam em si mesmos, em vez de se voltarem para Cristo para que ele lhes impute a sua própria justiça (perfeita).

Não há dúvida, porém, que a mensagem dessa parábola era significativa, sobretudo para os fariseus. Era um golpe direto dirigido contra o núcleo de seu sistema de crença. Eles não só acreditavam em sua justiça própria; eles o faziam de forma repulsiva. Olhavam para os outros sempre com desdém (Lucas 7:39; 15:2; João 7:47-49; 9:34). E sabemos que os fariseus estavam sempre presentes quando Jesus ensinava publicamente, pois estavam desesperadamente tentando encontrar alguma razão para acusá-lo. Dois capítulos antes, em Lucas 16:14, nós lemos: "Os fariseus [...] ouviam tudo isso e zombavam de Jesus." A resposta de Jesus a eles naquele texto transmite a mesma mensagem da parábola: "Vocês são os que se justificam a si mesmos aos olhos dos homens, mas Deus conhece os corações de vocês. Aquilo que tem muito valor entre os homens é detestável aos olhos de Deus" (v. 15).

Assim, apesar de Jesus ter contado essa parábola como lição para todos nós, ela se aplica claramente aos fariseus e seus seguidores iludidos. O personagem que encarna a justiça própria na parábola é um fariseu, e ele se encaixa perfeitamente na descrição de Lucas 18:9. Ele era, claramente, alguém que confiava em si mesmo e que desprezava os outros.

A palavra grega traduzida como "desprezava" no versículo 9 é *exoutheneō*, uma palavra usada apenas uma outra vez nos Evangelhos, em Lucas 23:11, onde "Herodes e os seus soldados ridicularizaram-no e zombaram dele. Vestindo-o com um manto esplêndido". A palavra se refere à zombaria mais baixa, desdém, chacota, escárnio, sarcasmo. Os fariseus tendiam a tratar os outros dessa forma. Estavam tão imersos em seu estilo de piedade "mais santa do que a de vocês todos" que realmente viam seu desdém pelos outros como símbolo de sua própria justiça. Essa palavra grega, *exoutheneō*, é formada pela combinação da preposição *ex* ("fora") e a palavra *outhen* ("nada" ou "sem valor"). Os fariseus consideravam todos que não estivessem dentro de seu círculo como um nada. Quanto mais notório o pecado de uma pessoa, mais os fariseus a desprezavam.

O nome que eles davam aos seus próprios discípulos, pessoas que seguiam sua interpretação rígida da lei, era *haberim* ("associados"). Pessoas que não seguiam as regras dos fariseus eram *am ha'aretz* (literalmente "pessoas do campo"). A expressão se referia a pessoas impuras, inferiores. Em seu comentário sobre essa distinção, Kenneth Bailey escreve:

> Aos olhos de um fariseu rigoroso, o candidato mais óbvio para a classificação como *am-haaretz* era o coletor de impostos [...]. Se [o fariseu] acidentalmente tocasse num coletor de impostos (ou em qualquer outro *am-haaretz* que se encontrasse entre os adoradores), ele ficaria *midras*, impuro. Seu estado de pureza é excessivamente importante. Ele não pode ser comprometido por qualquer motivo. Isolamento físico, do seu ponto de vista, seria uma afirmação importante. Assim, o fariseu se separa cuidadosamente dos outros reunidos em volta do altar.[1]

Os dois personagens na parábola de Jesus representam, portanto, dois extremos opostos.

Os contrastes

Temos aqui dois homens diametralmente opostos. As diferenças extremas entre eles se mostram em seu *status* social, em sua postura durante a oração, no conteúdo de suas orações e em sua posição final perante Deus.

Sua posição

O fariseu era um membro da sociedade religiosa e ocupava uma das posições mais altas na hierarquia da alta sociedade judaica. Os fariseus eram convidados de honra em qualquer reunião social. Por causa da exclusividade de sua companhia (a palavra *fariseu* significava "separatista"), a presença de um fariseu num banquete ou num evento qualquer era sinal de *status* elevado.

No outro extremo da hierarquia social, encontravam-se os coletores de impostos, as pessoas mais desprezadas em Israel. Eram praticamente traidores e criminosos — moral e eticamente falidos, capachos de Roma e inimigos de todas as coisas sagradas. Na verdade, os coletores de impostos pertenciam à mesma categoria social que prostitutas (Mateus 21:31-32) e os bêbados (Lucas 7:34) — e a maioria dos coletores de impostos se cercava desse tipo de pessoas. Tinham uma reputação de serem não só desonestos e cruéis, mas também moralmente depravados em todos os sentidos imagináveis.

Os coletores de impostos adquiriam franquias dos ocupantes romanos. O acordo exigia que eles pagassem um montante fixo aos romanos todos os anos. Qualquer coisa que eles arrecadavam acima disso era propriedade sua. Eles acumulavam suas riquezas explorando seu próprio povo. Traidores de sua religião e sua nação, eles eram excluídos de todas as atividades religiosas e de todos os relacionamentos sociais normais. Eram, aos olhos de seus conterrâneos, as criaturas mais distantes de Deus — os mais baixos dos baixos — sem qualquer posição social, independentemente das riquezas que acumulassem por meio de roubo e extorsão.

Sua postura

O contraste na postura física desses dois homens também é significativo: o fariseu, "em pé, orava no íntimo" (Lucas 18:11). Não havia nada de errado, e era até normal, ficar em pé. Jesus disse aos seus discípulos: "Sempre que estiverem orando em pé [...] perdoem" (Marcos 11:25). Ficar em pé era e ainda é a postura normal de oração no monte do templo em Jerusalém. Em Israel, os homens costumavam elevar suas mãos e seus olhos para o céu quando oravam. Assim, sua postura dizia que estavam prontos para receber do Senhor. Era uma postura que significava louvor e submissão.

Assim, a postura do fariseu como tal não era um problema. O que é significativo em sua postura é a forma como ele decidiu se posicionar em um lugar em que ele se destacasse — e se separasse — dos outros. Jesus mencionou essa prática dos fariseus em seu Sermão da Montanha: "E quando vocês orarem, não sejam como os hipócritas. Eles gostam de ficar orando em pé nas sinagogas e nas esquinas, a fim de serem vistos pelos outros" (Mateus 6:5).

Sem dúvida alguma, esse fariseu se encontrava em algum lugar de destaque no pátio interno, o mais próximo possível do Santo dos Santos — pois, a seu ver, este era o seu lugar. Isso transformou o que deveria ter sido uma postura de devoção em um sinal de ostentação e orgulho.

O coletor de impostos também se posicionou em um lugar de isolamento — não no centro da agitação ou em algum pedestal no pátio interno, mas "à distância. Ele nem ousava olhar para o céu" (Lucas 18:13). Em outras palavras, o coletor de impostos permaneceu às margens do terreno do templo. Por quê? Porque ele sabia que não merecia estar na presença de Deus ou nem mesmo na presença de outros adoradores. Ele era banido não só da sociedade, mas também de Deus. Ele sabia disso, e isso se refletia em sua postura. Diferentemente do fariseu, esse homem não conseguiu levantar seu olhar. Ele estava tomado de um senso de culpa profundo, de uma vergonha intensa. Ele sabia que era indigno, e ele o confessou sem qualquer desculpa ou ressalva. Não há qualquer traço de justiça própria. Ele sentiu todo o peso de sua alienação de Deus. Tudo em sua postura revelava isso.

Jesus diz que o homem "batia seu peito" (v. 13). Orar com os olhos abaixados e com as mãos sobre o peito era uma postura de humildade. Esse homem foi além disso. Suas mãos se transformaram em punhos, e ele estava batendo em seu próprio peito. Precisamos explicar o significado desse gesto. O homem estava claramente em um estado de extrema angústia — em luto por causa de seus pecados, repleto de arrependimento, tristeza, vergonha. Não existe paralelo para isso no Antigo Testamento, e existe apenas uma outra passagem no Novo Testamento em que esse gesto é mencionado: em torno da cruz, após a morte de Jesus. Lucas 23:48 diz: "E todo o povo que se havia juntado para presenciar o que estava acontecendo, ao ver isso, começou a bater no peito e a afastar-se." A literatura extrabíblica antiga menciona esse gesto, mas normalmente associado com o luto de mulheres.

Temos então aqui um homem que faz um gesto muito incomum que demonstra sua profunda angústia. E por que bate em seu peito? Por que não bate em outra parte do corpo? Provérbios 4:23 diz: "Acima de tudo, guarde o seu coração, pois dele depende toda a sua vida." Nosso caráter verdadeiro é definido por aquilo que está dentro de nós, na pessoa interior, na sede dos nossos pensamentos, desejos e afetos. As Escrituras se referem a isso como nosso coração. Jesus disse: "Pois do interior do coração dos homens vêm os maus pensamentos, as imoralidades sexuais, os roubos, os homicídios, os adultérios, as cobiças, as maldades, o engano, a devassidão, a inveja, a calúnia, a arrogância e a insensatez. Todos esses males vêm de dentro e tornam o homem 'impuro'" (Marcos 7:21-23). Evidentemente, Jesus não estava falando do órgão no nosso peito. Trata-se de uma linguagem figurada. Mas bater no peito simbolizava o arrependimento daquele homem pelo mal que ele havia acumulado em seu próprio coração. Ele entendia que "o coração é mais enganoso que qualquer outra coisa e sua doença é incurável" (Jeremias 17:9), e bater em seu próprio peito era uma maneira vívida de reconhecer isso.

Sua oração

Jesus faz a seguinte declaração interessante sobre a oração do fariseu: ele "orava no íntimo" (Lucas 18:11). Isso pode significar duas coisas: Ele pode ter orado silenciosamente (como Ana fez em 1Samuel 1:13). Mas este era um fariseu, orações silenciosas em público não faziam seu estilo. Além do mais, a escolha de palavras por Jesus e o contexto de Lucas 18 parecem indicar que o fariseu estava orando em voz alta, expressando sua satisfação consigo mesmo, pois ele sentia prazer ao recitar suas virtudes em público. Na verdade, ele estava orando para si mesmo, para aumentar seu ego, não para falar com Deus. Fato é que, no decurso de dois versículos (vv. 11-12), ele usa o pronome pessoal da primeira pessoa cinco vezes. Apesar de agradecer a Deus por ser uma pessoa melhor do que as outras, o fariseu não dá louvor a Deus. Ele pede nada dele — não quer misericórdia, graça, perdão, nenhuma ajuda. Ele parece se referir a Deus apenas porque é assim que se começa uma oração: "Deus, eu te agradeço por não ser como os outros..."

A única referência inequívoca a Deus era essa declaração sobre seu mérito próprio, apoiada por uma citação dos pecados das outras pessoas. A isso seguiu um catálogo verbal de suas boas obras. Lembre-se, ele estava em um local exposto. Certamente estava orando em voz alta, provavelmente tão alta que quase chegava a berrar.

E para garantir que Deus e todos dentro do alcance de sua voz entendessem sua mensagem, o fariseu foi o mais específico possível. Como pessoas orgulhosas costumam fazer, ele se comparou com os piores dos piores. Ele mencionou especificamente as pessoas que roubam, que enganam e pessoas que cometem fornicação: "ladrões, corruptos, adúlteros" (v. 11). Lembre-se, essas categorias de pecados eram todas associadas aos coletores de impostos.

E, enquanto recitava essa longa lista de falhas morais, ele olhava para o coletor de impostos. Então, apontou para o homem como epítome vivo daquilo que ele, o fariseu, se orgulhava de não ser.

Isso é justiça própria repugnante. O fariseu estava orando para si mesmo, apresentando um espetáculo para as pessoas e se esquecendo de Deus. Não queria nada de Deus? Por que deveria? Não conseguia pensar em nada que lhe faltasse. Queria apenas que as pessoas percebessem o quanto ele se diferenciava dos *am ha'aretz*.

No entanto, a oração do fariseu ainda não tinha acabado. Ele queria anunciar também as suas virtudes positivas. "Jejuo duas vezes por semana e dou o dízimo de tudo quanto ganho" (v. 12). Ele era, sem dúvida, um daqueles que contavam as sementes para garantir que o dízimo era correto. E quanto ao jejum, a lei do Antigo Testamento exigia apenas um jejum por ano, como preparação para o Dia da Expiação (Levítico 16:29-31). Mas os fariseus jejuavam toda segunda e quinta-feira. Eles acreditavam que podiam acumular méritos extras acrescentando à lei de Deus muitas regras, ritos e rituais religiosos feitos pelo homem. Muitas religiões falsas fazem o mesmo, pensando que realmente conseguem fazer mais do que aquilo que Deus exige e assim conquistar um crédito adicional. Os católicos romanos se referem a isso como "obras de supererrogação".

Mas a única coisa que os fariseus realmente tinham em abundância era um excesso de autoestima. Ele se via claramente como melhor do que realmente era. É aqui que se evidencia o contraste entre ele e o coletor de impostos da forma mais clara.

A oração do coletor de impostos era curta e sincera. Era um apelo autêntico e urgente à misericórdia de Deus. Não era uma exibição de uma paixão religiosa artificial para o benefício dos passantes. A profunda vergonha do homem se evidencia tanto em suas palavras quanto em sua postura. Estas são as palavras de um penitente autêntico: "Deus, tem misericórdia de mim, que sou pecador" (Lucas 18:13). O texto grego original usa o artigo definido: "Eu, que sou *o* pecador!" A expressão lembra aquilo que o apóstolo Paulo disse em 1Timóteo 1:15: "os pecadores, dos quais eu sou o pior." Esse homem está preocupado com sua própria culpa, não com a culpa de outra pessoa. E ele confessa sua necessidade de graça — algo que o fariseu nem mesmo mencionou.

As semelhanças

Na verdade, o fariseu e o coletor de impostos compartilhavam de muitas crenças centrais. Ambos compreendiam que as Escrituras do Antigo Testamento revelam o único Deus verdadeiro — YHWH. Ambos acreditavam nele como o Deus de Abraão, Isaque e Jacó, o Deus que revelou sua Palavra por meio de Moisés, Davi e todos os profetas. Acreditavam no sacerdócio e no sistema sacrificial do Antigo Testamento. O que os reuniu no templo foi sua crença comum nessas coisas.

Isso significa que o fariseu acreditava na necessidade de expiação. Ninguém com o conhecimento sobre a Lei como o fariseu poderia acreditar que ele era totalmente sem pecado. Mas ele acreditava que merecia o direito ao perdão. Em outras palavras, ele acreditava que havia expiado seus próprios pecados. Aparentemente, pensava que suas boas obras anulavam seus fracassos. Ele havia oferecido os sacrifícios exigidos. Ele havia se comportado melhor do que tantos outros. Se boas obras e devoção religiosa pudessem influenciar o juízo de Deus a seu favor, esse fariseu mereceria receber essa honra. A maioria das pessoas religiosas pensa assim. A maioria admite com a maior facilidade que pecou; apenas não consegue compreender que suas boas obras não lhes trazem qualquer mérito. Acredita que Deus perdoará as coisas ruins que cometeu porque merece o favor divino por causa de suas boas obras.

É possível que, no passado, o coletor de impostos tenha pensado igual, mas a vida o trouxera ao entendimento de que ele não tinha nada para negociar o favor de Deus. Suas melhores obras haviam sido manchadas pela verdade óbvia de quem ele realmente era por dentro. A lição de Isaías 64:6 se aplicava a ele de forma vigorosa: "Somos como o impuro — todos nós! Todos os nossos atos de justiça são como trapo imundo."

A miséria que ele sentiu ao perceber isso foi, na verdade, uma dádiva graciosa de Deus — o precursor necessário para a redenção do homem. "A tristeza segundo Deus produz um arrependimento que leva à salvação e não remorso" (2Coríntios 7:9).

A diferença principal

A diferença central e decisiva entre o fariseu e o coletor de impostos se condensa na distinção muito clara e óbvia entre os dois homens.

O fariseu acreditava que podia agradar a Deus por esforços próprios; o coletor de impostos sabia que isso era impossível. O coletor de impostos estava verdadeiramente arrependido; o fariseu parecia não sentir qualquer necessidade de arrependimento. Essa mesma distinção divide todas as pessoas neste planeta em duas categorias claras.

Várias lições centrais emergem do contraste vívido que Jesus estabelece entre os dois homens. Por um lado, vemos que o ministério do evangelho verdadeiro aponta os pecadores para o arrependimento. Não basta dizer aos pecadores que Deus os ama e que ele tem um plano maravilhoso para suas vidas. Para que o evangelho possa se transformar em boas-novas, o pecador precisa primeiro compreender as novas ruins da lei.

Não faltam pessoas religiosas que acreditam em muitas coisas bíblicas. Professam sua fé em Jesus Cristo. Cantam hinos sobre a cruz e a ressurreição. A maioria delas confessa abertamente que pecou. Mas muitas pessoas (até mesmo em igrejas evangélicas sólidas) não reconhecem a seriedade de seu pecado. Acreditam que são boas o bastante, caridosas o bastante ou religiosas o bastante para anular qualquer culpa que tenham acumulado por causa do pecado. Era nisso que o fariseu acreditava.

Mas observe como o coletor de impostos orou: "Deus, tem misericórdia de mim." Isso é uma frase muito importante. A linguagem que ele usou não é um apelo geral por perdão; ele estava usando a linguagem da expiação. No texto grego, a expressão é *hilaskoti moi*, "Sê favorável a mim". Não significa "Demonstra paciência comigo"; a palavra teria sido outra. Mas a palavra que Jesus usou nessa parábola é uma forma do verbo grego *hilaskomai*, que significa "apaziguar". Sabendo que jamais conseguiria expiar seus próprios pecados, o coletor de impostos estava pedindo que Deus o expiasse. Não pediu que Deus ignorasse seu pecado; estava apelando a Deus para que ele fizesse o que fosse necessário para libertá-lo da condenação do pecado.

Ele sabia que o salário do pecado é a morte (Romanos 6:23) e que "aquele que pecar morrerá" (Ezequiel 18:20). Talvez tenha se lembra-

UMA LIÇÃO SOBRE A JUSTIFICAÇÃO POR MEIO DA FÉ

do das palavras de Abraão a Isaque: "Deus mesmo há de prover o cordeiro para o holocausto" (Gênesis 22:8). Ele compreendeu a lição central do sistema sacrificial segundo o qual "sem derramamento de sangue não há perdão" (Hebreus 9:22). "Pois a vida da carne está no sangue, e eu o dei a vocês para fazerem propiciação por si mesmos no altar; é o sangue que faz propiciação pela vida" (Levítico 17:11).

O coletor de impostos confessou que era um pecador sem esperanças. Sua postura reconhecia que ele era indigno de se aproximar do lugar santo. Ele sentia que era indigno até mesmo de olhar para o céu. Encontrava-se numa angústia profunda por causa de sua depravação. Tudo que podia fazer era implorar para que a expiação plena e eficaz lhe fosse concedida.

A postura do fariseu era: "Peguem esse cara e o joguem pelo portão do leste com todo o lixo que não merece ficar no monte do templo."

Mas esta não era a postura de Deus.

Justificado perante Deus

É possível que Jesus tenha provocado uma grande comoção e indignação entre seu público quando disse: "Eu lhes digo que este homem, e não o outro, foi para casa justificado diante de Deus" (Lucas 18:14). A palavra *justificado* no texto grego é um particípio passivo perfeito: "tendo sido justificado". Ele está descrevendo uma ação passada, uma realidade já ocorrida, como Romanos 5:1: "Tendo sido, pois, justificados pela fé, temos paz com Deus, por nosso Senhor Jesus Cristo." O resultado é uma posse no presente, como em Romanos 8:1: "Portanto, agora já não há condenação para os que estão em Cristo Jesus." O coletor de impostos estava agora justificado permanentemente perante Deus.

Isso deveria ter abalado as sensibilidades teológicas dos fariseus. Mas quando Jesus disse: "Eu lhes digo...", ele estava deixando claro que não precisava citar algum rabino ou escriba famoso. Não estava extraindo alguma doutrina da tradição judaica; estava falando com autoridade divina absoluta. O Deus encarnado, o Santo de Israel, o Cordeiro sem mácula e sem pecado de Deus, estava dando uma lição de que, em um único momento gracioso, o pior dos pecadores pode ser pronunciado instantaneamente justo sem qualquer boa obra, sem qualquer mérito, sem qualquer ritual e sem qualquer justiça própria.

A mensagem de Jesus é absolutamente clara. Ele estava ensinando que a justificação ocorre exclusivamente por meio da fé. Toda a teologia da justificação está aqui. Mas sem se perder em uma teologia abstrata, Jesus nos apresentou uma imagem clara com essa parábola.

Um decreto forense de Deus

A justificação desse coletor de impostos se fez realidade dentro de um instante. Deus o declarou justo da mesma forma como um juiz proclama a sentença sobre um acusado: por meio de um decreto forense. Não há processo, nenhuma passagem de tempo, nenhum medo do purgatório. Ele "foi para casa justificado" (Lucas 18:14) — não porque tinha feito alguma coisa, mas porque alguém havia feito algo por ele.

Lembre-se, o coletor de impostos tinha plena ciência de sua situação desesperadora. Ele havia acumulado uma dívida enorme e sabia que jamais conseguiria quitá-la. Tudo que podia fazer era arrepender-se e implorar pela expiação de Deus. Ele não ofereceu nada a Deus. Estava pedindo que Deus fizesse por ele o que ele mesmo não podia fazer. Essa é a natureza da penitência que Jesus exigiu.

Apenas por meio da fé

O coletor de impostos foi para casa plenamente justificado sem fazer qualquer obra de penitência, sem qualquer sacramento ou ritual, sem qualquer mérito. Sua justificação foi completa sem qualquer uma dessas coisas, pois ocorreu exclusivamente na base de sua fé. Tudo que era necessário para expiar seu pecado e fornecer perdão foi feito em seu lugar. Ele foi justificado no mesmo momento por meio da fé.

UMA LIÇÃO SOBRE A JUSTIFICAÇÃO POR MEIO DA FÉ

Isso marca um forte contraste em relação ao pensamento do fariseu convencido. Ele tinha *certeza* de que seus jejuns e dízimos e outras obras o tornavam aceitável a Deus. Mas o fariseu não poderia estar mais errado. A justiça que realmente justifica não é adquirida por meio de uma obediência legal ou obras de qualquer tipo; ela é obtida exclusivamente por meio da fé.

Uma justiça imputada

A declaração de Cristo de que esse homem estava justificado não era ficção. Não era um truque ou jogo de palavras. Deus não mente. Onde, então, esse coletor de impostos obteve uma justiça que excedia a do fariseu (Mateus 5:20)? Como um coletor de impostos traiçoeiro pode se tornar justo aos olhos de Deus?

A única resposta possível é que ele recebeu uma justiça que não era a dele (cf. Filipenses 3:9). Justiça lhe foi imputada pela fé (Romanos 4:9-11).

De quem era a justiça que lhe foi creditada? Só podia ser a justiça perfeita de um substituto imaculado, que assumiu os pecados do coletor de impostos e sofreu a penalidade da ira de Deus em seu lugar. E o Evangelho nos diz que o que Jesus fez foi exatamente isso.

Era a única maneira de o coletor de impostos ser justificado. Deus precisa declará-lo justo, imputando a ele a justiça plena e perfeita de Cristo, perdoando-lhe toda a injustiça e libertando-o de toda condenação. A partir daquele momento e por toda eternidade, o pecador justificado se apresenta a Deus na base de uma justiça perfeita que lhe foi creditada.

Justificação significa *isso*. É o único evangelho verdadeiro. Cada outro ponto da doutrina bíblica da salvação emana dessa verdade central. Como J.I. Packer escreveu: "A doutrina da justificação por meio da fé é como o Atlas: ela carrega um mundo sobre seus ombros, todo o conhecimento evangélico da graça salvadora."[2] Uma compreensão correta da justificação por meio da fé é o fundamento do evangelho. Se você errar nesse ponto, você corromperá todas as outras doutrinas também.

O que essa parábola ilustra é o evangelho *verdadeiro*. Tudo que um pecador pode fazer é aceitar essa dádiva por meio da fé penitente, crendo que uma expiação perfeita precisa ser feita — e foi feita por Cristo — para que satisfaça a ira de Deus contra o pecado. Aquele que contou essa história é aquele que fez a expiação: Jesus Cristo. Não existe salvação em qualquer outro nome.

Uma breve coda

Nosso Senhor encerra essa história maravilhosa com um provérbio simples: "Quem se exalta será humilhado, e quem se humilha será exaltado" (Lucas 18:14). A palavra *exalta* nesse contexto é sinônimo de justificação. Aquele que se humilha em fé penitente será aquele que receberá a justificação.

Em termos estritos, apenas Deus é verdadeiramente exaltado, portanto, apenas Deus pode exaltar os homens. Ele faz isso concedendo-lhes a perfeita justiça de Cristo. A exaltação mencionada aqui inclui a salvação do pecado e da condenação, a reconciliação com Deus, a justificação plena e a participação no Reino eterno de Cristo.

Todos os esforços de alcançar isso por força própria o deixarão humilhado. Por isso, "quem se exalta" — ou seja, aquele que acredita conseguir salvar a si mesmo, adquirir justificação por conta própria ou merecer o favor de Deus por meio de suas obras — "será humilhado". Será "humilhado" no sentido mais severo da palavra; será esmagado pelo juízo divino e sofrerá perda e castigo eternos. O caminho da autoexaltação *sempre* acaba em juízo eterno, porque Deus "se opõe aos orgulhosos, mas concede graça aos humildes" (1Pedro 5:5; Tiago 4:6).

Para usar outras palavras: os condenados acreditam ser bons. Os salvos sabem que são ímpios. Os condenados acreditam que o Reino de Deus é para aqueles que são dignos dele. Os salvos sabem que o Reino de Deus é para aqueles que sabem o quão indignos são. Os condenados acreditam que a vida eterna é merecida. Os salvos sabem que é uma dádiva. Os condenados buscam o elogio de Deus. Os salvos buscam seu perdão.

E ele concede o perdão por meio da obra de Cristo. "Pois vocês são salvos pela graça, por meio da fé, e isto não vem de vocês, é dom de Deus; não por obras, para que ninguém se glorie" (Efésios 2:8-9).

CAPÍTULO 7

Uma lição sobre fidelidade

Quanto ao dia e à hora ninguém sabe, nem os anjos no céu, nem o Filho, senão somente o Pai. Fiquem atentos! Vigiem! Vocês não sabem quando virá esse tempo. É como um homem que sai de viagem. Ele deixa sua casa, encarrega de tarefas cada um dos seus servos e ordena ao porteiro que vigie. Portanto, vigiem, porque vocês não sabem quando o dono da casa voltará: se à tarde, à meia-noite, ao cantar do galo ou ao amanhecer. Se ele vier de repente, que não os encontre dormindo! O que lhes digo, digo a todos: Vigiem!

Marcos 13:32-37

O Evangelho de Mateus é perfeitamente estruturado, de modo que dois dos mais longos discursos do nosso Senhor — o Sermão da Montanha e o Discurso do Monte das Oliveiras — formam um tipo de parênteses entre os quais Mateus apresenta seu relato detalhado do ministério público de Jesus.

Mateus 5 inicia o relato de Mateus sobre o ensinamento de Jesus com o Sermão na Montanha.* Esse sermão, que abarca três capítulos, é a fala ininterrupta mais longa de Jesus registrada em todas as Escrituras. Isso não foi, de forma alguma, o primeiro evento no ministério

---

* Os quatro primeiros capítulos do Evangelho de Mateus são introdutórios e descrevem o nascimento, o batismo e a tentação de Jesus. O capítulo 4 culmina no chamado dos discípulos. Então, com o Sermão da Montanha, Mateus começa a narrar os eventos do ministério público de Cristo.

de Jesus. As melhores cronologias os posicionam mais ou menos um ano e meio após o batismo de Jesus (em outras palavras, mais ou menos na metade de seu ministério de três anos). Mas é um bom lugar para Mateus começar seu relato, pois resume de forma maravilhosa o conteúdo do ensinamento de Jesus e nos ajuda a contemplar todo o restante que ele disse e fez em uma luz mais clara.

Então, Mateus organiza os vários eventos da vida e do ministério de Jesus de modo temático. Ele destaca as lições-chave com discursos mais longos — cinco ao todo. Há uma comissão mais extensa de Jesus que acompanha o envio dos Doze no capítulo 10; uma longa série de parábolas sobre o reino no capítulo 13; e uma lição prolongada sobre crer como uma criança no capítulo 18.

Por fim, já no fim de seu Evangelho, pouco antes de descrever a prisão e a crucificação de Jesus, Mateus encerra seu relato sobre o ministério de ensino formal de Jesus com o Discurso do Monte das Oliveiras (Mateus 24-25). Aqui, Jesus, sentado no topo do monte das Oliveiras (24:3), fala em particular com seus discípulos mais próximos sobre sua Segunda Vinda, respondendo às suas perguntas sobre "o sinal da [sua] vinda e do fim dos tempos" (v. 3).

Como já observamos na introdução deste livro, o relato de Mateus sobre o Sermão da Montanha contém apenas uma única parábola muito curta, que abarca os últimos quatro versículos (7:24-27). Essa parábola (o construtor sábio e o tolo) ilustra a loucura de ouvir as palavras de Jesus sem acreditar nelas.

O Discurso do Monte das Oliveiras, por sua vez, contém muitas parábolas, algumas bem curtas e outras mais complexas. Estas incluem as parábolas dos abutres e do cadáver (24:28), da figueira (vv. 32-34), do mestre da casa (vv. 43-44), dos servos sábios e maus (vv. 45-51), das virgens sábias e das virgens tolas (25:1-13), dos talentos (vv. 14-30) e das ovelhas e das cabras (vv. 32-33).

Neste capítulo, examinaremos três das parábolas mais longas dessa série: os servos sábios e os servos maus, as virgens sábias e as virgens tolas e os talentos. Essas três histórias vinculam o capítulo 24 ao capítulo 25 de Mateus. São contadas em sequência rápida, e juntas transmitem uma única mensagem simples sobre a importância da fidelidade à luz do retorno de Jesus.

O Discurso do Monte das Oliveiras é uma das passagens das Escrituras que mais sofreram abusos. Alguns intérpretes relegam todo o discurso à irrelevância, alegando que todas as palavras proféticas desta seção se cumpriram completamente em 70 d.C., quando os exércitos romanos saquearam Jerusalém e destruiram o templo judeu. (Essa visão é conhecida como *preterismo*.) No outro extremo, temos aqueles que parecem acreditar que os jornais de hoje são a chave para entender o Discurso do Monte das Oliveiras. Eles vasculham os noticiários à procura de "guerras e rumores de guerras" (24:6), "fomes e terremotos em vários lugares" (v. 7), sinais e milagres celestiais (v. 29) — ou de qualquer outro eco dessa passagem. É claro que sempre encontram relatos novos que parecem corresponder à passagem. Alguns parecem acreditar que todo o discurso é um quebra-cabeças que contém um código para encontrar a resposta oculta à pergunta dos discípulos: "Quando acontecerão estas coisas?" (v. 3). Em praticamente todas as décadas, aparece algum falso profeta que alega ter descoberto exatamente quando o Senhor retornará.

Mas Jesus nega enfaticamente a possibilidade desse conhecimento: "Quanto ao dia e à hora, ninguém sabe, nem os anjos dos céus, nem o Filho, senão somente o Pai" (v. 36). Na verdade, Jesus diz isso *repetidas vezes* ao longo do discurso: "Vocês não sabem em que dia virá o seu Senhor" (v. 42). "O Filho do homem virá numa hora em que vocês menos esperam" (v. 44). "O senhor daquele servo virá num dia em que ele não o espera e numa hora que não sabe" (v. 50). "Vocês não sabem o dia nem a hora!" (25:13). *Todas* as três parábolas que estudaremos destacam a impossibilidade de se saber o dia e a hora do retorno de Cristo.

Em outras palavras, Jesus propositalmente deixou em aberto a pergunta dos discípulos sobre a hora dos eventos relacionados ao seu retorno. Não deixou espaço para especulação ou sensacionalismo.

Além do mais, no processo de descrever os extremos sofrimentos dos últimos dias, ele disse aos seus discípulos: "Não tenham medo" (Mateus 24:6).

Evidentemente, Jesus não está nos oferecendo um método de descobrir quando, exatamente, devemos esperar seu retorno; tampouco está tentando nos amedrontar em relação ao terrível tempo de tribulações que o antecederá. Qual, então, é a mensagem principal desse discurso? A resposta é simples e óbvia: trata-se de uma exortação extensa de Jesus aos discípulos, incentivando-os a permanecerem fiéis até ele retornar. Em vez de responder à sua pergunta sobre a hora de seu retorno, ele conta três parábolas que ilustram cada possibilidade.

Um conto sobre dois servos

A primeira parábola é uma história que contrasta dois servos: um que é "fiel e sábio" e um outro que é mau (Mateus 24:45,48). O caráter verdadeiro do servo mau se manifesta rapidamente quando o mestre precisa se afastar por uma temporada. Ele diz a si mesmo que o mestre não retornará tão cedo. Essa convicção afasta qualquer senso de responsabilidade, e ele perde o controle:

> Quem é, pois, o servo fiel e sensato, a quem seu senhor encarrega dos de sua casa para lhes dar alimento no tempo devido? Feliz o servo a quem seu senhor encontrar fazendo assim quando voltar. Garanto-lhes que ele o encarregará de todos os seus bens. Mas suponham que esse servo seja mau e diga a si mesmo: "Meu senhor se demora", e então comece a bater em seus conservos e a comer e a beber com os beberrões. O senhor daquele servo virá num dia em que ele não o espera e numa hora que não sabe. Ele o punirá severamente e lhe dará lugar com os hipócritas, onde haverá choro e ranger de dentes. (Mateus 24:45-51)

O contraste entre os dois servos é extremo. O servo fiel e sábio compreendeu a ausência do mestre como um fardo ainda maior de responsabilidade. Ele entendeu que precisava trabalhar ainda mais e estar ainda mais atento do que antes, pois sabia que, no fim, teria que prestar contas. Não importava se o senhor voltaria cedo ou tarde, esse servo sábio queria que o mestre o encontrasse cumprindo suas obrigações. O servo mau, porém, viu a ausência do mestre como oportunidade para festejar. Ele se livrou de todos os escrúpulos e de todas as responsabilidades. Fez o que seu coração mau lhe sugeriu, simplesmente porque não havia ninguém para supervisioná-lo e porque ele não possuía senso de responsabilidade.

Quando o senhor retorna inesperadamente, o servo fiel é recompensado ricamente. Ele é imediatamente promovido à posição mais alta de autoridade e honra. Recebe privilégios que refletem as prerrogativas do próprio mestre. Isso ilustra a recompensa eterna que espera todos os cristãos fiéis. Eles reinarão com Cristo (2Timóteo 2:12; Apocalipse 20:6). São co-herdeiros com ele, e eles serão glorificados juntamente com ele (Romanos 8:17). Seu lugar no céu será uma posição de honra e recompensa inimagináveis. Sentarão com ele em seu trono (Apocalipse 3:21).

O servo mau, porém, representa o incrédulo iludido que, mesmo assim, se identifica com a Igreja e faz de conta que está servindo ao Mestre. Na verdade, ele não ama o Mestre nem antecipa seu retorno. Na verdade, nem acredita que o Mestre voltará — não, pelo menos, em breve. Ele diz "a si mesmo: 'Meu senhor se *demora*'" (Mateus 24:48; grifo do autor). Sua falta de fé encoraja sua conduta má.

Quando o mestre realmente retorna — repentinamente e muito antes do esperado — o servo mau é desmascarado. Seu castigo é tão severo quanto a recompensa do primeiro servo é generosa. Ele é punido severamente (v. 51). Mas esse não é seu fim. Sua porção (sua parte na vida no além) é ficar "com os hipócritas, onde haverá choro e ranger de dentes". Essa linguagem, é claro, denota o inferno; assim sabemos que esse homem representa um incrédulo.

Na verdade, os discípulos conheciam a expressão "choro e ranger de dentes", pois Jesus a usou muitas vezes para descrever o sofrimento e a angústia eterna das almas no inferno (Mateus 8:12; 22:13; Lucas 13:28). Esse é o sentido também aqui. A postura cínica do servo mau em relação ao retorno de seu mestre é emblemática da descrença, e "quem não crê já está condenado" (João 3:18). Isso mostra o quão grave é o pecado de zombar da promessa do retorno de Cristo (2Pedro 3:3-4).

A mesma graça que nos salva nos ensina "a renunciar à impiedade e às paixões mundanas e a viver de maneira sensata, justa e piedosa nesta era presente, enquanto aguardamos a bendita esperança: a gloriosa manifestação de nosso grande Deus e Salvador, Jesus Cristo" (Tito 2:12-13). "Em breve, muito em breve, aquele que vem virá, e não demorará" (Hebreus 10:37). Em Apocalipse, Cristo diz repetidas vezes: "Venho em breve!" (Apocalipse 3:11; 22:7,12,20).

Esta é a lição ressaltada por essa parábola. O retorno de Cristo é *iminente*. Isso significa que pode ocorrer a qualquer momento. "Perto está o Senhor" (Filipenses 4:5). "A vinda do Senhor está próxima. [...]. O Juiz já está às portas!" (Tiago 5:8-9). Nada obstrui o caminho do retorno imediato do nosso Senhor, e as Escrituras nos ensinam repetidas vezes que devemos estar prontos, atentos, ocupados, obedientes, leais e totalmente preparados, como o servo sábio e fiel nessa parábola — "porque vocês não sabem em que dia virá o seu Senhor" (Mateus 24:42).

As dez virgens

A divisão entre os capítulos 24 e 25 de Mateus cria uma interrupção artificial no fluxo da narrativa. (As divisões em capítulos e versículos, é claro, não fazem parte do texto inspirado; foram acrescentadas por volta do século XIII por motivos de conveniência.) Não há interrupção ou interlúdio entre a parábola dos servos e a história que segue —

e é importante lê-las dessa forma. As duas parábolas andam de mãos dadas, enfatizando aspectos diferentes de uma lição central.

A parábola dos dois servos nos ensina que não devemos supor que Cristo adiará seu retorno, mas que precisamos estar prontos para ele a qualquer momento. A parábola das virgens sábias e tolas segue imediata e simplesmente inverte a mensagem. Estar "preparado para seu retorno a qualquer momento" significa também que não devemos ser pegos de surpresa se ele realmente se atrasar. A prontidão verdadeira exige esse equilíbrio em nossa expectativa.

A história da Igreja está cheia de histórias sobre definidores de data e seus adeptos que, acreditando ter descoberto um período específico para a Segunda Vinda, largam seus empregos, vendem seus bens e se mudam para o topo de uma montanha ou para algum deserto para esperar o ressoar da última trombeta. As últimas décadas têm vivenciado um aumento de profetas autodeclarados e numerologistas amadores que acreditavam ter descoberto a data e a cronologia do fim dos tempos. Todos eles estiveram errados, foram desacreditados, ficaram desiludidos e tiveram sua reputação destruída — merecidamente.

Jesus nos proíbe explicitamente esse tipo de presunção. Como já observamos, essa é uma das mensagens principais de todo o Discurso do Monte das Oliveiras, e é justamente essa mensagem que as três parábolas ilustram.

É claro que acreditamos, sem qualquer ressalva, que a vinda de Cristo está se aproximando rapidamente. "Chegou a hora de vocês despertarem do sono, porque agora a nossa salvação está mais próxima do que quando cremos" (Romanos 13:11). "O tempo é pouco [...] a forma presente deste mundo está passando" (1Coríntios 7:29,31). "O fim de todas as coisas está próximo. Portanto, sejam criteriosos e sóbrios; dediquem-se à oração" (1Pedro 4:7). Nada impede o retorno do Senhor, e é absolutamente essencial que estejamos preparados caso ele retorne hoje.

Mas nossa ignorância em relação à hora do retorno de Cristo tem também outra implicação: precisamos permanecer pacientes, diligentes, fiéis — não importa o quanto Cristo possa parecer estar adiando seu retorno. O tempo *é pouco*, mas "Não se esqueçam disto, amados: para o Senhor um dia é como mil anos, e mil anos como um dia. O Senhor não demora em cumprir a sua promessa, como julgam alguns. Pelo contrário, ele é paciente com vocês, não querendo que ninguém pereça, mas que todos cheguem ao arrependimento. O dia do Senhor, porém, *virá* como ladrão" (2Pedro 3:8-10; grifos do autor). Entretanto, precisamos estar preparados, quer ele volte agora quer espere outros mil anos. E enquanto esperamos, precisamos permanecer fiéis às nossas responsabilidades. Prontidão verdadeira é assim. É diametralmente oposta ao escapismo daqueles que fogem, se mudam para o topo de uma montanha e lá esperam, sem fazer nada, pela última trombeta.

A fim de ilustrar por que precisamos estar preparados caso sua vinda se atrase, Jesus conta a parábola das dez virgens. Trata-se de dez madrinhas de casamento. (Segundo o costume da época, apenas moças solteiras serviam como madrinhas.) É um casamento grandioso, e o que Jesus está descrevendo aqui é um grande banquete nupcial, sugerindo que os noivos provêm de famílias importantes e que se trata de um evento altamente significativo.

Mas o casamento é acometido por uma série de problemas que nenhuma noiva desejaria viver. Está ficando muito tarde. O noivo ainda não chegou. As virgens caíram no sono, e suas lâmpadas cerimoniais estão se apagando. Metade das moças veio sem óleo extra, impedindo-as de reabastecer suas lâmpadas. Sem lâmpadas adequadas, elas não podem executar a simples tarefa que lhes cabe.

E é assim que Jesus conta sua parábola:

> O Reino dos céus, pois, será semelhante a dez virgens que pegaram suas candeias e saíram para encontrar-se com o noivo. Cinco delas eram insensatas, e cinco eram prudentes. As insensatas pe-

garam suas candeias, mas não levaram óleo consigo. As prudentes, porém, levaram óleo em vasilhas juntamente com suas candeias. O noivo demorou a chegar, e todas ficaram com sono e adormeceram. À meia-noite, ouviu-se um grito: "O noivo se aproxima! Saiam para encontrá-lo!" Então todas as virgens acordaram e prepararam suas candeias. As insensatas disseram às prudentes: "Deem-nos um pouco do seu óleo, pois as nossas candeias estão se apagando." Elas responderam: "Não, pois pode ser que não haja o suficiente para nós e para vocês. Vão comprar óleo para vocês." E saindo elas para comprar o óleo, chegou o noivo. As virgens que estavam preparadas entraram com ele para o banquete nupcial. E a porta foi fechada. Mais tarde vieram também as outras e disseram: "Senhor! Senhor! Abra a porta para nós!" Mas ele respondeu: "A verdade é que não as conheço!" Portanto, vigiem, porque vocês não sabem o dia nem a hora! (Mateus 25:1-13)

Um casamento à meia-noite, acentuado ainda pela chegada tardia do noivo, parece bizarro e totalmente desastroso à maioria das culturas do século XXI. Mas o cenário que Jesus descreve não teria parecido estranho aos discípulos.

O processo de noivado e casamento no judaísmo do século I apresentava três fases. A primeira fase era a *promessa* de casamento, normalmente formalizada por meio de um contrato. Normalmente, esse acordo era fechado entre os pais dos noivos e selado por um pagamento feito pelo pai do noivo ao pai da noiva. A segunda fase era o *noivado*. Este começava com a troca pública de votos e presentes entre o casal. Se um casal de noivos estava legalmente comprometido a casar, a união só podia ser dissolvida pelo divórcio (Mateus 1:19). Mas o casamento só era plenamente consumado após a terceira fase: *a festa nupcial*. Esta podia acontecer até um ano após o noivado. Marcava o fim da fase de noivado com uma grande celebração, que, muitas vezes, durava vários dias. Apenas após o banquete nupcial o casal passava a viver junto.

O que a parábola descreve é o primeiro dia da festa de casamento. A chegada do noivo marcava o início das festividades, e as madrinhas sairiam para recebê-lo e acompanhá-lo com suas lâmpadas ou tochas pelas ruas da cidade ou aldeia até seu destino. Um início noturno era normal naquela cultura. (Costumava começar após o cair da noite por motivos de conveniência para as pessoas que vinham de longe.)

Nesse caso, porém, o noivo estava atrasado — muito atrasado. Não sabemos o motivo desse atraso, mas deve ter sido algo significativo e inevitável. Certamente não se devia a uma indiferença do noivo em relação ao casamento ou ao seu descaso em relação à noiva, pois quando finalmente chegou à meia-noite, ele não estava disposto a esperar um minuto sequer para iniciar a cerimônia. Os convidados haviam esperado. Tudo estava pronto com a exceção das cinco virgens tolas que haviam se afastado para comprar óleo.

Sua ausência representava uma irritação compreensível para o noivo. Era indescupável por sua parte não trazer óleo extra. Seu único dever era manter a lâmpada acesa. Sua irresponsabilidade era semelhante (ou talvez ate pior) à negligência do homem em Mateus 22:11-14, que apareceu em um casamento real sem se vestir adequadamente para a ocasião. Era um insulto ao noivo.

Assim que a notícia se espalhou de que o noivo estava se aproximando, as garotas irresponsáveis despertaram de seu sono e sairam para tentar comprar óleo (certamente um empreendimento difícil a essa hora da noite). "E saindo elas para comprar o óleo, chegou o noivo. As virgens que estavam preparadas entraram com ele para o banquete nupcial. E a porta foi fechada" (Mateus 25:10). Perderam sua chegada, por isso, foram excluídas da festa nupcial. Deveriam ter se preparado para um possível atraso.

Finalmente voltaram e pediram que fossem admitidas à festa, mas o noivo permaneceu firme. Elas haviam descumprido seu único dever como madrinhas; agora, estavam atrapalhando a celebração. A resposta do noivo é assustadora: "A verdade é que não as conheço" (v. 12). Isso é um eco assombroso daquilo que Jesus dirá aos hipócritas religiosos no juízo final: "Nunca os conheci. Afastem-se de mim vocês, que praticam o mal!" (Mateus 7:23). Lembra também suas palavras em Lucas 13:24-28:

> Esforcem-se para entrar pela porta estreita, porque eu lhes digo que muitos tentarão entrar e não conseguirão. Quando o dono da casa se levantar e fechar a porta, vocês ficarão do lado de fora, batendo e pedindo: "Senhor, abre-nos a porta." Ele, porém, responderá: "Não os conheço, nem sei de onde são vocês." Então vocês dirão: "Comemos e bebemos contigo, e ensinaste em nossas ruas." Mas ele responderá: "Não os conheço, nem sei de onde são vocês. Afastem-se de mim, todos vocês, que praticam o mal!" Ali haverá choro e ranger de dentes, quando vocês virem Abraão, Isaque e Jacó e todos os profetas no Reino de Deus, mas vocês excluídos.

A mensagem da parábola é simples: Cristo (o noivo) está vindo. Ele pode chegar mais tarde do que esperamos, e precisamos estar preparados para essa possibilidade. Isso significa permanecer acordados, alertas e prontos para ele independentemente da hora em que chegue. Na verdade, na medida em que o tempo passa e sua vinda se aproxima, a necessidade de permanecer alerta aumenta, não diminui. A *única* hora em que podemos nos preprarar é agora, pois sua chegada repentina sinalizará o fim de qualquer oportunidade. Aqueles que não estiverem prontos quando ele chegar serão excluídos completa e permanentemente da festa nupcial.

Os talentos

À parábola das virgens sábias e tolas segue, sem interrupção, a terceira e última parábola nessa sequência de lições. Trata-se da parábola dos talentos, e as lições dessas três parábolas são interligadas a fim de nos oferecer um entendimento completo daquilo que significa sermos fiéis enquanto esperamos o retorno de Cristo. A parábola dos dois servos elogia a virtude de *nutrir a expectativa* pelo retorno de Cristo. A parábola das virgens é uma lição sobre *esperá-lo pacientemente*. A parábola dos talentos é um lembrete de que precisamos continuar *trabalhando com diligência* enquanto o esperamos.

Ao contrário daqueles que querem se desligar da vida e esperar o retorno de Jesus no cume de uma montanha, o cristão fiel precisa continuar a trabalhar e planejar com um olho no futuro. Um planejamento cuidadoso e prudente não é antitético a uma vida da fé. Na verdade, um não planejamento do futuro não é fé; é mera tolice. Nas palavras de Jesus: "Qual de vocês, se quiser construir uma torre, primeiro não se assenta e calcula o preço, para ver se tem dinheiro suficiente para completá-la? Pois, se lançar o alicerce e não for capaz de terminá-la, todos os que a virem rirão dele, dizendo: 'Este homem começou a construir e não foi capaz de terminar'" (Lucas 14:28-30).

A parábola dos talentos recomenda o trabalho fiel e o planejamento prudente. Nessa história, um homem rico viaja para algum lugar distante. Ele nomeia três servos como administradores de partes específicas de sua riqueza até o seu retorno. Dois deles investem o dinheiro e são capazes de dobrar suas partes. O terceiro enterra seu tesouro e assim não lucrou nada para o seu mestre:

> E também será como um homem que, ao sair de viagem, chamou seus servos e confiou-lhes os seus bens. A um deu cinco talentos, a outro dois, e a outro um; a cada um de acordo com a sua capacidade. Em seguida partiu de viagem. O que havia recebido cinco talentos saiu imediatamente, aplicou-os, e ganhou mais cinco. Também o que tinha dois talentos ganhou mais dois. Mas o que tinha recebido um talento saiu, cavou um buraco no chão e escondeu o dinheiro do seu senhor. Depois de muito tempo o senhor daqueles servos voltou e acertou contas com eles.
>
> O que tinha recebido cinco talentos trouxe os outros cinco e disse: "O senhor me confiou cinco talentos; veja, eu ganhei mais

cinco." O senhor respondeu: "Muito bem, servo bom e fiel! Você foi fiel no pouco; eu o porei sobre o muito. Venha e participe da alegria do seu senhor!" Veio também o que tinha recebido dois talentos e disse: "O senhor me confiou dois talentos; veja, eu ganhei mais dois." O senhor respondeu: "Muito bem, servo bom e fiel! Você foi fiel no pouco; eu o porei sobre o muito. Venha e participe da alegria do seu senhor!"

Por fim veio o que tinha recebido um talento e disse: "Eu sabia que o senhor é um homem severo, que colhe onde não plantou e junta onde não semeou. Por isso, tive medo, saí e escondi o seu talento no chão. Veja, aqui está o que lhe pertence."

O senhor respondeu: "Servo mau e negligente! Você sabia que eu colho onde não plantei e junto onde não semeei? Então você devia ter confiado o meu dinheiro aos banqueiros, para que, quando eu voltasse, o recebesse de volta com juros. Tirem o talento dele e entreguem-no ao que tem dez. Pois a quem tem, mais será dado, e terá em grande quantidade. Mas a quem não tem, até o que tem lhe será tirado. E lancem fora o servo inútil, nas trevas, onde haverá choro e ranger de dentes." (Mateus 25:14-30)

Essa parábola não deve ser confundida com a parábola das minas em Lucas 19:11-27. A ideia essencial das duas histórias e a lição que ensinam são semelhantes, mas os detalhes e o contexto são claramente distintos. Ambas as parábolas corrigem a expectativa dos discípulos que "pensavam que o Reino de Deus ia se manifestar de imediato" (Lucas 19:11).

Sempre que surge a questão do retorno do Senhor, as Escrituras nos encorajam a permanecermos atentos e na expectativa. Essa parábola é um lembrete pungente de que, enquanto esperamos, devemos nos preparar para aquele dia trabalhando fielmente para o Mestre. As duas parábolas anteriores mostraram que a expectativa precisa vir acompanhada de paciência. Essa parábola nos lembra de que, independentemente de Cristo voltar cedo ou tarde, ele quer nos encontrar ocupados trabalhando para ele. Essa parábola completa o equilíbrio triplo necessário: permanecer atento, esperar e trabalhar.

A história trata de um homem rico que parte em uma longa viagem. Ele representa Cristo, claramente. Ele nomeia servos como responsáveis por seus negócios e, evidentemente, espera que eles ajam como administradores fiéis dos recursos de seu mestre. Na verdade, recebem plenos poderes para administrar as partilhas de riqueza que ele entrega aos seus cuidados.

A responsabilidade que ele deu aos seus três servos era enorme. O primeiro servo recebeu "cinco talentos" (Mateus 25:15). Os outros receberam dois e um talentos respectivamente. Um *talento* não é uma moeda, mas uma medida de peso — um peso bastante grande.* A grande menorá no Tabernáculo pesava um talento (Êxodo 25:39). Um talento grego pesava em torno de 30 quilos; um talento romano, 35 quilos; um talento babilônico, um pouco menos do que 35 quilos. Tratava-se de talentos de ouro ou prata, portanto, um talento representava uma quantia considerável. Um único talento teria representado uma fortuna enorme.

Cada servo recebeu a responsabilidade que correspondia a seu caráter e habilidade. O primeiro servo era claramente o mais hábil e confiável dos três, por isso, recebeu a maior quantia — e a avaliação do seu caráter por seu mestre provou ser certeira.

Dois dos três homens começaram a trabalhar fielmente e cumpriram com seu dever. O advérbio *em seguida* em Mateus 25:15 ("em seguida partiu de viagem") pertence, provavelmente, ao versículo 16 e descreve a ação dos servos, não a partida do mestre. O mestre parte de viagem. "[*Em seguida*] O que havia recebido cinco talentos saiu imediatamente, aplicou-os, e ganhou mais cinco. Também o

---

* A palavra *talento* em português, que significa uma faculdade ou habilidade especial, provém dessa parábola. É uma conexão apropriada, pois todas as nossas habilidades e faculdades nos são dadas pelo Senhor para que nós as administremos, e temos o dever de investi-las para a sua glória.

que tinha dois talentos ganhou mais dois" (vv. 16-17). A ênfase está no vigor com que os dois servos fiéis se dedicaram à sua responsabilidade que lhes havia sido dada. Sem saber quanto tempo teriam, eles se puseram ao trabalho imediatamente, negociando e investindo. Ambos os servos dobraram o valor dos recursos que havia sido confiado a eles.

Mas o terceiro literalmente não fez nada além de enterrar o dinheiro de seu mestre (v. 18). Ele se aproveitou da ausência de seu chefe para fazer o que bem quisesse. Talvez tenha acalmado sua consciência dizendo a si mesmo que estava evitando um risco financeiro. Ele pode até ter imaginado um cenário de um mercado em queda, caso em que ele se apresentaria como herói por ter preservado o valor do seu dinheiro, enquanto todos os outros perdiam dinheiro. Na verdade, estava simplesmente fugindo ao seu dever. Sua falta de responsabilidade garantiu que os recursos confiados a ele jamais renderiam qualquer lucro.

A viagem do mestre era longa e para uma terra distante (v. 14). Naquela cultura, era impossível fazer uma longa viagem e estabelecer um itinerário preciso. Por isso, os servos não sabiam exatamente quando seu mestre voltaria, e parece que a viagem demorou mais do que todos esperavam. Sem dúvida alguma, o atraso reforçou e encorajou a complacência do servo infiel. Ele não estava preparado para prestar contas quando veio a hora.

Mas, por fim, a hora de prestar contas chegou: "Depois de muito tempo o senhor daqueles servos voltou" (Mateus 25:19). Os servos fiéis foram elogiados e recompensados. Na verdade, as palavras do mestre aos dois servos fiéis eram idênticas: "Muito bem, servo bom e fiel! Você foi fiel no pouco; eu o porei sobre o muito. Venha e participe da alegria do seu senhor!" (vv. 21, 24). Foram honrados por sua fidelidade — não na base do tamanho do lucro que fizeram. É exatamente assim que as Escrituras descrevem o trono do juízo de Cristo: "cada um será recompensado *de acordo com o seu próprio trabalho*" — não de acordo com os resultados (1Coríntios 3:8; grifo do autor).

UMA LIÇÃO SOBRE FIDELIDADE

A reação do mestre o apresenta como um homem gracioso e generoso. Ele recompensou os administradores fiéis com autoridade maior, maiores oportunidades e com um lugar de alegria e favor. Sua recompensa ilustra claramente o céu. O céu não é um lugar de tédio eterno e inatividade entediante; é um lugar repleto de exaltação e honra, de oportunidades maiores para o serviço e da maior alegria de todas: comunhão infinita com Cristo. As promessas e parábolas de Jesus estão repletas de imagens semelhantes do céu (cf. Lucas 12:35-37,44; 19:17-19; 22:29-30; João 12:26).

Observe como o servo infiel tentou fugir do julgamento merecido, alegando que ficou paralisado de medo porque conhecia o caráter e a reputação do mestre como homem cruel, exigente e não ético, que lucrava com o trabalho de outros (Mateus 25:24-25). Era um caso clássico de atribuição de culpa e uma difamação voltada contra a generosidade do mestre. Nada disso era verdade. Mas, mesmo se tivesse sido verdade, não era desculpa para sua inatividade. Como ressaltou o mestre, se esse servo realmente tivesse acreditado que o mestre era tão severo e exigente, a *pior* coisa que ele poderia ter feito era enterrar seu talento, onde certamente não renderia qualquer lucro. Se realmente tivesse acreditado nisso, ele poderia ter levado o dinheiro ao banco, onde teria recebido pelo menos os juros. Era evidente que sua alegação de ter ficado paralisado de medo era uma mentira. O problema real era a preguiça do servo infiel (vv. 26-27). Na verdade, esse homem não tinha medo nem respeito por seu mestre.

O castigo do servo infiel lembra aquilo que o homem esbanjador recebeu em Mateus 24:51. Novamente, Jesus emprega uma linguagem que evoca a imagem do inferno: "E lancem fora o servo inútil, nas trevas, onde haverá choro e ranger de dentes" (Mateus 25:30).

Fica, portanto, claro que o servo infiel representa o incrédulo. Ele pertence à mesma categoria do servo mau e das virgens tolas nas duas parábolas anteriores. Ele nos fornece mais uma imagem do homem secular tipicamente despreocupado: arrogante em sua indiferença, desobediente ao seu mestre, teimoso em seu comportamento e infiel em qualquer obrigação moral. A partir do momento em que o mestre retorna, a trama da história segue o mesmo padrão das outras duas parábolas. O homem é pego de surpresa; sua infidelidade é exposta; sua culpa não pode ser encoberta ou explicada; e seu castigo é assustadoramente severo.

O que vincula essas parábolas umas às outras?

O impacto coletivo dessas três parábolas é uma exortação profunda em relação a como devemos pensar sobre o retorno do Senhor. À primeira vista, as três parábolas parecem completamente diferentes. Apresentam cenários contrastantes. Uma parábola denuncia a tolice de pensar que o Senhor não voltará em breve; a segunda mostra a tolice de supor que ele virá em breve; e a terceira demonstra a importância de permanecer fiel independentemente do dia de seu retorno.

Mas há semelhanças claras que vinculam essas parábolas umas às outras. Todas as três histórias falam da inevitabilidade do retorno do Senhor e do julgamento iminente. Todas as três histórias nos exortam para que estejamos preparados. E todas as três histórias contrastam a fidelidade com a descrença; a sabedoria com a tolice; o preparo com a indiferença.

Na verdade, esses aspectos se revelam como características definidoras que separam o cristão do incrédulo. Nenhum personagem dessas parábolas representa um "cristão carnal" morno. Porque o próprio Jesus negou a possibilidade da existência de uma pessoa desse tipo. Em suas próprias palavras: "Aquele que não está comigo, está contra mim; e aquele que comigo não ajunta, espalha" (Mateus 12:30). Uma pessoa não é cristã de todo se ela não nutrir uma expectativa real pelo retorno de Cristo, se ela não estiver ansiosa para encontrá-lo, se ela não tiver amor por sua vinda. Na verdade, as lições dessas parábolas são as mesmas lições que a graça salvadora ensina a todo cristão verdadeiro: "Ela nos ensina a renunciar à impiedade e às paixões mundanas e a viver de maneira sensata, justa e piedosa nesta era presente, enquanto aguardamos a bendita esperança: a gloriosa manifestação de nosso grande Deus e Salvador, Jesus Cristo" (Tito 2:12-13).

Assim, as três parábolas em conjunto nos transmitem uma mensagem clara e poderosa: "Vocês não sabem quando o dono da casa voltará: se à tarde, à meia-noite, ao cantar do galo ou ao amanhecer" (Marcos 13:35). "Assim, também vocês precisam estar preparados, porque o Filho do homem virá numa hora em que vocês menos esperam" (Mateus 24:44). Então permaneça atento, espere e trabalhe fielmente.

CAPÍTULO 8

Uma lição sobre a sabedoria da serpente

Sejam prudentes como as serpentes e simples como as pombas.

MATEUS 10:16

Dinheiro é um tema comum nas parábolas de Jesus. Quase um terço das mais ou menos quarenta parábolas que Jesus contou tratam de riquezas terrenas, tesouros, moedas ou dinheiro de algum tipo. Esse fato costuma ser citado pelos falsos profetas e pregadores de prosperidade atuais. Usam esse fato para justificar sua própria obsessão com todos os símbolos da riqueza temporal. Ao ouvi-los, temos a impressão de que o próprio Jesus amava o dinheiro ou que o modo principal (ou único) por meio do qual Deus abençoa pessoas fiéis é tornando-as ricas.

Mas a mensagem verdadeira (e o tema consistente de seu ensinamento) era precisamente oposta a isso: "Como é difícil aos ricos entrar no Reino de Deus!" (Marcos 10:24). "Vocês não podem servir a Deus e ao Dinheiro" (Mateus 6:24). "Busquem, pois, em primeiro lugar o Reino de Deus e a sua justiça" (v. 33). Em momento algum Jesus fez ou disse alguma coisa que encorajasse seus discípulos a prender seus corações e suas esperanças à prosperidade material ou às posses terrenas. Na verdade, todas as parábolas que mencionam o dinheiro transmitem a mensagem oposta.

UMA LIÇÃO SOBRE A SABEDORIA DA SERPENTE

O homem rico e Lázaro, por exemplo, e também a história do tolo rico em Lucas 12:16-21 ilustram como as riquezas podem ser um obstáculo no caminho para o Reino do céu (Mateus 19:23-24). Ou veja a parábola dos talentos, a parábola das minas (Lucas 19:12-27) e a parábola dos trabalhadores na vinha (Lucas 20:9-16). Essas histórias nos lembram de que somos apenas administradores dos recursos terrenos que o Senhor confiou aos nossos cuidados, e precisamos ser sábios e fiéis em como usamos os bens e as oportunidades que Deus nos ofereceu. O tesouro escondido e a pérola de grande valor (Mateus 13:44-46) não falam sobre buscar ou acumular riquezas terrenas. Pelo contrário: ilustram o valor infinito do Reino celestial.

As Escrituras condenam enfaticamente o amor ao dinheiro. "O amor ao dinheiro é raiz de todos os males. Algumas pessoas, por cobiçarem o dinheiro, desviaram-se da fé e se atormentaram a si mesmas com muitos sofrimentos. Você, porém, homem de Deus, fuja de tudo isso e busque a justiça, a piedade, a fé, o amor, a perseverança e a mansidão" (1Timóteo 6:10-11).

Jesus resumiu seu ensinamento sobre o tema em uma exortação clara em seu Sermão da Montanha: "Não acumulem para vocês tesouros na terra, onde a traça e a ferrugem destroem, e onde os ladrões arrombam e furtam. Mas acumulem para vocês tesouros no céu, onde a traça e a ferrugem não destroem, e onde os ladrões não arrombam nem furtam. Pois onde estiver o seu tesouro, aí também estará o seu coração" (Mateus 6:19-21).

Em Lucas 16, nosso Senhor conta a parábola que lembra e ilustra essa admoestação de forma muito incomum. É a história de um servo mentiroso, traiçoeiro e infiel. Ele é desmascarado e recebe o aviso que será demitido. Então ele usa a riqueza de seu mestre para comprar amizades que serão úteis para amenizar sua queda da graça:

> O administrador de um homem rico foi acusado de estar desperdiçando os seus bens. Então ele o chamou e lhe perguntou: "Que é isso que estou ouvindo a seu respeito? Preste contas da sua admi-

nistração, porque você não pode continuar sendo o administrador." O administrador disse a si mesmo: "Meu senhor está me despedindo. Que farei? Para cavar não tenho força, e tenho vergonha de mendigar... Já sei o que vou fazer para que, quando perder o meu emprego aqui, as pessoas me recebam em suas casas."

Então chamou cada um dos devedores do seu senhor. Perguntou ao primeiro: "Quanto você deve ao meu senhor?" "Cem potes de azeite", respondeu ele. O administrador lhe disse: "Tome a sua conta, sente-se depressa e escreva cinquenta." A seguir ele perguntou ao segundo: "E você, quanto deve?" "Cem tonéis de trigo", respondeu ele. Ele lhe disse: "Tome a sua conta e escreva oitenta." O senhor elogiou o administrador desonesto, porque agiu astutamente. Pois os filhos deste mundo são mais astutos no trato entre si do que os filhos da luz. (vv. 1-8)

Que coisa estranha pela qual alguém é elogiada! Essa é uma das mais surpreendentes e enigmáticas das parábolas de Jesus. As histórias que nosso Senhor costumava contar continham muitas vezes viradas profundamente chocantes, mas nenhuma nos surpreende mais do que esta. Como é possível extrair qualquer princípio espiritual positivo dos atos nada éticos de um administrador injusto? Pode existir algum ensinamento bom baseado em um exemplo evidentemente ruim?

Mas Jesus não cometeu nenhum erro. Jesus era muito hábil em ilustrar sua mensagem por meio de parábolas.

A história

O personagem principal dessa parábola é um homem que Jesus descreve como "administrador desonesto" (Lucas 16:8). Não há, portanto, qualquer dúvida em relação ao seu caráter depravado. Os atos do administrador revelam que ele era mau, intrigante, totalmente despido de princípios e descaradamente insolente em suas maldades.

UMA LIÇÃO SOBRE A SABEDORIA DA SERPENTE

Aparentemente, porém, ele chegou a esse ponto por meio de uma progressão de compromissos que, provavelmente, eram insignificantes no início. Sua queda começou porque tratou dos bens de seu mestre de uma maneira que era desperdiçadora — esbanjando o dinheiro ou, talvez, usando recursos da empresa para pagar gastos pessoais. Deve ter acreditado que tinha a liberdade de esbanjar porque o mestre nunca o supervisionava. Mas uma acusação crível chegou aos ouvidos de seu chefe rico, que, em decorrência disso, lhe deu o aviso prévio e ordenou uma auditoria.

O administrador sabia que agora seria impossível encobrir seus atos errados. Sua má administração seria totalmente documentada, e ele cairia em desgraça e descrédito. Como ele mesmo reconheceu, ele não prestava para trabalho duro e ele era orgulhoso demais para mendigar. Então, decidiu enganar ainda mais o seu chefe rico. Ele manipulou os livros em prol das pessoas que deviam dinheiro ao seu mestre. Ele perdoou dúvidas grandes, efetivamente roubando de seu mestre para conquistar amizades e comprar favores, garantindo assim que, quando o mestre o demitisse, ele seria recebido pelas pessoas que agora deviam a ele.

Não há como interpretar o comportamento inescrupuloso do homem de forma positiva ou circundar o fato de que Jesus está usando o comportamento de um malandro para transmitir sua mensagem. Lembre-se, o próprio Jesus se refere ao homem como "administrador desonesto". Não há fatos mitigantes ou detalhes escondidos que lançassem uma luz mais positiva sobre os atos imorais desse homem. Se Jesus tivesse tentado se exonerar da acusação de elogiar a sagacidade de um homem mau, ele poderia ter usado outra trama. E não há necessidade de imaginar um contexto que fizesse o homem parecer menos vilão. Afinal de contas, trata-se de uma parábola. Não é a vida real. Jesus inventou essa história. Os únicos fatos que temos são aqueles que ele mesmo nos deu. Se ficarmos chocados com o final supreendente, é exatamente isso que ele queria. Seu público original também deve ter ficado escandalizado.

O público principal aqui eram seus discípulos ("Jesus disse aos *seus discípulos*" [Lucas 16:1; grifo do autor]). Não se trata, portanto, do mesmo gênero como a parábola do filho pródigo, que é uma mensagem evangelística chamando os fariseus e os escribas para o arrependimento, para a fé no evangelho e para entrar na alegria do Senhor. Nossa parábola segue imediatamente à parábola do filho pródigo no evangelho de Lucas, mas se dirige a pessoas que já se comprometeram a seguir Jesus: homens e mulheres que amam a justiça, abandonaram o mal e vivem suas vidas com uma preocupação pela glória de Cristo. Isso é uma mensagem de discipulado. Essa parábola se dirige a pessoas fiéis.

O homem rico na parábola é um magnata de riquezas impressionantes, não um pequeno comerciante. É tão rico que nem se dá ao trabalho de se envolver nos assuntos comerciais práticos e cotidianos. Em vez disso, contrata um executivo, um administrador para cuidar de seus empreendimentos em seu lugar. É claramente uma operação enorme, pois as dívidas que dois devedores apenas lhe devem são consideráveis — "cem potes de azeite" e "cem tonéis de trigo" (vv. 6-7). É provável que o homem rico vivesse em uma residência a alguma distância da sede de sua empresa, pois é evidente que ele não tinha um conhecimento direto daquilo que seu administrador estava fazendo.

É igualmente claro que o próprio administrador era um executivo hábil e um homem refinado. (Como ele mesmo diz, não estava acostumado a trabalho manual.) Sem dúvida alguma, gozava do respeito da maioria das pessoas. Ele não teria sido colocado numa posição desse tipo se não tivesse a confiança plena e incondicional do homem rico. É provável que os dois se conhecessem de longa data e mantivessem um relacionamento de confiança e afeto mútuo. (Os administradores eram, muitas vezes, servos de confiança nascidos e criados na casa do mestre.) Em todo caso, a confiança do homem rico na habilidade e na integridade do administrador era tamanha que ele havia dado a ele controle pleno sobre seus bens. O administrador podia agir em sua própria autoridade sem supervisão ou interferência.

UMA LIÇÃO SOBRE A SABEDORIA DA SERPENTE

O grande proprietário talvez nunca tivesse descoberto os malfeitos do administrador se alguém não o tivesse informado.

Portanto, o homem rico deve ter ficado muito decepcionado quando "o administrador [...] foi acusado de estar desperdiçando os seus bens" (v. 1). A julgar pela reação do homem rico e pelos atos subsequentes do administrador, a acusação era verdadeira. Esse administrador que gozara da confiança de seu mestre, havia realmente traído a confiança implícita depositada nele — e não havia como negar os fatos.

O homem rico reagiu imediatamente. Ele chamou seu administrador e disse: "Que é isso que estou ouvindo a seu respeito? Preste contas da sua administração, porque você não pode continuar sendo o administrador" (v. 2). Isso sugere, novamente, que o dono vivia a alguma distância do centro comercial, pois ele não interveio imediatamente e assumiu os seus negócios. Em vez disso, exigiu que o administrador prestasse contas de tudo e o informou que, assim que tivesse prestado contas, ele seria demitido. O administrador precisava apenas encerrar alguns negócios em aberto e se preparar para deixar a empresa.

Francamente, não foi uma boa decisão por parte do dono. Se o relato que acusava o homem de impropriedade financeira era verdadeiro, por que dar-lhe tempo para causar um estrago ainda maior? Quando sinais claros indicam que alguém é culpado de má administração, é uma boa ideia retirar todas as responsabilidades daquela pessoa na mesma hora. Pois se um administrador desperdiça as posses de seu mestre quando ele é responsável por seus atos e terá que pagar um preço pelos seus erros, é evidente que ele não pode ser confiado quando o último incentivo de ser honesto é retirado.

Evidentemente, não havia como encobrir sua culpa, e assim, enquanto o administrador estava se preparando para prestar contas pela última vez, ele tramou um esquema ousado para garantir que, quando ele perdesse seu emprego, ele teria para onde ir. Aparentemente, a empresa lhe fornecia uma casa, pois isso parece ter sido uma de suas principais preocupações (v. 4). Uma vez que fosse demitido, ele literalmente deixaria de ter uma renda e um lugar para viver. Seu futuro não era nada promissor, e seu currículo apresentaria uma mancha indelével. Sua situação não era boa.

Todos esses pensamentos se expressaram em seu monólogo: "Que farei? Para cavar não tenho força, e tenho vergonha de mendigar" (v. 3). Ele era um homem de colarinho branco. Cavar é trabalho duro, e ele acreditava que ele era bom demais para esse tipo de trabalho. E ele certamente não queria mendigar.

Mas então teve um momento *eureka*, um tipo de epifania. "Já sei o que vou fazer" (v. 4). O verbo no texto grego é *egnon* — literalmente: "Eu sei!" Tem o significado de uma ideia brilhante que repentinamente lhe veio. Lembrou-se que ainda dispunha dos meios de conquistar o favor dos devedores do homem rico. A julgar pelo tamanho de suas dívidas, eram também homens abastados. O administrador usaria o que lhe restava de sua autoridade para reduzir suas dívidas, de modo que passariam a lhe dever grandes favores.

O seu esquema era este: naquela economia agrícola, as dívidas costumavam ser pagas na época de colheita. O azeite referido no versículo 6 era um alimento básico em qualquer cultura mediterrânea. Trigo também é, evidentemente, um produto essencial. Na época (como ainda hoje), não era incomum que um credor renegociasse as dívidas — evitando assim falências em épocas de seca, colheitas pobres ou outros problemas financeiros. Por exemplo, se um tempo ruim ou gafanhotos causassem uma grande destruição nos campos, o valor do trigo e do azeite aumentaria automaticamente. Um alqueire de trigo em tempos de seco poderia chegar a valer cinco alqueires de trigo em tempos de abundância. Um credor podia até tirar vantagem se aceitasse uma redução da dívida em tempos difíceis em vez de levar os devedores à falência.

Mas nesse caso não havia indicação de uma flutuação nos preços ou de uma colheita fraca. A única coisa que importava aqui era a vantagem que o administrador desonesto estava tendo em vista para si mesmo. Assim, antes mesmo que os devedores ficassem sabendo que o administrador seria demitido, ele os chamou individualmente e reduziu suas dívidas em 20 a 50%. Quando a colheita chegasse e a dívida precisasse ser paga, eles teriam que pagar muito menos do que haviam acordado anteriormente. Isso era um favor enorme aos devedores, e assim o administrador fez com que os devedores do mestre passassem a lhe dever um favor. Naquela sociedade, a reciprocidade era considerada essencial, portanto, isso garantiu que, quando ele perdesse seu emprego como administrador, seus devedores cuidariam dele.

O homem ainda tinha a autoridade legal para conceder descontos desse tipo. Moral e eticamente, porém, seus atos eram repreensíveis. Ele já estava sendo demitido por gastar os recursos do seu mestre. Esse esquema de desconto correspondia a uma apropriação indevida dos recursos do mestre. O administrador desonesto jamais seria capaz de esconder o que estava fazendo, é claro. Mas esse homem não temia consequências nem sentia remorso. Era um homem sem vergonha. Preocupava-se apenas com uma única pessoa em todo o planeta: consigo mesmo. Se ele não conseguisse ganhar a vida honestamente, ele o faria de qualquer outro jeito.

Afinal de contas, não tinha nada a perder. Se tivesse sido um homem de princípios ou se ele tivesse se preocupado com integridade, ele não estaria nessa situação. Em breve, sua reputação estaria arruinada. Mas durante um tempo muito curto, ele ainda tinha a autoridade legal de negociar esses descontos. O mestre não tinha como puni-lo ainda mais. Quais são os escrúpulos de um homem nessa situação?

Esses descontos eram enormes e custosos. Cem potes de azeite correspondiam a mais de 3300 litros. O preço para tanto azeite seria em torno de mil denários. Um desconto de 50% correspondia ao salário de mais de um ano e meio de um funcionário comum. Cem tonéis de trigo eram mil alqueires. Eram necessários cem acres de terra para produzir tanto trigo. Seu valor equivalia a algo entre oito e dez anos de trabalho de um fazendeiro típico. Isso significa que uma redução de 20% equivalia ao salário de dois anos. E esses dois representantes eram apenas dois exemplos entre muitos. O versículo 5 diz que o administrador "chamou cada um dos devedores de seu senhor", concedendo descontos semelhantes a todos eles. Uma dúzia ou mais de descontos desse tipo representariam uma fortuna enorme — e favores o bastante para garantir boas condições financeiras pelo resto da vida para o administrador.

Os devedores, é claro, assinaram o acordo com prazer ("depressa", como o administrador diz no versículo 6). Devem ter acreditado que o administrador estava agindo em nome de seu mestre.

Mas ele acabara de roubar uma fortuna do homem rico.

A virada chocante

E é aqui que a história sofre uma virada surpreendente. Esperaríamos que a parábola terminasse como a história de outro administrador mau em Mateus 24:50-51: "O senhor daquele servo virá num dia em que ele não o espera e numa hora que não sabe. Ele o punirá severamente e lhe dará lugar com os hipócritas, onde haverá choro e ranger de dentes."

Mas não. "O senhor elogiou o administrador desonesto, porque agiu astutamente" (Lucas 16:8).

Até esse ponto da história, tem sido bastante fácil simpatizar com o homem rico. Ele parecia ser apenas a vítima da trama do administrador desonesto. Mas o fato de ele admirar a estratégia nada ética do seu empregado sugere que o homem rico não era exatamente um paradigma de integridade pura.

É importante entender que, diferentemente do mestre em Mateus 24:45-51 ou do senhor em Mateus 25:14-30, o homem rico nessa história não é uma figura de Cristo. Jesus apresenta essa história no contexto dos negócios seculares, onde esse tipo de manobras pecaminosas, autoprotetoras e maquiavélicas não é só comum, mas muitas vezes considerado parte do jogo. Até mesmo no mundo de hoje, executivos ricos expressam sua admiração pelas táticas ousadas,

UMA LIÇÃO SOBRE A SABEDORIA DA SERPENTE

mas desonestas de rivais e parceiros. Essa é a natureza dos negócios em uma esfera sem Deus.

Mas observe também que a linguagem do texto é muito específica. O mestre não admira a postura vilã em si do administrador. Lembre-se de que o homem rico dessa parábola pretendia punir o administrador por esbanjar seu dinheiro. Certamente, ele não aprovava a falta de lealdade do homem ou respeitava seu caráter malvado. Ele não aplaude a falta de honra do administrador. O que ele elogiou foi a engenhosidade providencial. "O senhor elogiou o administrador desonesto, *porque agiu astutamente*" (Lucas 16:8; grifo do autor). A palavra grega traduzida como "astutamente" é *phronimos*, "prudentemente" ou "de modo precavido". A palavra transmite a ideia de cauteloso, sagaz e circunspecto. O plano do administrador, apesar de ardiloso, era maliciosamente engenhoso. A engenhosidade do esquema provocou a admiração do mestre. O administrador se aproveitou de uma vantagem breve e passageira. Ele manipulou os recursos que ainda tinha em seu poder para obter vantagens de longo prazo. Ele usou os recursos do mestre para fazer um bem imenso para aqueles devedores. Conquistou sua amizade com uma generosidade esbanjadora. E ele comprou a amizade não só de um devedor, mas de todos. Assim, ele aproveitou ao máximo as suas opções, pois agora podia recorrer à generosidade de muitos comerciantes influentes — e ele certamente necessitaria dela.

O administrador demonstrou uma visão maravilhosa, pois ele não estava pensando em como encobrir ou desculpar suas transgressões. Estava apenas tentando garantir seu futuro.

A explicação

Então Jesus abre o jogo: "Pois os filhos deste mundo são mais astutos no trato entre si do que os filhos da luz" (Lucas 16:8). Os pecadores tentam ser mais espertos e diligentes em relação ao seu bem-estar temporal do que os santos em relação ao trabalho de acumular tesouros para a eternidade. Essa é toda a mensagem, como o próprio Jesus confirma sucintamente. "Os filhos deste mundo" são aqueles que não se interessam e não têm parte no reino de Deus. Não antecipam nada além dos anos que lhes restam nesta vida terrena. Mas eles se preocupam mais e são mais espertos quando se trata de garantir um futuro vantajoso para sua aposentadoria do que "os filhos da luz", que precisam se preparar para um futuro eterno. É verdade. Pessoas incrédulas aplicam uma energia, uma habilidade e um foco surpreendentes à tarefa de acumular confortos terrenos para os últimos anos de sua vida. Porque é a única coisa que lhes resta.

A expressão "filhos da luz" é uma expressão comum do Novo Testamento que designa os discípulos verdadeiros de Cristo, as pessoas remidas (João 12:36; Efésios 5:8; 1Tessalonicenses 5:5). Afinal de contas, "a nossa cidadania está nos céus, de onde esperamos ansiosamente um Salvador, o Senhor Jesus Cristo" (Filipenses 3:20). Por isso, devemos manter "o pensamento nas coisas do alto, e não nas coisas terrenas" (Colossenses 3:2). No entanto, em comparação com as estratégias, manobras, esquematizações e reviravoltas que os incrédulos tramam para garantir seu futuro neste mundo, os "filhos da luz" demonstram uma falta supreendente de sabedoria.

Veja como isso é absurdo. As pessoas que planejam sua aposentadoria precisam planejar (no máximo) três décadas — normalmente bem menos do que isso. A vida é curta, e "o mundo e sua cobiça passam" (1João 2:17). No entanto, "os filhos deste mundo" fazem praticamente de tudo para obter qualquer vantagem para os anos passageiros de sua vida. Seu foco no mundo e sua falta de escrúpulos não são o que Jesus elogia. Ele elogia sua ousadia. Certamente, os "filhos da luz", predestinados para a eternidade, deveriam ser mais ativos, mais diligentes, mais preocupados e mais sábios aproveitando o tempo, preparando o futuro e acumulando tesouros no céu.

Começando por esse ponto, Jesus faz três exortações práticas em relação à postura do cristão diante do dinheiro. Ele esboça para os discípulos como sua visão do dinheiro deveria moldar seus pensamentos e seu comportamento em relação aos outros, a eles mesmos e a Deus (nessa ordem). Aqui estão os pontos-chave da sabedoria que Jesus extrai de sua parábola sobre o administrador desonesto.

Lição 1: Dinheiro é um recurso que deve ser usado para o bem dos outros
Imediatamente após elogiar a ousadia dos filhos deste mundo por seu pensamento providencial, Jesus acrescenta essa palavra de conselho para seus discípulos: "Por isso, eu lhes digo: usem a riqueza deste mundo ímpio para ganhar amigos, de forma que, quando ela acabar, estes os recebam nas moradas eternas" (Lucas 16:9). Use seu dinheiro para fazer amizades — não com amigos terrenos, mas com amigos que o receberão de braços abertos em seu lar eterno. Em outras palavras, seja generoso com o povo de Deus. Faça seu dinheiro trabalhar para o bem de outros; ajude aos realmente necessitados do povo de Deus; "e você terá um tesouro no céu" (Mateus 19:21). Lembre-se das palavras de Jesus em Mateus 25:35-40: "Pois eu tive fome, e vocês me deram de comer; tive sede, e vocês me deram de beber; fui estrangeiro, e vocês me acolheram; necessitei de roupas, e vocês me vestiram; estive enfermo, e vocês cuidaram de mim; estive preso, e vocês me visitaram. [...] o que vocês fizeram a algum dos *meus menores irmãos*, a mim o fizeram" (grifo do autor).

Isso destaca também a nossa obrigação de usar nosso dinheiro para sustentar o ministério cristão. As pessoas estarão esperando você à beira da estrada da glória quando você chegar, ansiosas para abraçá-lo, porque, por causa de seu investimento no ministério cristão e na ampliação do Reino, elas ouviram e creram e ganharam a vida eterna em Cristo? Essa é a imagem que a exortação de Jesus evoca.

O administrador desonesto usou o dinheiro de seu mestre livremente de modo imoral. Suas ações, apesar de injustas, mesmo assim conquistaram amizades e garantiram seu futuro. Jesus está lembrando seus discípulos de que também somos administradores. Diferentemente do administrador injusto, temos a permissão explícita do nosso Senhor — não, temos a ordem expressa — de ser generosos com os recursos do Mestre para conquistar amigos para a eternidade.

O argumento do Senhor é simples, e parte do menor para o maior. Era a forma típica do ensinamento rabínico. A questão é que, se um criminoso traiçoeiro, desonesto e terreno é ousado o bastante para usar sua autoridade a fim de fazer amizades para um futuro tão curto e passageiro, quanto mais deveríamos nós usar os recursos do nosso Mestre para fazer amizades para a eternidade? Essa é uma forma como Jesus quer que sejamos "prudentes como as serpentes e simples como as pombas" (Mateus 10:16).

Mamon é a palavra aramaica para "riquezas". Jesus se refere ao dinheiro como "o mamon injusto" porque as riquezas terrenas pertencem a este mundo caído. "As riquezas não duram para sempre" (Provérbios 27:24). "A forma presente deste mundo está passando" (1Coríntios 7:31). "O fim de todas as coisas está próximo" (1Pedro 4:7). "Os céus desaparecerão com um grande estrondo, os elementos serão desfeitos pelo calor, e a terra, e tudo o que nela há, será desnudada" (2Pedro 3:10).

Esse é o erro mencionado em Lucas 16:9. A tradução correta não é "quando você acabar", mas "quando ela acabar": "Usem a riqueza deste mundo ímpio para ganhar amigos, de forma que, quando ela acabar, estes os recebam nas moradas eternas." A implicação clara é que cada cristão tem o dever de investir o valor temporário do mamon injusto em um empreendimento que gerará um valor muito maior e eterno — colocando o dinheiro para trabalhar para o povo de Deus, especialmente para a proclamação da verdade do evangelho. Os relacionamentos conquistados por meio desses investimentos enriquecerão o céu por toda eternidade. Nada mais que possamos fazer com o dinheiro durará para sempre.

Jesus quer que os discípulos pensem nessas categorias. Um acúmulo pessoal sem limites é pecaminoso e nos priva da benção eterna. Deem ao Senhor, "e lhes será dado: uma boa medida, calcada, sacudida e transbordante será dada a vocês. Pois a medida que usarem, também será usada para medir vocês" (Lucas 6:38). O cumprimento último dessa promessa é o tesouro eterno no céu (Mateus 6:19-20). E "onde estiver o seu tesouro, aí também estará o seu coração" (v. 21).

Lição 2: Tudo que temos pertence a Deus, e devemos sempre estar cientes de que somos administradores
A primeira exortação enfatizou as necessidades dos *outros*. A segunda é um encorajamento para que nós *nos* examinemos. É um eco de uma das lições que vimos na parábola dos talentos, ou seja, que o cristão que recebe pouco precisa prestar contas a Deus da mesma forma que a pessoa que recebe muito. Ambos terão que prestar contas sobre aquilo que fazem com os recursos que recebem. Na verdade, o caráter verdadeiro se mostra em como uma pessoa lida com coisas pequenas. "Quem é fiel no pouco, também é fiel no muito, e quem é desonesto no pouco, também é desonesto no muito" (Lucas 16:10).

Já ouvi pessoas dizerem: "Se eu tivesse mais, eu daria mais." Não, não daria. Pessoas verdadeiramente fiéis são generosas por causa de seu caráter, não por causa de suas circunstâncias. A viúva que possuía praticamente nada deu tudo que tinha. Muitas pessoas que têm tudo dão nada. Uma pessoa com poucos recursos que gasta tudo que tem consigo mesma não se tornará altruísta se de repente ficar rica. Mais dinheiro apenas aumenta o impulso autoindulgente e agrava o julgamento do administrador infiel.

Portanto, é crucial que os cristãos adotem a perspectiva correta em relação às suas obrigações como administradores, independentemente de quanto possuem. Na verdade, a declaração de Jesus nesse texto parece sugerir que a administração sábia se aprende com coisas pequenas. É tolo desejar riquezas se você não tem sido um administrador fiel daquilo que Deus já lhe deu.

Mas a questão real é que a administração louvável não tem a ver com quantias grandes e presentes generosos. Tem a ver com integridade e caráter espiritual. Se você realmente reconhece o valor imenso de investir na eternidade, você o fará com quaisquer que forem os recursos à sua disposição. O que caracteriza um bom administrador é a compreensão de que *tudo* que temos é um presente gracioso de Deus (1Coríntios 4:7). "'Tanto a prata quanto o ouro me pertencem', declara o Senhor dos Exércitos" (Ageu 2:8). "Do Senhor é a terra e tudo o que nela existe, o mundo e os que nele vivem" (Salmos 24:1). O salmista reconheceu essa verdade em sua oração a Deus: "A terra está cheia de seres que criaste" (Salmos 104:24).

As coisas que chamamos de nossas são, no fim das contas, posses de *Deus*, não nossas. Não são propriedades particulares que devem ser usadas principalmente para nosso próprio benefício. São bênçãos divinas que nos foram confiadas, que devem ser investidas da forma mais sábia possível para o bem de outros e para a glória de Deus. Isso vale independentemente de quanto temos. "Pois onde estiver o seu tesouro, ali também estará o seu coração" (Lucas 12:34). O inverso também é verdade. Aquilo pelo qual você se interessar determinará onde você investirá seu tesouro. "Portanto, já que vocês ressuscitaram com Cristo, procurem as coisas que são do alto, onde Cristo está assentado à direita de Deus" (Colossenses 3:1).

Em outras palavras: o que nós fazemos com nosso dinheiro revela o estado verdadeiro do nosso coração. Portanto, "assim, se vocês não forem dignos de confiança em lidar com as riquezas deste mundo ímpio, quem lhes confiará as verdadeiras riquezas?" (Lucas 16:11). Aqueles que não estão investindo na obra da redenção estão fugindo à sua obrigação de serem administradores fiéis, desperdiçando esse momento passageiro de oportunidade e empobrecendo a si mesmos na eternidade. Deus não recompensa as pessoas que desperdiçam seus recursos. Gastar dinheiro em luxos desnecessários e símbolos de *status*, ou até com coisas baratas e diversões efêmeras, significa privar-se das riquezas eternas verdadeiras.

O versículo 12 acrescenta outra acusação pungente: "E se vocês não forem dignos de confiança em relação ao que é dos outros, quem lhes dará o que é de vocês?" Isso é um lembrete do primeiro princípio da administração: *no momento, não possuímos nada como posse permanente.* "Pois nada trouxemos para este mundo e dele nada podemos levar" (1Timóteo 6:7).

Tudo que temos nos foi confiado — não só o dinheiro que doamos à igreja ou à caridade. Tudo que temos pertence a Deus, e tudo deve ser usado para sua glória. "Assim, quer vocês comam, bebam ou façam qualquer outra coisa, façam tudo para a glória de Deus" (1Coríntios 10:31).

A trágica ironia da autoindulgência pecaminosa é que quanto mais você gastar consigo mesmo — quanto mais coisas você acumular nesta vida — menos tesouros terá no céu. As riquezas verdadeiras se encontram lá. "Assim, fixamos os olhos, não naquilo que se vê, mas no que não se vê, pois o que se vê é transitório, mas o que não se vê é eterno" (2Coríntios 4:18).

Lição 3: Não permita que o dinheiro usurpe o lugar de Deus no seu coração

Essa história termina com uma exortação final. A primeira (Lucas 16:9) ressaltou nosso dever de usar nossos recursos terrenos para o serviço aos *outros*. Nos versículos 10-12, Jesus nos incentivou a examinarmos a *nós mesmos*. Essa exortação final foca nossos corações em *Deus*: "Nenhum servo pode servir a dois senhores; pois odiará a um e amará ao outro, ou se dedicará a um e desprezará ao outro. Vocês não podem servir a Deus e ao Dinheiro" (v. 13).

A administração dos recursos de Deus é uma obrigação que ocupa todo o tempo. Não é um chamado para determinadas horas apenas (nem mesmo um emprego de 40 horas semanais). Não é uma obrigação semanal que podemos resolver fazendo uma oferta durante o culto dominical. Em termos bíblicos, um administrador é um escravo. Nós cristãos somos propriedade de um Mestre que nos comprou. Ele tem controle exclusivo e absoluto sobre nós, por direito divino. Não podemos ter esse tipo de relacionamento com qualquer outra pessoa ou coisa. Nenhum escravo pode servir a dois mestres.

Jesus está sugerindo que o modo como lidamos com nossa função de administrador é uma evidência importante que revela se somos cristãos autênticos ou se estamos apenas fazendo de conta. Aqueles que realmente pertencem a Deus não podem servir ao dinheiro e a coisas materiais. Pessoas que gastam seus recursos com coisas que não duram, devolvendo sua riqueza diretamente ao "mamon injusto" não são administradores verdadeiros do Deus vivo. O que elas fazem com seu tesouro revela onde está seu coração.

Por outro lado, se você honrar "o Senhor com todos os seus recursos e com os primeiros frutos de todas as suas plantações" (Provérbios 3:9), você demonstra que repudiou todos os outros deuses, a começar pelo "mamon injusto", o lucro sujo — o amor ao dinheiro.

Não existe meio termo. "Você não pode servir a Deus e a Mamon."

Os líderes fariseus eram ilustrações vivas desse princípio. Faziam de conta que serviam a Deus, mas seu deus real era Mamon. Alguns deles devem ter passado por ali e ouvido quando Jesus estava contando essa parábola aos seus discípulos. Lucas nos conta: "Os fariseus, que amavam o dinheiro, ouviam tudo isso e zombavam de Jesus" (Lucas 16:14).

Isso levou Jesus a contar outra parábola, narrada para o benefício deles. É uma história sobre Lázaro e um homem muito rico após a morte. É, de longe, a parábola mais sombria e perturbante de Jesus, e ela será nosso tema no próximo capítulo.

CAPÍTULO 9

Uma lição sobre o céu e o inferno

Se a sua mão o fizer tropeçar, corte-a. É melhor entrar na vida mutilado do que, tendo as duas mãos, ir para o inferno, onde o fogo nunca se apaga, onde o seu verme não morre, e o fogo não se apaga. E se o seu pé o fizer tropeçar, corte-o. É melhor entrar na vida aleijado do que, tendo os dois pés, ser lançado no inferno, onde o seu verme não morre, e o fogo não se apaga. E se o seu olho o fizer tropeçar, arranque-o. É melhor entrar no Reino de Deus com um só olho do que, tendo os dois olhos, ser lançado no inferno, onde o seu verme não morre, e o fogo não se apaga.

MARCOS 9:43-48

NINGUÉM NA BÍBLIA TINHA MAIS a dizer sobre o inferno do que o Salvador dos pecadores, o Senhor Jesus Cristo. As descrições bíblicas mais vívidas e detalhadas do inferno aparecem nos quatro Evangelhos, e elas vêm de Jesus. Outros autores do Novo Testamento aludem à realidade do inferno, mas a substância daquilo que sabemos sobre ele vem principalmente dos discursos públicos de Jesus (com referências ocasionais em instruções particulares de Jesus aos Doze). Nosso Senhor tinha muito mais a dizer sobre o inferno do que uma pessoa comum pensaria — e muito daquilo que ele ensinou sobre o inferno é profundamente chocante.

Deu a entender, por exemplo, que o inferno estará cheio de pessoas religiosas. Segundo as Escrituras, multidões de pessoas aparentemente devotas e filantrópicas (incluindo alguns milagreiros autodeclarados) ficarão surpresas quando forem afastadas do trono no Juízo.

Jesus ressaltou isso de forma enfática: "Nem todo aquele que me diz: 'Senhor, Senhor', entrará no Reino dos céus, mas apenas aquele que faz a vontade de meu Pai que está nos céus. *Muitos* me dirão naquele dia: 'Senhor, Senhor, não profetizamos nós em teu nome? Em teu nome não expulsamos demônios e não realizamos muitos milagres?' Então eu lhes direi claramente: 'Nunca os conheci. Afastem-se de mim vocês, que praticam o mal!'" (Mateus 7:21-23; grifo do autor). Entre as pessoas recusadas estarão não só aquelas que caíram nas armadilhas de cultos e religiões falsas, mas também pessoas que se confessam ortodoxas, mas que não creem verdadeiramente no que professam. Essas pessoas mascaram sua descrença e seus pecados secretos com uma aparência de religiosidade hipócrita.

Jesus deu a entender também que a *maior parte* das atividades religiosas deste mundo nada mais é do que uma estrada que leva para o inferno: "Larga é a porta e amplo o caminho que leva à perdição, e são muitos os que entram por ela" (v. 13). Mas "estreita [é] a porta, e apertado o caminho que leva à vida! São poucos os que a encontram" (v. 14).

Jesus versus fariseus

Os fariseus eram, talvez, os líderes religiosos de seu tempo que mais se orientavam pelas Escrituras, mesmo assim, simbolizavam aquilo contra o qual Jesus estava alertando. Ele disse isso publicamente repetidas vezes: "Tenham cuidado com o fermento dos fariseus, que é a hipocrisia" (Lucas 12:1; Mateus 16:6, 11-12). "Ai de vocês, mestres da lei e fariseus, hipócritas!" (Mateus 23:13-15, 23, 25, 27, 29).

O desdém óbvio do nosso Senhor em relação à religião dos fariseus deve ter chocado as pessoas em todas as regiões em que pregou. Como já observamos em capítulos anteriores, os fariseus eram obcecadamente meticulosos em sua observância das letras miúdas das leis cerimoniais e alimentares do Antigo Testamento. Eram os homens santos mais respeitados, aparentemente retos, e ardentemente devotos em todo o Império Romano. A maioria dos fariseus tinha certeza de que merecia o céu. Afinal de contas, ninguém em toda a história de Israel se esforçara mais na aplicação dos estatutos e das cerimônias da lei de Moisés. Como vimos, os fariseus até acrescentaram algumas regras e restrições a mais, com a intenção de garantir a pureza cerimonial. E eles literalmente vestiam sua religião em suas mangas, na forma de filactérios ampliados — caixinhas de couro (que continham pequenos rolos com trechos da lei escrita) amarradas ao braço esquerdo e à testa com faixas de couro elaboradas. Aplicavam borlas em seus mantos como ordenado em Números 15:38-39, como lembrete dos mandamentos do Senhor, mas suas borlas eram especialmente largas e grandes para que todos as vissem. Eram cartazes ambulantes da lei cerimonial. Sua religião definia quem eles eram, ditava sua aparência e dominava seus pensamentos.

Mas jamais Jesus elogiou seus esforços, os parabenizou pelas suas conquistas ou procurou ressaltar qualquer "base comum" entre os próprios ensinamentos e os ensinamentos deles. Sempre que falou sobre sua religião, deixou absolutamente claro que sua justiça não bastava para merecer o céu (Mateus 5:20), e sua religião era a pista rápida na estrada larga para a condenação eterna (Mateus 23:32; Lucas 20:47). Estavam obcecados com o que os outros poderiam enxergar neles e como as outras pessoas deveriam agir, mas negligenciavam questões mais importantes como o orgulho, o prazer, a ganância e a inveja que infeccionavam seu próprio coração (Mateus 15:19-20; 23:23). Jesus denunciou sua hipocrisia em alta voz (Mateus 23:25-28). Ele conhecia plenamente seus corações (Mateus 12:25) e disse abertamente que os fariseus eram internamente corruptos e que eles se autocondenavam (vv. 33-37).

Quando Jesus chegou ao fim da parábola do administrador desonesto em Lucas 16, alguns fariseus ouviram como ele advertiu seus discípulos contra o ídolo do dinheiro. "Vocês não podem servir a Deus e ao Dinheiro" (Lucas 16:13).

Lucas conta: "Os fariseus, que amavam o dinheiro, ouviam tudo isso e zombavam de Jesus" (v. 14).

Jesus respondeu com outra condenação poderosa de sua religião. Ele apontou que, apesar de os fariseus se esforçarem o tempo todo para criar a aparência como se eles fossem sérios, diligentes e focados em sua devoção à lei, a realidade era que sua religião era superficial demais. Deus não estava impressionado. Suas boas obras mais belas não possuíam mais valor aos olhos de Deus do que uma pilha de trapos velhos encardidos e manchados com fluídos humanos. Sei que essa imagem é extremamente repugnante, mas transmite fielmente o sentido literal de Isaías 64:6. Reflete o desdém profundo de Deus pela religião humana orgulhosa. Jesus lhes disse: "Vocês são os que se justificam a si mesmos aos olhos dos homens, mas Deus conhece os corações de vocês. Aquilo que tem muito valor entre os homens é *detestável* aos olhos de Deus" (Lucas 16:15; grifo do autor).

Um pouco de contexto para essa parábola

A essa altura na narrativa de Lucas (16:16-18), Jesus resume em poucas palavras tudo que ele pregou sobre os fariseus, a lei, o evangelho e a justiça verdadeira. Ele o faz destacando três pontos: *em primeiro lugar*, a aliança antiga está dando lugar à nova. "A Lei e os Profetas profetizaram até João. Desse tempo em diante estão sendo pregadas as boas-novas do Reino de Deus, e todos tentam forçar sua entrada nele" (v. 16). As ameaças e os castigos da lei estavam sendo respondidos pelas promessas do evangelho e pelo sacrifício de Cristo. Assim, o caminho estava aberto para que os pecadores pudessem entrar no Reino, e eles já estavam forçando sua entrada. Mas para as pessoas arrogantes a ponto de insistir em medir seu próprio desempenho pelos padrões da lei, o caso permanecia sem esperança. Apesar de pensarem que eram suficientemente justos, eles estariam condenados para sempre.

Por quê? Esse é o *segundo* ponto de Jesus: "É mais fácil o céu e a terra desaparecerem do que cair da Lei o menor traço" (v. 17). As exigências e as ameaças da lei são implacáveis. "Pois quem obedece a toda a Lei, mas tropeça em apenas um ponto, torna-se culpado de quebrá-la inteiramente" (Tiago 2:10).

E, em *terceiro* lugar, todas as interpretações da lei feitas pelos fariseus com a intenção de tornar seu padrão mais fácil ou mais alcançável eram erradas e enganosas. Os fariseus ensinavam, por exemplo, que os homens tinham o direito de se divorciar de suas esposas por praticamente qualquer motivo. Mas: "'Eu odeio o divórcio', diz o Senhor, o Deus de Israel, e 'o homem que se cobre de violência como se cobre de roupas'" (Malaquias 2:16). Então, Jesus diz: "Quem se divorciar de sua mulher e se casar com outra mulher estará cometendo adultério, e o homem que se casar com uma mulher divorciada do seu marido estará cometendo adultério" (Lucas 16:18).

Os fariseus com toda a sua atenção obsessiva à lei nem tinham começado a entender o quão exigente e inflexível a lei realmente é. Além do mais, a lei ordena não só o que os outros podem ver, mas também os pensamentos secretos do coração. A suposição dos fariseus de que eles estavam conquistando mérito com Deus sob a lei era uma ilusão condenadora.

Então, Jesus parte imediatamente para a narrativa de uma parábola trágica, que destaca o terror desesperançoso do inferno e o remorso infinito que assombrará eternamente as pessoas orgulhosas, cujas riquezas, religião ou outras vantagens terrenas as isolaram da realidade de sua necessidade da graça divina. Esta é, de longe, a parábola mais perturbadora e assustadora de Jesus. Ela nos confronta com verdades sobre a eternidade e a vida no além sobre as quais não gostamos de refletir, mas que precisamos desesperadamente levar a sério.

Havia um homem rico que se vestia de púrpura e de linho fino e vivia no luxo todos os dias. Diante do seu portão fora deixado um mendigo chamado Lázaro, coberto de chagas; este ansiava comer o que caía da mesa do rico. Em vez disso, os cães vinham lamber as suas feridas. Chegou o dia em que o mendigo morreu, e os anjos o levaram para junto de Abraão. O rico também morreu e foi sepultado. No Hades, onde estava sendo atormentado, ele olhou para cima e viu Abraão de longe, com Lázaro ao seu lado.

Então, chamou-o: "Pai Abraão, tem misericórdia de mim e manda que Lázaro molhe a ponta do dedo na água e refresque a minha língua, porque estou sofrendo muito neste fogo." Mas Abraão respondeu: "Filho, lembre-se de que durante a sua vida você recebeu coisas boas, enquanto que Lázaro recebeu coisas más. Agora, porém, ele está sendo consolado aqui e você está em sofrimento. E além disso, entre vocês e nós há um grande abismo, de forma que os que desejam passar do nosso lado para o seu, ou do seu lado para o nosso, não conseguem."

Ele respondeu: "Então eu lhe suplico, pai: manda Lázaro ir à casa de meu pai, pois tenho cinco irmãos. Deixa que ele os avise, a fim de que eles não venham também para este lugar de tormento." Abraão respondeu: "Eles têm Moisés e os Profetas; que os ouçam." "Não, pai Abraão", disse ele, "mas se alguém dentre os mortos fosse até eles, eles se arrependeriam." Abraão respondeu: "Se não ouvem a Moisés e aos Profetas, tampouco se deixarão convencer, ainda que ressuscite alguém dentre os mortos." (Lucas 16:19-31)

A parábola fala de vários opostos extremos: tormento e consolo; morte e vida; inferno e céu. Os personagens são um homem extremamente rico e um mendigo, que vivia em extrema pobreza; mas no além, suas sortes são invertidas. Visto que o foco está na miséria do homem no inferno, trata-se de uma história profundamente perturbadora, mas Jesus teve a intenção graciosa de contá-la aos fariseus. Ele os está advertindo para não seguirem seus próprios instintos, tradições e convicções religiosas. Estava querendo que eles se arrependessem.

Conhecendo o terror do Senhor

Obviamente, Jesus não estava contando a história para a diversão do povo. Essa é uma palavra de advertência solene e séria — precisamente o tipo de testemunho que o homem rico na parábola queria que fosse entregue aos seus cinco irmãos. Se a história provoca em você um sentimento de choque ou consternação, essa era a intenção de Jesus. A seriedade do assunto é superada apenas pela urgência da mensagem que o Senhor queria transmitir. Trata-se de um ensinamento duro — e proposital. Jesus não está preocupado com nuances acadêmicas ou fineza diplomática. Mas não pense por um instante sequer que ele ultrapassou os limites do apropriado. Aqueles que se sentem repugnados pela agudeza da parábola ou pelo desconforto que o tema causa precisam ajustar seu próprio pensamento e desenvolver um apreço maior pela verdade. A verdade não é julgada pelos sentimentos que provoca nas pessoas.

O inferno, é claro, sempre provocou paixões negativas. Isso valia até nos tempos de Jesus. Mas hoje em dia o tema é praticamente tabu, até mesmo em círculos supostamente evangélicos. O inferno é um embaraço para aqueles que querem adequar o cristianismo aos dogmas modernos da benevolência universal e da tolerância generalizada. É uma inconveniência para aqueles que querem que a mensagem bíblica pareça sempre alegre para as pessoas que não conhecem a igreja. É uma irritação para aqueles que querem uma religião que faça as pessoas se sentirem bem em relação a si mesmas. E é uma ofensa para aqueles que pouco se importam com a justiça e não temem a Deus, mas querem manter a aparência de piedade mesmo assim.

Visto que opiniões como estas se propagaram muito, inúmeros líderes de igreja acreditam que precisam minimizar o que a Bíblia diz sobre o inferno (ou ignorá-lo totalmente). A maioria dos tratados populares e programas de evangelismo produzidos ao longo dos últimos cem anos evitam qualquer menção aos horrores do inferno. A intenção é, supostamente, enfatizar mais o amor de Deus — como que para exonerá-lo daquilo que ele mesmo diz em sua própria Palavra.

Em anos recentes, alguns autores semievangélicos e líderes da igreja foram ainda mais longe. Declararam guerra contra o inferno e suas doutrinas relacionadas. Eles se opõem a qualquer ênfase nas verdades bíblicas negativas como pecado, inferno, a ira de Deus, a depravação humana, a impossibilidade do mérito humano e o custo real da expiação. Alguns argumentam até que temas negativos como estes precisam ser totalmente eliminados do repertório evangélico. Essas ideias têm, segundo eles, um som primitivo e nada saudável, especialmente em uma geração pós-moderna esclarecida, onde autoestima, inclusão e pensamento positivo são consideradas grandes virtudes.

Até mesmo alguns líderes cristãos e comentaristas bíblicos, defensores da sã doutrina, têm se queixado de que a ideia do inferno parece cruel ou injusta.[*] Perguntam-se como um Deus verdadeiramente amoroso pode lançar pessoas na punição eterna.

São objeções míopes e insustentáveis. Argumentar dessa forma significa elevar a razão humana (ou a emoção crua) acima de Deus. Deus não está sujeito ao julgamento de qualquer autoridade maior do que ele mesmo. (Evidentemente, não existe autoridade maior.)

---

[*] John Stott, por exemplo, escreveu: "Emocionalmente, considero o conceito [do inferno] intolerável e não entendo como pessoas podem viver com ele sem cauterizar seus sentimentos ou desabar sob seu peso." David L. Edwards e John Stott, *Evangelical Essentials: A Liberal-Evangelical Dialogue* (Londres: Hodder & Stoughton, 1988), p. 313. A posição de Stott sobre a questão pareceu um tanto ambivalente. Ele acrescentou imediatamente: "Mas nossas emoções não são um guia inconfiável para a verdade e não devem ser elevadas à posição de autoridade suprema ao determiná-la. Como evangélico dedicado, minha pergunta precisa ser — e é — não o que meu coração me diz, mas o que a Palavra de Deus diz" (ibid.). Isso é verdade. Mas o próprio Stott não parou por aí. Ele continuou defendendo uma interpretação severamente forçada das Escrituras para demonstrar sua preferência pela visão segundo a qual os ímpios serão totalmente aniquilados.

O Senhor define justiça segundo sua própria natureza. Questione se Deus tem o direito de fazer o que diz que fará, e você pode muito bem negar a própria existência de Deus.

A palavra de Deus afirma muitas vezes e categoricamente que ele punirá os malfeitores com "castigo eterno" (Mateus 25:46) no "fogo eterno" (v. 41). A Bíblia descreve o inferno repetidas vezes como lugar "onde o seu verme não morre, e o fogo não se apaga" (Marcos 9:48, citando Isaías 66:24). Apocalipse 14:10-11 diz que qualquer pessoa que recebe o sinal da besta durante a grande tribulação "será ainda atormentado com enxofre ardente na presença dos santos anjos e do Cordeiro, e a fumaça do tormento de tais pessoas sobe para todo o sempre. Para todos os que adoram a besta e a sua imagem, e para quem recebe a marca do seu nome, não há descanso, dia e noite".

Portanto, o inferno é consistentemente descrito como lugar de aflição eterna: "E estes irão para o castigo eterno, mas os justos para a vida eterna" (Mateus 25:46). A palavra traduzida como "eterno" é *aiōnios*. É exatamente a mesma palavra traduzida como "eterno" no final do mesmo versículo. Em outras palavras, o "castigo eterno" dos ímpios tem exatamente a mesma duração quanto a "vida eterna" dos remidos. *Aiōnios* é também a palavra usada para a glória de Deus em 1Pedro 5:10 ("a sua glória eterna em Cristo Jesus"). E é usada também em relação a Deus em Romanos 16:26 ("o Deus eterno"). A forma como a palavra é sempre usada na Bíblia significa que ela não pode simplesmente ser redefinida ou reinterpretada para acomodar a noção de uma duração limitada.

A parábola do homem rico e de Lázaro é a descrição da Bíblia mais vívida daquilo que o inferno significa. *É* uma história terrível e profundamente perturbadora. Devemos ficar preocupados e tristes. Mas se confessarmos Jesus como Senhor, é, mesmo assim, nossa obrigação acreditar naquilo que ele ensinou, incluindo suas muitas advertências pictóricas sobre o castigo eterno dos incrédulos.

Para que não haja confusão: também não gosto da ideia do inferno. Não gosto de ensinar ou escrever sobre ele. Certamente não devemos imaginar que o próprio Jesus sentiu algum tipo de prazer perverso ao descrever os terrores do inferno. Nenhuma pessoa sã poderia sentir prazer nesse pensamento. Certa vez, ouvi uma palestrante falar sobre o inferno de modo quase jocoso, com um tom frívolo e impertinente. Esse tipo de abordagem a esse tema é inaceitável. Ninguém que leva Jesus a sério poderia assumir uma postura tão leviana em relação ao inferno. Tampouco devemos refletir sobre o tema sem um senso profundo de responsabilidade de proclamar o evangelho aos perdidos.

A cultura secular ocidental tem seguido na direção oposta, reduzindo o inferno a um palavrão sem sentido, a um epíteto trivial para expressar raiva. Hoje em dia, as pessoas dizem umas às outras: "Vá para o inferno." O resultado é, ironicamente, que a palavra *inferno* está constantemente na boca dos incrédulos, e às vezes a usam da forma mais leviana. Apesar disso, muitos cristãos que sabem e acreditam na verdade dura que Jesus ensinou nessa parábola permanecem em silêncio total sobre ela.

Isso é, obviamente, o que Satanás quer. Mas não é assim que deveria ser. A parábola deixa claro que até mesmo as pessoas no inferno querem que seus entes queridos sejam advertidos sobre os terrores de um inferno muito real. Os cristãos não podem permanecer calados. Afinal de contas, a essência dessa parábola (e de todo o restante do ensinamento de Jesus sobre o inferno) é transmitir uma advertência clara sobre o terror do inferno, sobre seus horrores e sobre a ameaça muito real que ele representa para aqueles que vivem em descrença e pecado não arrependido. A intenção primária de Jesus é gerar nos pecadores um terror diante do inferno eterno — um medo que deveria levá-los ao arrependimento e à fé no evangelho. O conhecimento desse medo deveria motivar também os cristãos: "Uma vez que conhecemos o temor ao Senhor, procuramos persuadir os homens" (2Coríntios 5:11).

Os personagens

Alguns têm argumentado que o relato de Jesus sobre Lázaro e o homem rico não é uma parábola, mas sim o relato de um evento real. Dizem que, em todas as outras parábolas que Jesus contou, os personagens humanos sempre permanecem anônimos: "certo homem" (Lucas 13:6; 14:16; 15:11; 20:9); "certo rei" (Mateus 18:23; 22:2); "um proprietário" (Mateus 21:33); "um credor" (Lucas 7:41); "um sacerdote" (Lucas 10:31) etc. Aqui, o mendigo tem um nome: "um mendigo *chamado Lázaro*" (Lucas 16:20; grifo do autor). E um personagem do Antigo Testamento, Abraão, exerce uma função central.

Como veremos, há razões importantes pelas quais o personagem de Lázaro recebe um nome. Mas isso é realmente uma parábola, não uma história verídica sobre algo que aconteceu. Não devemos interpretar cada detalhe da história num sentido rigorosamente literal. Tanto o contexto quanto o conteúdo da história confirmam isso.

Como? Bem, sabemos de outras declarações claras das Escrituras que as pessoas no inferno não conseguem ver o céu e observar ou reconhecer as pessoas que ali estão, muito menos conversar com elas. O inferno é repetidas vezes descrito como "trevas" (Mateus 8:12; 22:13; 25:30), um lugar de isolamento e alienação total do céu; "escuridão das trevas" (2Pedro 2:17; Judas 13). O apóstolo Paulo se referiu ao inferno como "pena de destruição eterna, a separação da presença do Senhor e da majestade do seu poder" (2Tessalonicenses 1:9). E na própria parábola, Abraão diz: "entre vocês e nós há um grande abismo, de forma que os que desejam passar do nosso lado para o seu, ou do seu lado para o nosso, não conseguem" (Lucas 16:26). A palavra grega traduzida como "abismo" é *chasma*, que significa um abismo profundo e largo — uma distância de proporções cósmicas. A ideia de um grande abismo grande demais para ser atravessado exclui qualquer possibilidade de que seria possível reconhecer pessoas do outro lado e conversar com elas.

Portanto, está claro que essa história não deve ser compreendida como verídica. É uma narrativa imaginária contada com um propósito didático claro, como todas as outras parábolas também. Ela não fornece nenhum detalhe (além do nome do mendigo) ou tempo específico. A história tem um propósito: advertir os ouvintes de que o inferno estará repleto de pessoas que nunca esperavam estar lá. E como veremos, Jesus teve boas razões de chamar o mendigo de Lázaro.

Com essa história sóbria, Jesus ilustra como é estar no inferno. A parábola deixa claro que o inferno é uma existência angustiante, cheia de remorsos, angústia e tormento incessante e ardente — em plena consciência e sem esperança, para sempre. Não há possibilidade de escapar e não há descanso. Nenhuma gota de alívio jamais minimizará o sofrimento ou diminuirá a dor de uma alma eternamente atormentada no inferno. É uma imagem terrível de condenação absoluta.

Mas a história não é apenas uma advertência sobre o inferno. Retrata uma inversão chocante que abalou as sensibilidades dos ouvintes de Jesus porque destruiu sua teologia tão elaborada.

Lucas 16:19 nos apresenta um homem rico, e cada expressão nesse versículo nos diz que ele era imensamente rico. Ele se "vestia de púrpura e de linho fino e vivia no luxo todos os dias". Sua vida era uma festa eterna de prazeres. Tamanha riqueza garantia que ele possuía também grande influência. Qualquer que fosse a sinagoga que ele frequentasse, as pessoas naturalmente o respeitariam. Era exatamente o tipo de pessoa que o israelita comum, sob os ensinamentos dos fariseus, acreditava ter um lugar garantido no céu. Era judeu e um homem religioso, não um pagão. Sabemos disso, pois ele se dirige a Abraão como "Pai" (e Abraão lhe responde com "filho"). Portanto, tinha conhecimento sobre "adoção de filhos; a glória divina, as alianças, a concessão da lei, a adoração no templo e as promessas" (Romanos 9:4). A maioria dos ouvintes de Jesus teria concluído que esse homem era ricamente abençoado por Deus.

Quanto ao homem pobre Lázaro, ele era mais do que necessitado, paralítico, incapaz de se movimentar ou cuidar de si mesmo.

Lucas 16:20 diz que ele "fora deixado" no portão do homem rico. O verbo é passivo, indicando que alguém literalmente o descartou na frente da mansão do homem rico. Quem quer que tenha o deixado ali deve ter suposto que ele receberia caridade de um homem que vivia em tanto luxo, um homem que vestia roupas de púrpura como um rei. Mas Lázaro estava "coberto de chagas". (Devem ter sido feridas associadas à sua paralisia, úlceras causadas pela pressão de ficar deitado tempo demais na mesma posição.) A condição arruinada e emaciada de seu corpo deve ter provocado o nojo e a repulsa dos transeuntes, pois ele não recebeu qualquer ajuda. Ele teve que suportar ser lambido por cachorros de rua, como se já estivesse morto. Ele desejava uma migalha do pão sujo que os cachorros comiam do chão sob a mesa do homem rico.

Os fariseus e seus discípulos acreditavam que esse tipo de sofrimento provava que Lázaro era amaldiçoado por Deus. Desses dois personagens, era este que merecia o inferno. Em sua opinião, ele era tão abominável quanto as circunstâncias de sua vida.

O choque da história de Jesus é a grande inversão. "Chegou o dia em que o mendigo morreu, e os anjos o levaram para junto de Abraão. O rico também morreu e foi sepultado. No Hades, onde estava sendo atormentado..." (vv. 22-23). "Junto de Abraão" significa um lugar de honra à mesa de Abraão. Naquela cultura, os convidados num banquete generoso se reclinavam em almofadas em torno da mesa. (Este é o significado literal da palavra em Lucas 13:29: "Pessoas virão do oriente e do ocidente, do norte e do sul, e [se reclinarão em] seus lugares à mesa no Reino de Deus.") O convidado de honra, sentado ao lado de Abraão teria, portanto, sua cabeça próxima ao peito de Abraão (cf. João 13:25). Em outras palavras: o mendigo que desejava uma migalha de pão e parecia tão repugnante aos fariseus refinados recebe um lugar de alta honra no céu. O homem rico, que gozava de todas as vantagens terrenas — e que os fariseus queriam tanto copiar — vai para o inferno, onde ele é humilhado, abandonado, largado sem esperanças e reduzido a mendigar por uma gota d'água.

Há ironia em cada ponto dessa virada inesperada. Lázaro recebe um nome nessa parábola precisamente para destacá-lo como pessoa de honra. Seu nome (uma variação do nome *Eleazar*) significa "a quem o Senhor ajudou". É um nome que evoca a ideia de favor divino, e ao identificá-lo com esse nome, Jesus graciosamente o tira da desgraça e da anonimidade tão típica dos mendigos nessa posição. O homem rico, por sua vez, não recebe um nome, destacando assim o fato de que ele não é mais importante.* Ele perdeu todos seus distintivos de proeminência, incluindo seu nome, enquanto o pobre mendigo (cuja necessidade desesperada nem foi percebida pelo homem rico) recebeu todos os privilégios da benção eterna de Deus.

O pedido do homem rico e a resposta de Abraão

Por que o homem rico está no inferno? Afinal de contas, era, aparentemente, um homem religioso. Jesus não o acusa de algum pecado grave ou notório. Na verdade, a história não menciona especificamente qualquer ato mau específico que ele tenha cometido. Era um cidadão importante típico daquela sociedade. É claro, evidentemente, que ele era egoísta, insensível e que ele ignorava as necessidades de seus próximos, pois não fez nada para ajudar ao pobre Lázaro. Mas não o vemos expulsando Lázaro de sua propriedade ou cometendo qualquer tipo de abuso. Jesus não retrata o homem rico como homem especialmente cruel ou malfeitor detestável, como se o inferno fosse apenas para as pessoas monstruosas e abomináveis. Essa não é a questão.

Observe também que, quando o homem rico descobre que está no inferno, ele não pede que seu caso seja reavaliado ou que ele seja solto por pena ou misericórdia. Ele não diz: "Alguém cometeu um erro!" Ele não pergunta: "Por que estou aqui?" Ele perdeu qualquer

---

* Às vezes, o homem rico é chamado de Dives, que é um adjetivo latino e significa "rico", mas Jesus não lhe deu um nome.

pretensão e sente agora todo o peso de sua culpa. Ele sabe que merece estar no inferno. Tudo que ele pede é o menor dos alívios.

Ele jamais receberá isso. Não existe a esperança nem mesmo de um pequeno intervalo na acusação eterna e amarga de sua própria consciência culpada. A única preocupação que lhe resta são seus irmãos, pois ele sabe que são exatamente como ele — sujeitos respeitáveis, complacentes e ricos, que fazem o que bem desejam, que executam todos os gestos da atividade religiosa para preservar suas reputações honrosas, mas que estão indo direto para o inferno.

Assim, ele diz a Abraão: "Então eu lhe suplico, pai: manda Lázaro ir à casa de meu pai, pois tenho cinco irmãos. Deixa que ele os avise, a fim de que eles não venham também para este lugar de tormento" (Lucas 16:27-28). Está fazendo seu pedido apelando à sua herança judaica. Ele era membro do povo da aliança, descendente de Abraão. *Isso deveria ter algum peso.* Muitos entre os fariseus e seus discípulos acreditavam que sua conexão genealógica por meio da linhagem de Abraão, Isaque e Jacó era o fundamento principal de sua esperança eterna (cf. Filipenses 3:5). Esse homem sabe agora, por experiência própria, que as conexões genealógicas não levam ninguém para o céu. Mas talvez seu relacionamento com Abraão lhe consiga uma gota d'água. Caso contrário, que tal advertir seus irmãos por meio de um homem que retorna dos mortos?

O pedido que faz sugere que os cinco irmãos restantes reconheceriam o mendigo que costumava ficar deitado na sujeira e em dor no portão de seu irmão. Sabiam também que Lázaro havia morrido; caso contrário, uma mensagem sua não teria o peso que o homem rico lhe atribuía.

Mas observe que, mesmo no inferno, o homem rico se considerava superior a Lázaro, um Zé Ninguém que aceitaria ordens e iria para onde fosse mandado. O inferno castiga, não cura. As pessoas não se tornam melhores no inferno. E as Escrituras são enfáticas em relação a isso. "Continue o injusto a praticar injustiça; continue o imundo na imundícia" (Apocalipse 22:11). O inferno define o destino e o caráter do pecador para sempre.

Aqui, o homem rico não só continua a ver Lázaro como alguém a quem ele pode dar ordens; suas prioridades e preocupações continuam centradas nele mesmo. Como qualquer um imerso na religião dos fariseus, sua única preocupação é o destino de alguns membros de sua família imediata. É normal, evidentemente, preocupar-se com seus irmãos. Mas como vimos na parábola do bom samaritano, o amor que o segundo grande mandamento exige é muito mais amplo do que isso. Por que chamar Lázaro de volta do céu com uma advertência particular para seus cinco irmãos?

A resposta de Abraão é firme: "Eles têm Moisés e os Profetas; que os ouçam" (Lucas 16:29). "Moisés e os Profetas" era uma expressão comum para se referir às Escrituras do Antigo Testamento (cf. Lucas 24:44; 28:23). O que Abraão está dizendo é: *Que eles leiam com entendimento o que os 39 livros das Escrituras dizem e que eles já têm em sua posse.*

Isso é uma afirmação poderosa da suficiência das Escrituras. O que Abraão está dizendo é que a razão pela qual os irmãos do homem rico eram depravados incrédulos e não regenerados, em perigo de irem para o inferno, não se devia a qualquer deficiência na metodologia que lhes trouxera a Palavra de Deus. Não há método melhor ou um mensageiro mais eficaz com o poder especial de dar visão aos cegos ou vida aos mortos. Não existe um novo estilo de ministério ou uma estratégia de evangelismo que tenha mais poder para vencer a depravação e despertar os mortos espirituais egoístas, hipócritas e religiosos (ou qualquer outro tipo de pecador). O poder é a Palavra de Deus.

Os remidos foram "regenerados, não de uma semente perecível, mas imperecível, por meio da palavra de Deus, viva e permanente" (1Pedro 1:23). "A fé vem por ouvir a mensagem, e a mensagem é ouvida mediante a palavra de Cristo" (Romanos 10:17). O homem rico estava no inferno eterno, não porque lhe tivessem faltado informações, mas porque ele ignorou a mensagem que ele recebera por meio da Palavra de Deus. A única maneira de seus irmãos escaparem do inferno seria ouvindo a mensagem e crendo nela.

O pedido do homem rico era um eco daquilo que Jesus ouvia o tempo todo. Os fariseus estavam pedindo sinais a ele o tempo todo. Em Mateus 12:38, por exemplo, imediatamente após Jesus realizar uma série de milagres, curas e exorcismos, "alguns dos fariseus e mestres da lei lhe disseram: 'Mestre, queremos ver um sinal miraculoso feito por ti.'" Os milagres diários de Jesus não lhes bastavam; queriam um sinal celestial de proporções cósmicas. A resposta de Jesus foi: "Uma geração perversa e adúltera pede um sinal miraculoso! Mas nenhum sinal lhe será dado, exceto o sinal do profeta Jonas. Pois assim como Jonas esteve três dias e três noites no ventre de um grande peixe, assim o Filho do homem ficará três dias e três noites no coração da terra" (vv. 39-40). Em outras palavras: *Eu lhes darei um sinal — o sinal de todos os sinais — uma ressurreição.*

Isso bastaria para convencer os fariseus? Abraão responde essa pergunta em nossa parábola: "Se não ouvem a Moisés e aos Profetas, tampouco se deixarão convencer, ainda que ressuscite alguém dentre os mortos" (Lucas 16:31).

Isso resume a mensagem principal dessa parábola. Não é apenas uma advertência sobre como será o inferno. É também uma lição sobre a suficiência das Escrituras e um apelo dirigido a todos que ouvem para que levem a mensagem da Bíblia a sério.

Ainda que ressuscite alguém dentre os mortos

Alguns meses após contar essa história, o bom amigo de Jesus, Lázaro, um homem real, morreu. Quando Jesus chegou à cidade natal de Lázaro, em Betânia, o corpo já estivera no túmulo por quatro dias. Mas Jesus o ressuscitou dentre os mortos com as simples palavras: "Lázaro, venha para fora!" (João 11:43). As Escrituras dizem: "O morto saiu, com as mãos e os pés envolvidos em faixas de linho, e o rosto envolto num pano. Disse-lhes Jesus: 'Tirem as faixas dele e deixem-no ir'" (v. 44).

Esse Lázaro real, então, foi uma testemunha ocular que voltou dos mortos. Foi um milagre com muitas testemunhas, pois o cemitério estava lotado de pessoas em luto quando Lázaro apareceu na porta do túmulo, ainda enfaixado em panos fúnebres. As Escrituras dizem: "Muitos dos judeus que tinham vindo visitar Maria [irmã de Lázaro], vendo o que Jesus fizera, creram nele" (v. 45). Foi um milagre maravilhoso. Não havia como negar sua realidade, e não havia como manter isso em segredo. Algumas das testemunhas oculares relataram aos fariseus o que acontecera (v. 46).

Como você acha que os fariseus reagiram? Certamente eles acreditaram após alguém retornar dos mortos, certo?

Errado. Eles reuniram um conselho para tramar a morte de Jesus.

> Então os chefes dos sacerdotes e os fariseus convocaram uma reunião do Sinédrio. "O que estamos fazendo?" perguntaram eles. "Aí está esse homem realizando muitos sinais miraculosos. Se o deixarmos, todos crerão nele, e então os romanos virão e tirarão tanto o nosso lugar como a nossa nação."
>
> Então um deles, chamado Caifás, que naquele ano era o sumo sacerdote, tomou a palavra e disse: "Nada sabeis! Não percebeis que vos é melhor que morra um homem pelo povo, e que não pereça toda a nação." Ele não disse isso de si mesmo, mas, sendo o sumo sacerdote naquele ano, profetizou que Jesus morreria pela nação judaica, e não somente por aquela nação, mas também pelos filhos de Deus que estão espalhados, para reuni-los num povo.
>
> E daquele dia em diante, resolveram tirar-lhe a vida. (vv. 47-53)

Na verdade, no capítulo seguinte, lemos que "os chefes dos sacerdotes fizeram planos para matar também Lázaro" (12:10). Em vez de obedecer à mensagem de Jesus, eles decidiram matar o mensageiro. Quando ele lhes deu sinais maiores, eles ficaram ainda mais determinados a destruí-lo.

Milagres não têm um poder especial de convencer aqueles que rejeitam a mensagem das Escrituras. A mensagem é "o poder de Deus para a salvação" (Romanos 1:16).

E qual foi a reação dos fariseus quando Jesus ressuscitou dentre os mortos por poder próprio? Imediatamente após a ressurreição, segundo Mateus 28:11, "alguns dos guardas dirigiram-se à cidade e contaram aos chefes dos sacerdotes tudo o que havia acontecido". Isso finalmente os convenceu?

De forma alguma. "Quando os chefes dos sacerdotes se reuniram com os líderes religiosos, elaboraram um plano. Deram aos soldados grande soma de dinheiro, dizendo-lhes: 'Vocês devem declarar o seguinte: "Os discípulos dele vieram durante a noite e furtaram o corpo, enquanto estávamos dormindo." Se isso chegar aos ouvidos do governador, nós lhe daremos explicações e livraremos vocês de qualquer problema.'" (vv. 12-14). Conspiraram com os guardas romanos para encobrir e negar a ressurreição com uma mentira.

Nenhum milagre de qualquer magnitude convencerá alguém que ouve e compreende a mensagem das Escrituras, mas mesmo assim a rejeita. Apenas o Espírito Santo consegue abrir olhos cegos e derreter corações endurecidos para que recebam a Palavra. E a verdade da Palavra de Deus é a única mensagem com o poder de salvar. Se você rejeitar a Palavra de Deus, mas acreditar em algum milagre, experiência religiosa ou revelação particular, sua fé não é uma fé que salva.

E aqueles que rejeitam a Palavra de Deus serão julgados pela mesma verdade que eles rejeitam. Em João 12:46-48, Jesus diz: "Eu vim ao mundo como luz, para que todo aquele que crê em mim não permaneça nas trevas. Se alguém ouve as minhas palavras, e não as guarda, eu não o julgo. Pois não vim para julgar o mundo, mas para salvá-lo. Há um juiz para quem me rejeita e não aceita as minhas palavras; a própria palavra que proferi o condenará no último dia."

— CAPÍTULO 10 —

Uma lição sobre a persistência na oração

Eu, porém, clamo a Deus,
e o Senhor me salvará.
À tarde, pela manhã e ao meio-dia
choro angustiado,
e ele ouve a minha voz.

Salmos 55:16-17

As Escrituras estão repletas de exortações para orar, muitas vezes em conexão com promessas de que o Senhor ouvirá e responderá às nossas orações.

A oração de um justo é poderosa e eficaz. (Tiago 5:16)

Peçam, e lhes será dado; busquem, e encontrarão; batam, e a porta lhes será aberta. Pois todo o que pede, recebe; o que busca, encontra; e àquele que bate, a porta será aberta. Qual de vocês, se seu filho pedir pão, lhe dará uma pedra? Ou se pedir peixe, lhe dará uma cobra? Se vocês, apesar de serem maus, sabem dar boas coisas aos seus filhos, quanto mais o Pai de vocês, que está nos céus, dará coisas boas aos que lhe pedirem! (Mateus 7:7-11)

E tudo o que pedirem em oração, se crerem, vocês receberão. (Mateus 21:22)

UMA LIÇÃO SOBRE A PERSISTÊNCIA NA ORAÇÃO

> Esta é a confiança que temos ao nos aproximarmos de Deus: se pedirmos alguma coisa de acordo com a sua vontade, ele nos ouve. E se sabemos que ele nos ouve em tudo o que pedimos, sabemos que temos o que dele pedimos. (1João 5:14-15)

No entanto, nossas orações nem sempre são respondidas rapidamente, no momento em que nós queremos. Por razões supremamente sábias, graciosas e corretas — mas muitas vezes desconhecidas e não explicadas — Deus, às vezes, adia a resposta às nossas orações. No entanto, ele nos encoraja a continuar orando com persistência e paixão, sem jamais cansar ou perder a fé.

Lucas 18 começa com uma parábola que ilustra esse princípio. É a história da mulher que simplesmente não desiste de buscar justiça, apesar de seu caso estar preso num sistema judicial corrupto de um juiz vil e indiferente.

Jesus está falando aqui com um grupo de seus discípulos mais próximos (cf. Lucas 17:22):

> Então Jesus contou aos seus discípulos uma parábola, para mostrar-lhes que deviam orar sempre e nunca desanimar. Ele disse: "Em certa cidade havia um juiz que não temia a Deus nem se importava com os homens. E havia naquela cidade uma viúva que se dirigia continuamente a ele, suplicando-lhe: 'Faze-me justiça contra o meu adversário.' Por algum tempo ele se recusou. Mas finalmente disse a si mesmo: 'Embora eu não tema a Deus e nem me importe com os homens, esta viúva está me aborrecendo; vou fazer-lhe justiça para que ela não venha me importunar.'
>
> E o Senhor continuou: Ouçam o que diz o juiz injusto. Acaso Deus não fará justiça aos seus escolhidos, que clamam a ele dia e noite? Continuará fazendo-os esperar? Eu lhes digo: ele lhes fará justiça, e depressa. Contudo, quando o Filho do homem vier, encontrará fé na terra?" (Lucas 18:1-8)

Esta é a penúltima história em uma série especial de parábolas destacadas em Lucas 13-18. São, de certa forma, organizadas tematicamente, e todas elas são narradas unicamente no Evangelho de Lucas. Na verdade, fazem parte de uma longa narrativa sem paralelos nos outros Evangelhos, começando com Lucas 13:22 e terminando com a parábola do fariseu e do coletor de impostos em 18:14. Várias das mais conhecidas histórias de Jesus, incluindo as três famosas parábolas em Lucas 15 (a ovelha perdida, a moeda perdida e o filho pródigo), aparecem apenas nessa porção singular do Evangelho de Lucas.[1]

Evidentemente, esta história pungente sobre um juiz injusto e uma viúva persistente também é exclusiva do Evangelho de Lucas. A história segue imediatamente após um breve discurso sobre a Segunda Vinda (descrevendo como será "o dia em que o Filho do Homem é revelado" [17:30]). Os últimos 16 versículos de Lucas 17 (vv. 22-37) lembram o Discurso no Monte das Oliveiras.* Mas esta é uma mensagem muito mais sucinta com um conteúdo decididamente diferente, e pertence a um período anterior do ministério de Jesus. O discurso de Lucas 17 é dominado por advertências de catástrofes e desastres repentinos e culmina numa imagem assustadora de morte e corrupção: "Onde houver um cadáver, ali se ajuntarão os abutres" (v. 37).

Nossa parábola começa imediatamente depois disso, e sua mensagem é que "eles deviam orar sempre e nunca desanimar" (Lucas 18:1). Não importa quão escuros sejam os tempos; mesmo que o mundo inteiro pareça estar ruindo e se aproximando do Juízo Final, homens e mulheres justos precisam persistir em oração — e eles podem estar certos de que Deus ouvirá e responderá às orações de seu povo.

É um encorajamento para cristãos que vivem em tempos ruins, que veem como o mundo fica cada vez mais hostil, que sentem a aproximação do juízo, que se sentem sozinhos e isolados "como foi

---

* Cf. versículo 26 ("como foi nos dias de Noé") com Mateus 24:37 ("Como foi nos dias de Noé, assim também será na vinda do Filho do homem").

nos dias de Noé" (17:26) e "como foi também nos dias de Ló" (v. 28). Em outras palavras, essa história se aplica especificamente a tempos como os nossos. Os dias são ruins. As necessidades são críticas. Nossa oração deveria ser urgente, fervorosa e persistente. Não podemos desanimar.

O juiz

O cenário descrito na parábola era familiar a qualquer pessoa que vivia na Palestina do século I. Jesus faz a história se passar em "certa cidade" (Lucas 18:2) sem identificar o lugar. Ele não precisava fazê-lo. Viúvas e juízes corruptos eram figuras familiares em toda a cultura daquele tempo. Muitas vezes, era difícil obter justiça.

A corte religiosa mais alta em Israel era, é claro, o Grande Sinédrio, que consistia em 71 juízes (todos eles líderes religiosos considerados especialistas da lei e da tradição oral do Antigo Testamento). Seu poder era, como sabemos do Novo Testamento, opressivo e, muitas vezes, injusto. Foi o Grande Sinédrio que engenhou e executou a conspiração que levou à crucificação de Jesus, por isso, sabemos que era uma instituição profundamente injusta e corrupta.

Havia outro nível de cortes religiosas abaixo do Grande Sinédrio. Cidades maiores em todo Israel tinham seus próprios órgãos de justiça, conhecidos como sinédrios inferiores, que consistiam de 23 juízes em cada cidade. Como os juízes supremos em Jerusalém, eles eram fortemente influenciados pela doutrina dos fariseus e pela política dos saduceus.* Tendiam, portanto, a sentenças superficiais; deixavam se convencer por regras e tradições feitas pelo homem; e

---

* Alfred Edersheim escreve: "Merece ser observado que o pecado especial com que a casa de Anás é acusada é o pecado de 'sussurrar' — como víboras — que parece se referir à influência privada sobre juízes em sua administração de justiça, por meio do qual 'a moral foi corrompida, o juízo foi pervertido e a shekinah foi retirada de Israel'." *The Life and Times of Jesus the Messiah*, 2 vols. (Londres: Longmans, Green & Co., 1896), 1:263.

tomavam decisões duras ou apressadas alimentadas pelas interpretações e aplicações equivocadas dos fariseus. (Já vimos o exemplo clássico disso em sua aplicação exagerada das restrições cerimoniais impostas ao sábado.) Os próprios juízes compartilhavam do orgulho farisaico. Após ascender às posições mais altas da hierarquia rabínica politizada, eles eram, muitas vezes, notoriamente corruptos.

Mas além de todos esses juízes, Roma havia nomeado magistrados locais e juízes para as aldeias — autoridades municipais que julgavam casos criminais e defendiam os interesses de César. Eram os piores de todos, famosos por sua falta de moral e escrúpulos. Recebiam salários altos pagos pelo tesouro do templo, apesar de serem gentios e incrédulos. Os judeus costumavam tratá-los com o mesmo desdém profundo que demonstravam aos coletores de impostos. Seu título oficial era "Juiz de Proibição", mas, com a alteração de uma única letra em aramaico, os judeus se referiam a eles como "juízes-ladrões".[2]

A descrição do juiz feita por Jesus nessa parábola deixa claro que ele era um desses nomeados pelos romanos. Ele "não temia a Deus nem se importava com os homens" (Lucas 18:2). Isso é uma caracterização bem escolhida. Expressões semelhantes são bastante comuns na literatura da Antiguidade, até mesmo fora da Bíblia. Esse tipo de retrato verbal era usado para descrever uma pessoa notoriamente inescrupulosa. Tratava-se de alguém que não mostrava nenhum respeito por Deus, por sua vontade e por sua lei. Além do mais, era completamente indiferente às necessidades das pessoas e suas causas justas. Esse homem havia se tornado juiz porque amava o *status* e o dinheiro, não porque amava a justiça. Ele não possuía compaixão ou preocupação com os outros. E para agravar a seriedade de seu caráter depravado, descobrimos que ele não era ingênuo ou iludido; ele estava plenamente ciente do estado ao qual seu caráter chegara. Ele confessou livremente a si mesmo: "Eu não temo a Deus e nem me importo com os homens" (v. 4). Como ele mesmo admitia, ele vivia desafiando abertamente o primeiro e o segundo mandamento

UMA LIÇÃO SOBRE A PERSISTÊNCIA NA ORAÇÃO

(cf. Mateus 22:37-40). Era um ser humano profundamente amoral, e sua impiedade tinha todo tipo de consequências trágicas porque ele tomava decisões todos os dias que afetavam a vida das pessoas.

Jesus se referiu a ele com um epíteto sucinto: "o juiz injusto" (Lucas 18:6). Esse homem desrespeitava completamente as obrigações de seu cargo, pois um juiz deve dispensar justiça segundo a lei de Deus e as necessidades das pessoas.* Esse homem não se importava com nada disso. Ele simplesmente não tinha vergonha — e nada era mais ímpio do que esse tipo de insolência numa cultura do Oriente Médio onde honra e vergonha são tudo. Ou seja, esse juiz não tinha um pingo de decência. Faltava-lhe nobreza, afeto natural e respeito por Deus e pela humanidade. Seu próprio caráter estava tão despido de caráter que a maioria o teria considerado desumano. Nenhum apelo conseguia chegar a ele.

No entanto, essa parábola é contada para nos ensinar uma lição positiva sobre Deus e sobre como ele responde às nossas orações — usando o comportamento depravado desse juiz injusto como ilustração. Isso é muito semelhante à parábola do administrador injusto em que Jesus usou os atos de uma pessoa má para representar algo puro e justo.

O dilema da mulher

O único outro personagem nessa parábola é uma viúva pobre, vítima de alguma injustiça ou opressão, cujo único recurso para buscar retificação são os tribunais. Alguém a defraudou. Aparentemente, vivia

---

* O Antigo Testamento relata como, quando o rei Jeosafá apontou juízes "cidade por cidade" em toda Judá, ele lhes disse: "Considerem atentamente aquilo que fazem, pois vocês não estão julgando para o homem, mas para o Senhor, que estará com vocês sempre que derem um veredicto. Agora, que o temor do Senhor esteja sobre vocês. Julguem com cuidado, pois com o Senhor, o nosso Deus, não há injustiça nem parcialidade nem suborno [...] Vocês devem servir com fidelidade e com coração íntegro, no temor do Senhor" (2Crônicas 19:5-9).

na pobreza e na solidão. Naquela cultura, os tribunais pertenciam exclusivamente aos homens. Uma mulher jamais teria apelado a um juiz caso houvesse um homem em sua vida. Seu marido estava morto; evidentemente, ela não tinha irmão, cunhado, filho, primo, sobrinho, um parente homem distante ou algum vizinho próximo que pudesse ter defendido sua causa. Ela representa os pobres, impotentes, desprovidos, humildes, anônimos, não amados ou desesperados.

Jesus construiu sua ilustração em torno de uma viúva, porque, no que dizia respeito ao Antigo Testamento, seu caso não deixava dúvidas. Independentemente dos méritos legais de sua causa, o juiz deveria ter feito algo para cuidar dele por pura misericórdia. A lei de Moisés era explícita em relação a isso. "Não prejudiquem as viúvas nem os órfãos; porque se o fizerem, e eles clamarem a mim, eu certamente atenderei ao seu clamor. Com grande ira matarei vocês à espada; suas mulheres ficarão viúvas e seus filhos, órfãos" (Êxodo 22:22-24). Encontramos um eco desse princípio em Isaías 1:17:

> Aprendam a fazer o bem!
> Busquem a justiça,
> acabem com a opressão.
> Lutem pelos direitos do órfão,
> defendam a causa da viúva.

A lei estava repleta de provisões semelhantes para as viúvas: "Não neguem justiça ao estrangeiro e ao órfão, nem tomem como penhor o manto de uma viúva" (Deuteronômio 24:17). A nação deveria cuidar das viúvas, e as autoridades legais tinham um dever especial de garantir que suas necessidades fossem satisfeitas.

Aparentemente, essa mulher tinha também um caso sólido em base meramente jurídica, pois estava pedindo justiça, não um tratamento especial. O tempo verbal na metade de Lucas 18:3 indica uma ação repetida: "uma viúva que dirigia *continuamente* a ele" (grifo do autor). Ela voltava, e voltava, e voltava, dizendo: "Faze-me justiça contra o meu adversário" — literalmente: "Vinga-me!" Aparentemente, estava buscando restituição por alguma injustiça que já havia sofrido por parte de alguém. E seu desespero sugere que tudo havia sido tirado dela. Não tinha nada a perder.

Mas a reação inicial do juiz à mulher foi incrivelmente fria. Ele simplesmente a recusou — refutou seu caso com extremo preconceito e sem consideração real (v. 4). Talvez se a fraude ou o roubo fosse cometido contra ele, parecia mixaria, mas era uma ameaça real contra a existência da viúva. A total falta de preocupação ou compaixão em sua reação a ela é chocante.

Vemos aqui mais uma vez a habilidade incrível de Jesus de criar imagens vívidas com um mínimo de palavras. Como o administrador desonesto e o filho pródigo em sua rebelião, esse juiz é absolutamente diabólico, e Jesus retrata isso de forma simples, como sempre, sem uma sequência infinita de adjetivos ou expressões coloridas. Ele simplesmente descreve um ato de crueldade insensível, fria, mas casual. Esse juiz simplesmente dispensou essa pobre mulher, como se ela fosse um mosquito irritante.

O ponto de virada

Isso continuou "por algum tempo" (Lucas 18:4). Mas então o juiz de repente mudou sua postura — não porque havia se arrependido de sua maldade ou reconhecido a justiça da causa da viúva, mas porque ele se cansou de ouvir seus apelos.

Ele faz um monólogo sucinto, semelhante ao do filho pródigo ao voltar a si (15:17-19). Lembra ainda mais o monólogo do administrador desonesto, quando este entendeu o que precisaria fazer para evitar uma catástrofe (16:3-4). Assim, o juiz injusto disse a si mesmo: "Embora eu não tema a Deus e nem me importe com os homens, esta viúva está me aborrecendo; vou fazer-lhe justiça para que ela não venha me importunar" (18:4-5).

Ele sabia que era um desgraçado. Mas a viúva o estava aborrecendo. Ele podia simplesmente calá-la acatando o seu apelo. Assim, resolveu fazer isso para que ela parasse de vir o tempo todo. A palavra *continuamente* traduz duas expressões no texto grego: *eis telos*. Significa literalmente: "até o fim" ou "infinitamente". É uma expressão comum na Bíblia, que significa "para sempre". O juiz estava, portanto, pensando: "Ela continuará vindo para sempre, e me cansará."

A *Nova Versão Internacional* usa a expressão "para que ela não venha me importunar". Isso é mais brando do que o termo grego: *hup piaz*. Trata-se de uma expressão do mundo do boxe. Significa socar alguém com toda a força diretamente sob o olho. É a mesma palavra que o apóstolo Paulo usa em 1Coríntios 9:27, onde ele se descreve em uma luta, não com sua sombra, mas, nas palavras da Bíblia de Genebra de 1599: "Soquei meu corpo e o levei à minha sujeição." Os apelos verbais repetidos dessa mulher eram como um porrete verbal. Ela não era apenas irritante, ela estava lhe causando dores. Assim, esse juiz poderoso e impermeável foi derrotado pela simples persistência de uma mulher impotente.

Ele continuava não respeitando a Deus ou o homem; ele reagiu para seu próprio bem. Ele precisava se livrar dela. Assim, finalmente, julgou em seu favor.

O sentido

A mensagem dessa parábola é afirmada de modo muito claro desde o início: "para mostrar-lhes que eles deviam orar sempre e nunca desanimar" (Lucas 18:1). Mas Jesus está falando sobre um tipo específico de oração.

Lembre-se do contexto. Essa parábola é um pós-escrito ao discurso profético no final de Lucas 17. O tema daquela passagem é o julgamento terrível, "como foi nos dias de Noé [...] a mesma coisa nos dias de Ló" (vv. 26,28). "Acontecerá exatamente assim no dia em que o Filho do homem for revelado" (v. 30). Cristo voltará em vingança. Seu retorno resultará em morte e devastação. "De sua boca sai uma espada afiada, com a qual ferirá as nações. Ele as governará com cetro de ferro. Ele pisa o lagar do vinho do furor da ira do Deus todo-poderoso" (Apocalipse 19:15). O versículo 19 diz que os reis da terra e seus exércitos se reunirão para lutar contra Cristo. Essa será a última guerra da humanidade, a batalha que, às vezes, é chamada de Armagedom. Cristo destruirá todos os seus inimigos, "e todas as aves se fartaram com a carne deles" (v. 21). Essa, é claro, é exatamente a cena à qual o final de Lucas 17:37 se refere: "Onde houver um cadáver, ali se ajuntarão os abutres."

A parábola do juiz injusto segue imediatamente a tudo isso. A mudança de capítulos não significa qualquer mudança de cena ou de público. A parábola é contada no contexto do tema da Segunda Vinda de Jesus (com todas as imagens apocalípticas de cadáveres e abutres), que ainda está nas mentes dos seus ouvintes. A mensagem que Jesus está transmitindo é que, enquanto os discípulos estiverem esperando seu retorno — especialmente quando o mundo parecer ficar ainda mais ímpio e condenável — ele quer que seus eleitos continuem orando e não desanimem. É um chamado para a oração escatológica. É um encorajamento orar que o Senhor retorne, e orar pela força de suportar o fim. A essência da exortação é resumida lindamente nas palavras de Lucas 21:36: "Estejam sempre atentos e orem para que vocês possam escapar de tudo o que está para acontecer, e estar de pé diante do Filho do homem."

Como vimos num capítulo anterior, Jesus ensinou aos discípulos que seu retorno era iminente, ou seja, que ele *poderia* voltar a cada momento. Por outro lado, poderia voltar mais tarde do que o esperado. Durante seu ministério terreno, nem mesmo Jesus, dentro de sua consciência humana finita, conhecia a hora exata: "Quanto ao dia e à hora ninguém sabe, nem os anjos dos céus, *nem o Filho,* senão somente o Pai" (Mateus 24:36; grifo do autor). Como Deus, porém, ele sabe (e sempre soube) todas as coisas (João 16:30; 21:17). Mas é evidente que, durante sua vida terrena, ele voluntariamente abriu mão do uso pleno e soberano de sua onisciência divina. Ele era verdadeiramente humano, não sobre-humano. Sua vida e experiência como homem foi autêntica (Hebreus 4:15). Assim ele cresceu e aprendeu coisas como todo humano (Lucas 2:52). Isso significa que certos fatos dos planos de Deus não eram acessíveis à sua consciência humana. Não há nada de estranho nisso.

Mas como vimos ao examinar as parábolas de Mateus 24-25, sem revelar um itinerário específico, ele encorajou os discípulos a permanecer atentos e esperar o seu retorno com paciência. Aqui ele os encoraja a orar fielmente até a vinda daquele dia. Ele usa essa parábola que ilustra uma persistência incansável. Era um encorajamento apropriado para os discípulos no século I. É ainda mais apropriado para nós, que vemos o dia se aproximar.

A diferença entre um tempo longo e um tempo curto é nada na percepção de Deus. "Para o Senhor um dia é como mil anos, e mil anos como um dia" (2Pedro 3:8). A história inteira é um piscar de olhos comparada à eternidade. Mas da nossa perspectiva, o tempo muitas vezes parece se arrastar. Para essa viúva, o tempo transcorrido entre a injustiça sofrida e a vindicação final pelo juiz deve ter parecido um éon. Para o apóstolo João, quando Jesus não retornou durante sua vida, isso deve ter parecido um atraso infinito. Para os cristãos, dois milênios mais tarde, a admoestação de Jesus "de orar e não desanimar" é exatamente o encorajamento que precisamos.

Hoje, em um ritmo global cada vez mais acelerado, a Palavra de Deus é zombada, hostilizada e censurada. Os cristãos são difamados, perseguidos e oprimidos, até mesmo em culturas ocidentais supostamente avançadas. No Oriente Médio, na África e em partes da Ásia, os cristãos vivem em perigo constante de martírio. As estimativas mais conservadoras indicam que milhares são mortos todos os anos por causa de sua fé.

Queremos que Cristo retorne e ponha um fim à iniquidade e opressão, destruindo o pecado para sempre e estabelecendo seu reino em justiça. Jesus nos ensinou a orar: "Que venha o teu Reino" (Lucas 11:2). Aqui, ele nos encoraja a fazermos essa oração sem cessar e a não desanimarmos.

A expressão "desanimar" no texto grego é *ekkakeō*, que significa desistir por exaustão, ou pior, tornar-se covarde. Lucas 18:1 é o único lugar em que a palavra aparece fora das epístolas paulinas, mas Paulo a usa cinco vezes: "Não desanimamos" (2Coríntios 3:1,16). "Não nos cansemos de fazer o bem" (Gálatas 6:9). "Peço-lhes que não se desanimem por causa das minhas tribulações" (Efésios 3:13). "Nunca se cansem de fazer o bem" (2Tessalonicenses 3:13). O sentido subjacente é sempre o mesmo: não desista da esperança de que Jesus está voltando.

Deus, é claro, não se parece em nada com o juiz injusto. O argumento que Jesus desenvolve é, novamente, um argumento do menor para o maior. Se um magistrado tão depravado e mau pode ser coagido por mera persistência a conceder justiça à viúva, pela qual ele não se importa, "acaso Deus não fará justiça aos seus escolhidos, que clamam a ele dia e noite? Continuará fazendo-os esperar? *Eu lhes digo: ele lhes fará justiça, e depressa*" (Lucas 18:7-8; grifo do autor). Quando Cristo retornar, a vingança de Deus contra os ímpios será rápida e completa.

Enquanto isso, ele não adia a justiça por apatia ou indiferença. Ele a adia porque é misericordioso. No mesmo contexto em que Pedro nos lembra de que "para o Senhor um dia é como mil anos, e mil anos como um dia", ele acrescenta imediatamente isto: "O Senhor não demora em cumprir a sua promessa, como julgam alguns. Pelo contrário, ele é paciente com vocês, não querendo que ninguém pereça, mas que todos cheguem ao arrependimento" (2Pedro 3:8-9). O atraso aparente é a medida da longanimidade de Deus. Ele está reunindo "um povo para o seu nome" (Atos 15:14), e ele não abreviará o tempo até o último de seus eleitos estiver salvo — mesmo que seu número seja "uma grande multidão que ninguém podia contar, de todas as nações, tribos, povos e línguas" (Apocalipse 7:9).

Essa é a prova de que a parábola do juiz injusto se refere à Segunda Vinda, encorajando-nos a orar fiel e persistentemente por aquele dia. O final de Lucas 18:18 é a chave: "Contudo, quando o Filho do homem vier, encontrará fé na terra?" Ele encontrará seu povo perseverando em oração e expectativa? Ou será que muitos "desanimarão"? A parábola é um encorajamento para perseverar e continuar orando.

A viúva nessa parábola representa todos os cristãos verdadeiros — os eleitos. Nós somos, de certa forma, impotentes — "pobres de espírito" (Matesu 5:3), "poucos eram sábios segundo os padrões humanos; poucos eram poderosos; poucos eram de nobre nascimento" (1Coríntios 1:26). Estamos totalmente à mercê do Juiz.

Mas nosso Juiz celestial não é como o juiz na parábola. Ele é a personificação da justiça perfeita; ele não erra. "Acaso Deus torce a justiça? Será que o Todo-poderoso torce o que é direito?" (Jó 8:3). *É claro que não.* "Não agirá com justiça o Juiz de toda a terra?" (Gênesis 18:25).

> Ele é a Rocha, as suas obras são perfeitas,
> e todos os seus caminhos são justos.
> É Deus fiel, que não comete erros;
> justo e reto ele é. (Deuteronômio 32:4)

> Ele vem, vem julgar a terra;
> julgará o mundo com justiça
> e os povos, com retidão. (Salmos 98:9)

Entrementes, vivemos em amor, implorando como aqueles sob o altar em Apocalipse 6:10: "Até quando, ó Soberano santo e verdadeiro, esperarás para julgar os habitantes da terra e vingar o nosso sangue?" Fazemos parte daqueles descritos em 1Tessalonicenses 1:10, que "esperam dos céus a seu Filho, a quem ressuscitou dos mortos: Jesus, que nos livra da ira que há de vir".

É impossível viver a vida cristã fielmente a não ser que seja à luz da segunda vinda. Conhecer o final da história nos dá confiança e estabilidade. Como diz Paulo: "sempre dedicados à obra do Senhor, pois vocês sabem que, no Senhor, o trabalho de vocês não será inútil" (1Coríntios 15:58).

A pergunta de Jesus em Lucas 18:8 — "Contudo, quando o Filho do homem vier, encontrará fé na terra?" — deveria provocar em nós uma autorreflexão, e é uma observação perfeita para encerrar nosso estudo. Estamos fielmente orando por seu retorno? Suspeito que, se ele voltasse agora, ele encontraria multidões que se chamam de cristãos que estão totalmente despreparadas, não muito interessadas em sua vinda e envolvidas demais com esta vida e os valores do mundo para pensar muito sobre isso.

Essa é a antítese da fé real. O grito do fundo do coração do cristão verdadeiro é *Maranata!* "Senhor, vem!" (1Coríntios 16:22).

Nós que amamos Cristo e desejamos seu retorno não devemos desanimar. "Portanto, irmãos, sejam pacientes até a vinda do Senhor. Vejam como o agricultor aguarda que a terra produza a preciosa colheita e como espera com paciência até virem as chuvas do outono e da primavera. Sejam também pacientes e fortaleçam o coração, pois a vinda do Senhor está próxima"(Tiago 5:7-8).

Entrementes, continuamos a orar e implorar pelo retorno de Cristo, não só porque queremos ser vingados, mas também porque queremos que Cristo seja glorificado. E quando você vive assim, ora assim e implora assim, tudo em sua vida se transforma.

Após dois mil anos, nossa esperança continua a arder; nosso amor por Cristo continua verdadeiro e puro; e nossa confiança que guarda sua Palavra é sólida e firme. Por isso, oramos com persistência, clamando que ele volte para vindicar seu povo, glorificar a si mesmo, punir os pecadores, derrubar Satanás, estabelecer um reino justo e trazer paz eterna para a terra. Oramos incessantemente para que ele venha e reine como Rei dos reis e Senhor dos senhores e crie um novo céu e uma nova terra que sejam eternos. E repetimos apelo final das Escrituras: "Vem, Senhor Jesus!"

Essa oração deveria estar em nossos lábios sempre. E essas esperanças deveriam dominar todos os nossos pensamentos. Essa é a mensagem de Jesus na parábola do juiz injusto.

Viva nesse tipo de antecipação até ele retornar. E fique atento a como isso mudará sua vida.

Agradecimentos

Uma das recompensas de ser pastor da mesma igreja durante quase cinquenta anos é o amor e a amizade leal da congregação e de seus pastores fiéis. Ninguém entre eles tem sido mais valioso para mim em estender minha pregação do que Phil Johnson. Ele tem permanecido ao meu lado por mais de trinta desses anos, oferecendo parceria e liderança de milhares de formas a mim e à Grace Church. Além disso, ele revisou a maioria dos meus livros mais importantes, a começar com o material dos sermões pregados, refinando sua prosa, deixando para mim apenas o trabalho dos toques finais. Apenas a eternidade revelará o impacto de seu trabalho de proclamar a verdade.

APÊNDICE

Verdade historiada: significado objetivo em narrativas[1]

A vocês foi dado o conhecimento dos mistérios.

MATEUS 13:11

QUAL É O SIGNIFICADO DO uso de histórias por Jesus como veículo de seu ensinamento? Trinta anos atrás, o evangélico típico teria respondido facilmente a essa pergunta com poucas palavras. Na verdade, não é uma pergunta difícil, pois o próprio Jesus respondeu a ela claramente quando disse que usava parábolas por duas razões: para ilustrar a verdade para aqueles que estavam dispostos a recebê-la e para obscurecer a verdade daqueles que a odiavam:

> Quando ele ficou sozinho, os Doze e os outros que estavam ao seu redor lhe fizeram perguntas acerca das parábolas. Ele lhes disse: A vocês foi dado o mistério do Reino de Deus, mas aos que estão fora tudo é dito por parábolas, a fim de que, "ainda que vejam, não percebam, ainda que ouçam, não entendam; de outro modo, poderiam converter-se e ser perdoados!" (Marcos 4:10-12)

Assim, a resposta curta e simples à nossa pergunta inicial é que as parábolas são ferramentas com as quais Jesus ensinou e defendeu a *verdade*.

Faça uma simples pesquisa e você perceberá que, quando Jesus explicava suas próprias parábolas aos discípulos, ele sempre o fez atribuindo sentidos definitivos e objetivos aos símbolos que ele usava: "A semente é a palavra de Deus" (Lucas 8:11). "O campo é o mundo" (Mateus 13:38). Às vezes, o simbolismo é perfeitamente óbvio sem qualquer explicação, como o pastor em Lucas 15:4-7 (que é, obviamente, o próprio Cristo). Outras vezes, o significado exige uma reflexão e uma exegese mais cuidadosa, mas o sentido verdadeiro pode, mesmo assim ser compreendido e explicado claramente. Um pouco de trabalho e reflexão sóbria sempre produz ricas recompensas no estado das parábolas. É exatamente isso que tentamos fazer ao longo deste livro.

Não importa se o sentido verdadeiro dos elementos simbólicos de uma história é óbvio ou exige um pouco de trabalho investigativo, a mensagem é sempre a mesma: as parábolas de Jesus *ilustram* os fatos do evangelho. As histórias não eram (como algumas pessoas gostam de alegar hoje em dia) alternativas criativas a declarações proposicionais, criadas para minar a certeza. Não eram fantasias de um sonhador contadas apenas para provocar sentimentos. E certamente não eram jogos mentais inventados para deixar tudo vago. E Jesus certamente não empregou as formas ficcionais para substituir a verdade pela mitologia.

Acima de tudo, ele não estava convidando seus ouvintes a interpretar as histórias do jeito que queriam, permitindo que as opiniões pessoais de cada um fossem o último árbitro daquilo que é a verdade para aquela pessoa. A convicção de que a Bíblia é a regra de fé última (e a convicção correspondente de que as próprias Escrituras devem determinar como as interpretamos) é uma regra de longa data do cristianismo bíblico. Negue-o e você nega basicamente a autoridade das Escrituras.

Com isso, não estou dizendo que todos os textos das Escrituras são igualmente claros. Algumas das parábolas são notoriamente difíceis de interpretar. Exige cuidado, trabalho e a ajuda do Espírito Santo para acertar na exegese. Ninguém jamais questionou isso.

Mas, em relação à pergunta, se cada parábola realmente tem um sentido único e divinamente inspirado e, portanto, uma interpretação correta — um sentido *objetivamente* verdadeiro —, nunca houve qualquer disputa séria entre as pessoas que levam a autoridade das Escrituras a sério. A consequência natural dessa ideia é um princípio igualmente são: cada interpretação possível que contradiga o sentido verdadeiro de uma passagem é falsa por definição.

Nesses tempos pós-modernos, porém, parece existir uma abundância de vozes que negam esses princípios simples. Muitas vezes, sugerem que, já que Jesus recorreu tantas vezes às parábolas e narrativas em seu ministério público, ele não deve ter visto a verdade da mesma forma como os homens e as mulheres modernas encaram o assunto. A verdade é uma realidade objetiva, fixa e imutável, ou é fluida, flexível e subjetiva?

Isso é mais do que uma nota de rodapé interessante ao restante do livro. É uma questão crucial que precisa ser levantada e examinada — especialmente agora. Vivemos numa geração em que traços de fato e realidade são deliberadamente misturados com elementos de mitos, adivinhações, teorias, falsidades, ficções e sentimentos, e, então, publicados na forma de uma neblina escura, a fim de apresentar o conceito da verdade como vapor informe, misterioso, sem substância real.

Algumas pessoas que preferem essa noção nebulosa de verdade estão tentando dizer-nos que Jesus optou por essa abordagem ao ensinamento. Dizem que a razão principal pela qual ele frequentemente recorreu à contação de histórias foi para destacar a natureza insondável da verdade divina e assim confundir a arrogância e hipocrisia espiritual de seus dias. Os fariseus, por exemplo, acreditavam que conheciam toda a verdade — apesar de não concordarem com os saduceus igualmente confiantes. As parábolas de Jesus simplesmente devolvem todo o conceito de verdade ao lugar ao qual pertencem na esfera incompreensível do mistério.

Pelo menos é nisso que aqueles que se alimentaram ricamente do espírito pós-moderno querem que acreditemos. Insistem que é um erro submeter as narrativas do nosso Senhor a uma análise séria em busca de uma interpretação precisa, pois fazer isso signficaria ignorar o propósito real das histórias. Em vez disso, dizem, que seria melhor aproveitar, admirar e adaptar as histórias de Jesus de maneira que as tornem mais significativas para nós. Segundo esse modo de pensar, já que as histórias são inerentemente subjetivas, devemos nos preocupar menos com o *significado* das parábolas, e mais com a apropriação pessoal das histórias da Bíblia.*

Recentemente, vi um ensaio publicado na internet por um autor anônimo (supostamente pastor), que reimaginou a parábola do filho pródigo sob uma perspectiva feminista e propositalmente virou a história de ponta-cabeça. Na reinterpretação livre dessa pessoa, somos encorajados a visualizar o pai como um patriarca altivo que afasta o filho por sua negligência. Esse novo aspecto da história "muda tudo", o autor desconhecido nos informa solenemente (e descaradamente). A reivindicação do filho do pagamento antecipado da herança agora "alude a uma tensão familiar anterior e talvez de longa data, [e] a vida dissoluta do garoto pode ser sua tentativa de 'comprar' [...] a filiação e inclusão", que ele tanto desejava, mas que nunca recebera porque o pai o marginalizava. Em vez de ser uma "trama para semear seus grãos selvagens", a busca do filho pródigo por um estilo de vida depravado se transforma, assim, em um grito desesperado de ajuda.[2]

Observando que a narrativa de Jesus da parábola do filho pródigo termina sem solução, o artigo sugere que isso "revela o final aberto do Reino de Deus". E mais: o final *verdadeiro* da história "é o final da minha história, da sua história e da história de todos — para além dos nossos sonhos mais ousados".

Essa abordagem totalmente subjetiva transforma as histórias de Jesus em brinquedos que podem ser distorcidos e moldados de acordo com os caprichos do ouvinte. Toda a mensagem de Jesus se torna

---

* Responde de forma muito mais detalhada à onda atual de influências pós-modernas entre os evangélicos em *The Truth War* (Nashville: Thomas Nelson, 2007).

versátil, subjetiva e infinitamente adaptável às necessidades percebidas e preferências pessoais de cada ouvinte.

Isso é uma forma muito popular de lidar com os ensinamentos de Jesus hoje em dia: como se suas parábolas fossem contadas principalmente para gerar humor e preparar o palco para um bilhão de dramas pessoais. Considera-se em ordem admirar o cenário, mas não se deve usar a história para expô-la à luz e tentar descobrir qualquer sentido objetivo e universal nela. Em vez disso, devemos tentar vivenciar a história para nós mesmos vivendo dentro dela ou recontando-a com nossas próprias palavras, usando pouco mais do que nossa própria imaginação. É assim que podemos transformar as histórias de Jesus em *nossas* histórias. Significa que a interpretação, a lição e o final de cada história são definidos por nós mesmos.

Em círculos acadêmicos contemporâneos, essa abordagem seria considerada uma forma um tanto extrema de "teologia narrativa". Trata-se de uma expressão badalada hoje em dia, usada para descrever um grande conjunto de ideias novas sobre como devemos interpretar a Bíblia (com ênfase especial na "história" e não nas *pretensões de verdade* das Escrituras). A elegância da teologia narrativa tem gerado muita discussão — e uma medida considerável de confusão — sobre o papel de Jesus como contador de histórias. O que ele quis transmitir com suas histórias? Por que ele usou tantas parábolas? Como devemos entendê-las? A forma narrativa em si mesma altera ou anula as regras normativas para a interpretação das Escrituras?

Em uma escala ainda mais ampla, o uso frequente de histórias por Jesus constitui um argumento válido contra a abordagem sistemática à doutrina, adotada pelos cristãos ao longo da história? Será que realmente precisamos analisar as Escrituras, categorizar a verdade e tentar entender a doutrina bíblica de algum modo lógico, ou não há nada de errado em apreciar as histórias e adorná-las com nossas próprias viradas na trama e finais da vida real? Em termos bem simples: o próprio estilo de Jesus de ensino é incompatível com nossas declarações doutrinais, com nossas confissões de fé e com nossa abordagem sistemática à teologia?

Todas estas são perguntas importantes, mas não são difíceis de responder se aceitarmos simplesmente o que a própria Bíblia diz sobre como Jesus usou as parábolas.

Histórias como veículos eficientes da verdade

Jesus era um exímio contador de histórias, mas ele nunca contou uma história apenas para entreter as pessoas. Cada uma de suas parábolas transmitia uma mensagem importante.

É um fato crucial, que precisamos manter em mente, pois explica como a *verdade* (na nossa acepção do conceito) é compatível com a contação de histórias. Nem mesmo a ficção pura é completamente incompatível com nossas noções convencionais da verdade, pois toda história bem contada transmite alguma mensagem. E a mensagem de uma boa história deve ser verdadeira (ou pelo menos verdadeira em algum nível), mesmo quando a história em si desenvolve um cenário completamente imaginário.

Essa é a natureza das parábolas. É a razão principal por que uma lição central é sempre o aspecto mais importante de cada parábola e por que devemos nos concentrar nela, em vez de procurar um significado oculto em todos os detalhes marginais da história. Quando você reconhece a mensagem-chave de uma parábola, você entendeu a essência da verdade que a história pretende transmitir. Essa lição em si é, às vezes, adornada por elementos na trama, nos personagens e em outros detalhes na história. Mas não há necessidade de procurar camadas múltiplas de significados secretos ou supor que algum simbolismo mais profundo ou que uma dimensão diferente da verdade esteja se escondendo por trás dos elementos incidentais da narrativa. Como observamos na introdução, as parábolas não são alegorias, abarrotadas de simbolismo do início ao fim. Elas destacam uma verdade importante, como a moral de uma história bem contada.

Isso explica por que a verdade vital contida numa parábola é fixa e objetiva — não uma bola de argila que podemos moldar como bem entendemos. Lembre-se de que quando Jesus começou a usar as parábolas em seu ministério público, ele estava a sós com seus discípulos e cuidadosamente lhes explicou a parábola do semeador (Mateus 13:18-23). Ela tinha um significado claro, simples, direto e *objetivo*, e, ao explicar sua parábola, ele deu a entender que todas as parábolas poderiam ser compreendidas por meio de um método semelhante de interpretação: "Vocês não entendem esta parábola? Como, então, compreenderão todas as outras parábolas?" (Marcos 4:13). Assim, não há absolutamente nenhuma razão para supor que o emprego de parábolas por Jesus é, de alguma forma, uma indicação de que a verdade em si está tão ofuscada pelo mistério a ponto de ser inalcançável.

Bem, pelo contrário: como observamos no início deste apêndice, Jesus usou as parábolas para esclarecer certas verdades aos seus seguidores, ao mesmo tempo obscurecendo o seu significado dos incrédulos. Alguma vez você já parou para se perguntar *por que* ele fez isso?

Ocultar a verdade dos incrédulos era (em um sentido muito importante) um ato de misericórdia, pois quanto mais da verdade eles ouviam e desprezavam, pior seria sua situação no Juízo Final.

Mas o emprego de parábolas por Jesus era em si um sinal temporal do juízo contra eles, selando sua descrença teimosa por meio da remoção da luz da verdade. Eles já haviam endurecido seus corações:

> Pois o coração deste povo se tornou insensível;
> de má vontade ouviram com os seus ouvidos,
> e fecharam os seus olhos.
> Se assim não fosse, poderiam ver com os olhos,
> ouvir com os ouvidos, entender com o coração e converter-se,
> e eu os curaria. (Mateus 13:15)

Mas agora sua descrença era irreversível. O emprego de parábolas por Jesus destacava essa realidade e servia como advertência aos outros, encorajando-os a não endurecer seus corações, mas a buscar a verdade.

No entanto, Jesus disse aos seus discípulos: "Mas, felizes são os olhos de vocês, porque veem; e os ouvidos de vocês, porque ouvem" (v. 16). Jesus estava deixando claro que as parábolas têm um significado objetivo e que esse significado pode ser compreendido. "A vocês foi dado o conhecimento dos mistérios do Reino dos céus" (v. 11). Assim, ele indicou claramente que as parábolas continham uma verdade espiritual eterna, uma verdade que pode ser vista, ouvida e conhecida por qualquer um que tenha olhos e ouvidos espirituais.

Assim, mesmo que as parábolas ocultassem o significado dos *incrédulos*, ele não a escondeu para sempre num mistério impenetrável. A verdade estava sendo desvelada e ilustrada em cada uma de suas parábolas. É uma verdade eterna, imutável, não adulterada e inequívoca; não alguma verdade etérea ou inacessível. Pelo contrário, é tudo simples o bastante para que, por meio dos recursos ordinários, qualquer cristão possa ser capaz de chegar à uma compreensão sã e segura.

A riqueza de verdades nas parábolas de Jesus

As histórias de Jesus eram notáveis por causa de sua simplicidade e de sua abundância. Em Mateus e Lucas, várias parábolas são apresentadas em rápida sucessão, uma após a outra, com pouco ou nenhum material explicativo intercalado. Discursos extensos que contém praticamente nada além de parábolas ocupam, às vezes, capítulos inteiros de Mateus e Lucas (por exemplo, Mateus 13; Mateus 24:32–25:30; e, é claro, Lucas 15:4–16:13). As seleções registradas por Mateus e Lucas eram, provavelmente, exemplos representativos, não catálogos completos das parábolas de Jesus. No entanto, parece sensato concluir que o padrão de parábola após parábola se aproxima bem do estilo discursivo de Jesus.

APÊNDICE

É evidente que Jesus gostava de ensinar contando histórias, em vez de apresentar uma lista de fatos a serem memorizados ou expor informações de forma perfeitamente organizada. Ele nunca era rígido ou pedante ao ensinar, mas sempre informal. As parábolas continham personagens familiares, e às vezes provocavam emoções primárias. Eram essas as coisas que tornavam a pregação de Jesus memorável, não listas arrumadas ou aliterações elaboradas.

Na verdade, esta não é uma observação nova; é um fato que se destaca do texto do Novo Testamento, especialmente nos três Evangelhos sinóticos (Mateus, Marcos e Lucas). E, evidentemente, todos os quatro Evangelhos, juntamente com o livro de Atos, foram escritos quase que completamente em forma narrativa. Em certos círculos acadêmicos de hoje, a repentina explosão de entusiasmo sobre a "teologia narrativa" e a "pregação narrativa" pode passar a alguns estudantes a impressão de que os especialistas descobriram apenas recentemente que a Bíblia está cheia de histórias. Leia alguns dos livros e algumas das revistas recentes sobre o tema e você pode até ter a impressão de que a Igreja foi mantida no escuro (pelo menos desde o início da era moderna) até os estudiosos, ao lerem a Bíblia por meio das lentes pós-modernas, terem percebido de repente as implicações verdadeiras do estilo narrativo de ensino de Jesus.

Na verdade, a preferência de Jesus por técnicas narrativas tem sido percebida e destacada fortemente por praticamente todos os professores competentes na história da Igreja, a começar pelos próprios autores dos Evangelhos, passando pelos mais eminentes Pais da Igreja até cada um dos comentaristas bíblicos protestantes dos últimos quatro séculos.

Mas o fato de Jesus ter demonstrado tamanha preferência pelas formas narrativas não anula o propósito didático das parábolas ou a verdade imutável do conteúdo que pretendiam transmitir.

Na verdade, Mateus 13:34-35 resume a perspectiva correta sobre as parábolas e seu valor em termos bem simples: "Jesus falou todas estas coisas à multidão por parábolas. Nada lhes dizia sem usar alguma parábola, cumprindo-se, assim, o que fora dito pelo profeta: 'Abrirei minha boca em parábolas, Proclamarei coisas ocultas Desde a criação do mundo.'" Ele estava citando Salmos 78:2-4, que descreve o propósito primário das parábolas como meio de *revelação*, não de *ofuscamento*. O único contexto em que as parábolas escondem a verdade ou a encobrem de mistério é diante da incredulidade hostil.

Histórias e proposições

Um tema vital e relacionado precisa ser tratado sucintamente nessa discussão. Trata-se da pergunta se violamos a intenção das narrativas de Jesus quando resumimos as verdades extraídas das parábolas e as reformulamos na forma de proposições.

Essa pergunta costuma ser levantada por pessoas influenciadas pelo pós-modernismo popular. Elas entendem *histórias* e *proposições* como categorias completamente separadas, como meios virtualmente contraditórios de refletir sobre a verdade. Nas palavras de um autor: "O evangelho emergente da era eletrônica está avançando para além das *proposições* cognitivas e fórmulas lineares para aceitar o poder e a verdade da *história*."[3]

Segundo esse modo de pensamento, o valor verdadeiro de uma história não pode e não deve ser reduzido a uma mera proposição.

As proposições são os elementos básicos da lógica. Elas são inerentemente simples, não complexas. Uma *proposição* nada mais é do que uma afirmação que ou afirma ou nega algo. "Jesus Cristo, Senhor de todos" (Atos 10:36) é uma proposição bíblica clássica que expressa uma das verdades fundamentais de toda doutrina cristã. Outra proposição é "Não há salvação em qualquer outro" (Atos 4:12). A primeira é uma afirmação da soberania e exclusividade de Jesus; a segunda é uma negação do contrário. Ambas são simples proposições que declaram a mesma verdade bíblica básica, mas de maneiras um pouco diferentes.

APÊNDICE

O valor de verdade de cada proposição é binário: uma proposição pode ser verdadeira ou falsa. Não há meio termo. E há a pedra de tropeço para todo pensamento pós-moderno: proposições não permitem qualquer ambiguidade.

Visto que a forma da proposição exige ou uma afirmação ou uma negação, o pensamento pós-moderno prefere a obscuridade e a ambiguidade à clareza. Portanto, não surpreende que a própria noção da verdade proposicional tenha caído em desgraça em tempos pós-modernos. Histórias, por sua vez, são vistas como fluidas, subjetivas e não necessariamente enfáticas — como a própria visão pós-moderna em relação à verdade.

Por isso, torna-se cada vez mais comum nos nossos dias ouvir as pessoas expressarem a convicção de que a verdade representada nas histórias é, de alguma forma, de natureza completamente diferente do tipo de verdade que nós expressamos por meio de proposições. O que elas costumam defender é um conceito fluido, subjetivo e ambíguo da própria verdade.

Acatar essa perspectiva significa, no fundo, destruir o próprio conceito de verdade. A verdade não pode ser expressa verbalmente ou afirmada formalmente — nem mesmo na forma de uma história — sem recorrer a proposições. Assim, a tentativa pós-moderna de separar a verdade das proposições nada mais é do que uma forma de falar sobre a verdade, de brincar com a ideia de verdade e de confessar da boca pra fora a existência da verdade, sem ter que afirmar qualquer coisa como verdadeira ou negar qualquer coisa como falsa.

É por isso que a Igreja possui credos e confissões históricas — repletos de proposições. Ouvi Al Mohler dizer repetidas vezes que, enquanto a verdade bíblica é sempre *mais* do que proposicional, ela jamais é *menos*. Ele está absolutamente certo. Não devemos pensar que o emprego de histórias e parábolas por Jesus diminui de alguma forma a precisão, a clareza, os fatos históricos, as realidades objetivas, a sã doutrina ou as verdades proposicionais.

Na verdade, nem todas as parábolas de Jesus eram histórias completas. Algumas das parábolas mais sucintas foram afirmadas em forma proposicional direta e simples: "O Reino dos céus é como o fermento que uma mulher tomou e misturou com uma grande quantidade de farinha, e toda a massa ficou fermentada" (Mateus 13:33). Ou: "Todo mestre da lei instruído quanto ao Reino dos céus é como o dono de uma casa que tira do seu tesouro coisas novas e coisas velhas" (v. 52). E: "[O Reino] é como um grão de mostarda que um homem semeou em sua horta. Ele cresceu e se tornou uma árvore, e as aves do céu se fizeram ninhos em seus ramos" (Lucas 13:19).

Além do mais, proposições são usadas como elementos de construção em cada uma das parábolas que Jesus apresentou em forma mais extensa. Veja, por exemplo, o filho pródigo. A primeira oração, "Um homem tinha dois filhos", é uma simples proposição. A oração final da parábola também é pura proposição: "Este seu irmão estava morto e voltou à vida, estava perdido e foi achado" (Lucas 15:11,32). São afirmações sobre os fatos da história, não a verdade central que a história pretende ensinar, mas elas servem para ilustrar que é virtualmente impossível comunicar uma verdade ou uma história complexa sem o uso de preposições. É praticamente impossível imaginar uma verdade que seja *compreensível* que não possa ser expressada em forma proposicional.

Para dar outro exemplo: contemple mais uma vez as três parábolas harmoniosas de Lucas 15 (a ovelha perdida, a moeda perdida e o filho pródigo). A única exposição que Jesus oferece como dica em relação ao seu sentido é uma única afirmação proposicional: "Eu lhes digo que, da mesma forma, haverá mais alegria no céu por um pecador que se arrepende do que por noventa e nove justos que não precisam arrepender-se" (Lucas 15:7). Jesus resumiu em uma única proposição em um único versículo toda a mensagem do capítulo inteiro.

Observe: *esse versículo afirma uma verdade que é, por definição, objetiva*. Ele descreve o que acontece no céu quando alguém se arrepende. Revela uma realidade que de forma alguma é afetada pela perspectiva pessoal de uma pessoa na terra. Pelo contrário, é um fato que é verdade, independentemente de como alguém o entende. Na verdade, ele tem sido verdadeiro desde o início, antes mesmo de qualquer criatura terrena se dar conta dele. É exatamente isso que queremos dizer quando dizemos que uma verdade é "objetiva".

Por que tudo isso é importante? Porque a verdade em si é criticamente importante, e a Igreja de hoje está ameaçada de vender seu direito de nascença por uma filosofia pós-moderna que acabaria com qualquer conceito de verdade.

Não podemos recuar. Precisamos estar dispostos a submeter nossa mente à verdade das Escrituras, e precisamos nos recusar de submeter as Escrituras a teorias ou especulações que, por acaso, hoje são populares na esfera da filosofia secular.

> Tenham cuidado para que ninguém os escravize a filosofias vãs e enganosas, que se fundamentam nas tradições humanas e nos princípios elementares deste mundo, e não em Cristo. (Colossenses 2:8)

Notas

Introdução

1. Janet Litherland, *Storytelling from the Bible* (Colorado Springs: Meriwether, 1991), p. 3.
2. Eugene L. Lowry, *The Homiletical Plot: The Sermon as Narrative* (Louisville: Westminster John Knox, 2001), p. xx-xxi.
3. John MacArthur, *Ashamed of the Gospel* (Wheaton, IL: Crossway, 2010).
4. Richard Eslinger, *A New Hearing: Living Options in Homiletic Method* (Nashville: Abingdon, 1987), descrição da editora.
5. Ibid., p. 11.
6. William R. White, *Speaking in Stories* (Minneapolis: Augsburg, 1982), p. 32.
7. Charles W. Hedrick, *Many Things in Parables: Jesus and His Modern Critics* (Louisville: Westminster John Knox, 2004), p. 102.
8. Ibid.
9. Ibid.
10. Richard Chenevix Trench, *Notes on the Parables of Our Lord* (Nova York: Appleton, 1878), p. 26.
11. Parte 3: "Jesus Illustrates His Gospel", em: John MacArthur, *The Gospel According to Jesus* (Grand Rapids: Zondervan, 1988), p. 117-155.
12. John MacArthur, *A Tale of Two Sons* (Nashville: Thomas Nelson, 2008).
13. Harvey K. McArthur e Robert M. Johnston, *They Also Taught in Parables: Rabbinic Parables from the First Centuries of the Christian Era* (Grand Rapids: Zondervan, 1990), p. 165-166.
14. Simon J. Kistemaker, "Jesus as Story Teller: Literary Perspectives on the Parables", *The Masters Seminary Journal* 16, n° 1 (primavera de 2005), p. 49-50.

15. Charles Haddon Spurgeon, *The Metropolitan Tabernacle Pulpit*, vol. 53 (Londres: Passmore & Alabaster, 1907), p. 398.

Capítulo 3: Uma lição sobre o preço do discipulado

1. Ruben Vives, "California Couple's Gold-Coin Find Called Greatest in U.S. History", *Chicago Tribune*, 26 de fevereiro de 2014, sec. A.
2. William Whiston (trad.), *The Genuine Works of Flavius Josephus*, 4 vols. (Nova York: William Borradaile, 1824), 4:323.
3. Jacob Neusner, *The Halakah: An Encyclopedia of the Law of Judaism*, vol. 3: *Within Israel's Social Order* (Leiden: Brill, 2000), p. 57.
4. "Like a River Glorious", de Frances Ridley Havergal, 1876.
5. "Rock of Ages", Augustus M. Toplady e Thomas Hastings, "Rock of Ages, Cleft For Me", 1775; 1830.

Capítulo 6: Uma lição sobre a justificação por meio da fé

1. Kenneth Bailey, *Poet and Peasant and Through Peasant Eyes: A Literary-Cultural Approach to the Parables in Luke* (Grand Rapids: Eerdmans, 1983), p. 394.
2. James I. Packer, em James Buchanan, *The Doctrine of Justification* (Edimburgo: Banner of Truth, 1961, reimpressão do original de 1867), p. 2.

Capítulo 10: Uma lição sobre a persistência na oração

1. O segundo capítulo de John MacArthur, A Tale of Two Sons (Nashville: Nelson, 2008), p. 19-39, fala sobre o capítulo 15 de Lucas.
2. Alfred Edersheim, *The Life and Times of Jesus the Messiah*, 2 vols. (Londres: Longmans, Green & Co., 1896), 2:287.

Apêndice

1. Esse apêndice foi originalmente publicado em John MacArthur, *A Tale of Two Sons* (Nashville: Nelson, 2008), p. 199-211.
2. O ensaio, intitulado de "Check Out This Chick-Flick" foi publicado anonimamente no blog da First Trinity Lutheran Church (ELCA), Indianapolis, http:// firsttrinitylutheran.blogspot.com/2007/03/check-out-this-chick-flick.html.
3. Shane Hipps, *The Hidden Power of Electronic Culture* (Grand Rapids: Zondervan/Youth Specialities, 2006), p. 90 (grifo meu).

Índice temático

A
abismo, 196, 201-202
"administrador desonesto", 175-176
   dinheiro *vs.* Deus no coração, 189-190
   lição sobre dinheiro, 185-187
   tudo pertence a Deus, 187-189
administração louvável, 187
administradores, "injustos", 176
adultério, 195
advertência,
   homem rico e Lázaro como, 176-182
   sobre o pecado imperdoável, 38-40
advogado, 108
agricultura, em Israel, século I, 44-45
aiōnios (eterno), 199
akantha (espinhos), 46
alegria, Reino como fonte de, 80
Aliança, Antiga *vs.* Nova, 194
amor, 124-128
   por estranhos e estrangeiros, 117
amor ao dinheiro,
   condenação do, 150
Antigo Testamento, observância do sábado, 28

antiparerchomai, 116
Armagedom, 219
arrependimento, 56-57, 128-129, 146, 149-150, 163, 178, 200, 221
ateus, 57
autoentrega, 85
autoindulgência, 189
azeite, 25, 122, 176, 178, 180-181

B
Bailey, Kenneth, 143
ballō (lançar, jogar), 22
Barrabás, 87
bênção, 25, 30, 48, 77, 80,
Betsaida, condenação por Jesus, 107
Bildade, 138
blasfêmia, 35, 38-40, 105
bom samaritano, 25, 106, 113, 118, 125-127, 142, 206
   atos de amor, 89-95
   estrada de Jerusalém para Jericó, 114-115
   judeus e samaritanos, 119-121
   sacerdote e levita, 115-118
Breve Catequismo de Westminster, 83

C

cadáver e abutres, 157
Cafarnaum, 18, 107
Caifás, 208
"caniço rachado" 33-34
casamento, em Israel, século I, 164
castigo, eterno, 199. *Veja também* inferno
céu, 191-209. *Veja também* Reino do céu
clareza, nos ensinamentos de Jesus, 139, 237
coletor de impostos, 138
    fariseu e, 148-150
    justificação por Deus, 138
compaixão, 88-89
condenação por Jesus, 107
condenado *vs.* salvo, 154-155
confiança, traição de, 87, 101
conquista humana, 141
coração
    Deus como foco, 189
    impermeável para a verdade bíblica, 56-58
    importância da condição, 55
    receptividade do, 54-55
    superficial, 58-60
corações endurecidos, 18, 39, 55, 57, 209
Corazim, condenação por Jesus, 107
cortes religiosas em Israel, 213
cristãos, obrigação como administradores, 187
cura, 35-37
    no sábado, 32-33

D

demônios, enviados para uma manada de porcos, 41
denário, 92
desconstrução linguística, 11
Deus
    como foco do coração, 189
    como juiz, 221
    e justiça, 198-199
    proprietário de terra, representando, 97
    promessa de, 103-105
    soberania de, 103
devedores, desconto para, 181-182

Dez Mandamentos,
    sobre o sábado, 29-30
dia corrido, 41(nota)
dinheiro, 174-175
    administrador desonesto e, 176-185
    amor ao, 62, 70, 175, 190
discipulado, custo do, 67
discípulos
    atenção para Jesus, 48-52
    recompensas, 100-102
Discurso do monte das Oliveiras, 156-157
divórcio, 164, 195
doutrina, pregação e, 9-10

E

Edersheim, Alfred, 213 (nota)
egnon (eu sei), 180
egogguzon (queixar), 94
eis telos (continuamente), 218
ekkakeō ("desanimar"), 221
elementos menores, 25
emporos (comerciante), 76
entendimento, desejo de, 25
Escrituras
    autoridade das, 228
    suficiência das, 206
Espírito Santo, 19, 37-40, 52, 56-57, 66, 80, 83, 129, 209, 228
essênios, 132
estética da recepção, 13
Estêvão, apedrejamento de, 130
estrada de Jerusalém a Jericó, 114-115
estrangeiro, tratamento de, 115
Evangelhos sinóticos
    parábolas nos, 21
    uso de parábolas nos, 8, 12, 23
exoutheneō (desprezado), 142-143
expiação, 71, 82, 135, 137-138, 148-152, 154, 198

F

fábulas de Ésopo, 22
fariseu e coletor de impostos, 139-40

ÍNDICE TEMÁTICO

análise da parábola, 142-143
  contrastes, 143-148
  diferença principal, 149-151
  orações, 146-148
  posição social, 144
  postura, 144-145
  semelhanças, 148-149
fariseus, 27-29, 31-33, 37, 39-40, 43, 57, 90, 111, 129-136, 140, 142-145, 148, 151, 178, 190, 192-195, 197, 202, 203-209, 213-241, 229
fé, 101
  salvadora, 82-83
  superficial, 59-60
fermento, 7, 192, 238
fidelidade, 156-173
figueira, 23 (nota)
filactérios, 193
filho pródigo, 25, 30, 105, 178, 212, 217, 230, 238
"filhos da luz", 183-184
fruto do Espírito, 64
fruto, 55

G

generosidade, 94-95, 97, 122-125, 171, 183
gentios, 34
graça, 86-90, 97-98, 102, 105, 113
  necessidade de, 148
  para os trabalhadores na vinha, 97-98, 101-102
Grande Sinédrio, 213
grãos, colher como trabalho, 132
guardião, 23(nota), 24(nota)

H

haberim (associados), 143
hilaskoti moi (expiação), 150
Hilel, o Ancião, 23
hipocrisia, 133
história, *vs.* parábolas, 9-10
histórias, 199-201
  emprego de Jesus no ensino, 7, 191

sentido objetivo *vs.* interpretação, 19
vs. sermões, 8
homem rico e Lázaro, 167, 175
  como advertência, 197-201
  pedido e resposta de Abraão, 204-207
  personagens, 201-204
homem rico, resposta ao administrador desonesto, 179
hup piaz (golpe abaixo do olho), 218

I

ímpios, vingança de Deus contra, 221
impureza, 124
incrédulos, 14, 19
  descrição de Jesus dos, 14
  julgamento de Jesus dos, 15
  significado das parábolas escondido dos, 220
indivíduo, e entrada no Reino, 82
inferno
  a descrição de Jesus do, 161
  descrição do, 199
  justiça própria e, 161
  reação à discussão sobre o, 197-200
inimigo, tratamento de, 111-113
interesses mundanos, 61-63
intérpretes de parábolas, 12
inveja, 95
Israel (século I)
  agricultura em, 44-45
  casamento em, 164
  corte religiosa, 213

J

jejum, 148
Jeroboão, 120
Jesus
  descrição do inferno, 199
  estilo de ensino, 234-236
  explicação por meio de parábolas, 13-14
  perguntas dos líderes religiosos para, 107-110

sacrifício por, 105
  verdade em histórias, 196-198
  vs. fariseus, 192-194
João Batista, 129-130
João Hircano, 121
Jonas, 207
Josefo, sobre a destruição romana de Jerusalém, 73
jovem rico, 63, 99-100, 108, 110, 127, 139
Judas Iscariotes, 86-89, 100
Judeus, e samaritanos, 119-121
juiz injusto, 211-212, 215, 217, 219, 221-222, 224
  dilema da viúva, 211-212
  mudança de coração, 83
  sentido da parábola, 218-224
juízes. *Veja também* juiz injusto
  corrupção, 212
julgamento, parábolas e, 233
justiça, 111, 135, 136
  dos fariseus, 131
  e Deus, 199
  satisfação com, 138-139
justiça própria, inferno e, 161
justificação por meio da fé, 128-155

K
Keri'at Shema, 109

L
ladrão na cruz, 86-87
Lázaro (amigo de Jesus), 207
Lázaro, 203-204. *Veja também* o homem rico e Lázaro
  visões do homem rico, 206
Lei, 135-137, 194-195
  condenação pela, 70
  fariseus e, 130-133
líderes religiosos, 113
  corações endurecidos, 56-57
  no inferno, 191-192
  reação à cura de Jesus, 37
lucro cem por um, 44

M
MacArthur New Testament Commentary, The, 19-20
mamon (riquezas), 186
mashal (provérbio), 21
Messias, Jesus como, 32
mestre da casa, 157
metáfora, 7
Midrash, 23
milagres, 32, 36-37, 39-40, 49, 158, 207, 209. *Veja também* cura
misericórdia, 88-89
mistério
  em parábolas, 18-18
  Jesus sobre, 49-52
Mohler, Al, 237
monte Gerizim, templo samaritano no, 121
mulheres, na corte do século I, 215
multidões, tamanho das, 36

N
Nazaré, ensinamentos de Jesus sobre, 18
Nicodemos, 108
nomes, 69
Nova Aliança, *vs.* Antiga, 194
Nova Versão Internacional, uso de parábolas no Antigo Testamento, 21

O
oikodespotes (proprietário de terra), 91
olho mau, 94-95
orações, 210-223
  atrasos na resposta, 211
  persistência na, 210
ovelha perdida, 24
ovelhas e cabras, 157

P
Packer, J.I., 153
Palavra de Deus, 52
  resposta do mundo à, 220
  semente como, 52-53

ÍNDICE TEMÁTICO

parábolas
  definidas, 22
  descoberta do sentido, 231
  fundamentos, 19-26
  início do emprego, 41
  interpretando, 228-229, 232
  pensamento sobre, 8
  valor mnemônico das, 15-16
  verdade nas, 234-236
  vs. história, 10-11
parabolē, 21
Paulo, 130-131
  conversão, 60
"pavio fumegante", 34
pecado imperdoável, advertência sobre, 38-40
pecadores
  chamado de Deus aos, 104
  esperteza dos, 183-184
  justificação dos, 135
perdão, 38, 97, 135
peregrino, O, 22
pérola de grande valor, 75-76
perseverança, 64
phronimos (prudentemente), 183
piedade, mistério da, 50
planejamento, e viver pela fé, 166
pós-modernismo, 11 (nota)
possuído por demônios, cura, 37
pregação, crise na, 9
preparo, fases de, 54
prestar contas a Deus, 187
pretensões de verdade *vs.* histórias, 11
preterismo, 158
promessa de Deus, 104-105
proposições, 236-239
prosperidade, 47
provação da fé, 58
próximo, identidade do, 144

R
realização divina, 141
recompensas, 102-103
redenção, 72, 138
  e ressentimento, 95

sábado e, 29
Reino do céu, 7, 41, 68-69, 167-168
  descoberta acidental *vs.* busca intencional, 80-82
  como fonte de alegria, 80
  como sem preço, 77-78
  como tesouro escondido, 78-79
  pago *vs.* gratuito, 69-72
  riqueza como obstáculo, 175
  verdades sobre, 77-85
relacionamentos cronológicos, no ministério de Jesus, 34
Roboão, 65
ressurreição, 10
  reação dos fariseus, 209
retorno de Cristo. *Veja* Segunda Vinda
riqueza material, 62-63
riqueza, e entrada no Reino, 70, 174
Roma, juízes municipais, 214

S
sábado
  cura no, 32
  fariseus e, 27-31
  perspectiva cristã, 29 (nota)
saduceus, 132
salários dos diaristas, 92
salvação, 102-103
  como presente, 101
  custo da, 72
  teologia judaica da, 134
salvo, *vs.* condenado, 154
samaritanos
  descendência, 119
  e judeus, 119-121
  mulher junto ao poço, 81
Sambalate, 120
Satanás, 39-40, 56-57, 200, 223
Saulo, apedrejamento de Estêvão, 130
Segunda Vinda, 157, 162, 212, 219, 222-223
  cronologia, 158
  julgamento, 219
  parábola do juiz injusto e, 219
  parábolas sobre, 172-173

predições, 158
trabalho enquanto espera, 168-169
semeador, 44, 53-56, 233
    condição do coração, 56-66
    em Marcos, 23 (nota)
    explicação, 52-66
semente de mostarda, 23 (nota), 238
sementes espalhadas, em Marcos, 23 (nota)
ser bom o bastante, 140
Sermão da Montanha, 16-17, 135, 145, 156-157, 175
sermões, *vs.* histórias, 8
servos
    infiéis, 170-175
    sábio e mau, 157-159
simbolismo, 14, 25, 228
símile, 21
sinédrio, 208
soberania, de Deus, 104
sofrimento, como maldição de Deus, 196
sola fide, 133
solo à beira do caminho, 45
solo fértil, 47
solo rochoso, 46
solo tomado por ervas, 46-47, 61-63
solo, tipos de, 45-47
status político, medo dos fariseus de perder, 33
Stott, John, 198 (nota)
supererrogação, obras de, 148

T
talentos, 157, 166-172
    definidos, 159

tempestade, acalmamento de, 41 (nota)
templo, reconstrução, 120
tempo, Deus *vs.* humanos, 219-220
tentação, 59
teologia narrativa, 231, 235
tesouro, 175
    parábola do t. escondido, 72-75
trabalhadores na vinha, 90-95
    contexto da parábola, 96-97
    lição espiritual, 97-98
    princípios da parábola, 102
    propósito, 99-102
trabalhadores da vinha maus, 23 (nota)
trabalho, proibido no sábado, 29
Trench, Richard, 15
trigo e joio, parábola do, 53

U
último como primeiro, 96-97

V
verdade, 18, 197, 227, 228
    em parábolas, 234-236
    histórias como veículos da, 232-234
    importância, 239
    subjetiva, 11 (nota)
vida eterna, 78, 82, 97-99, 139
virgens, madrinhas, 163-166

Z
Zedequias, 56
zelotes, 132

Índice de passagens bíblicas

Gênesis
2:1-3, 28
3: 17-19, 29, 47
15:6, 137
18:25, 222
22:8, 151
26:12, 48

Êxodo
20:9-11, 30
22:22-24, 216
23:4-5, 116
23:7, 136
32:9, 56
33:19, 88
34:6-7, 88

Levítico
16:29-31, 148
17:11, 151
19:2, 135
19:13, 93
19:18, 109
19:33,34, 115
27:30, 132

Números
15:38-39, 193

Deuteronômio
6:4-5, 109
8:18, 62
24:14-15, 93
24:17, 216

1Reis
14:16, 120

2Reis
17:14, 56
17:22, 120

2Crônicas
12:14, 65
19:5-9, 215 (nota)
36:12, 56

Esdras
4:1-5, 120

Neemias
4:2, 120
13:15-22, 31

Jó
8:3, 222
25:4, 138

Salmos
24:1, 188
49:6-8, 71
51:10, 66
55:16-17, 210
78:2, 21
78:2-4, 236
98:9, 222
104:24, 188
121:4, 29 (nota)
126:5-6, 53
129:6, 58
129:7, 58

Provérbios
1:7, 57
3:9, 190

4:23, 146
17:15, 136
18:2, 57
21:13, 116
25:15, 114
27:24, 186

Eclesiastes
4:8, 29
5:18-19, 62

Isaías
1:17, 216
9:7, 77
40:28, 29 (nota)
42:1-4, 33
53, 137
53:7, 87
55:1, 53,71
55:6, 79
55:11, 53
58:13, 28
64:6, 70
66:24, 199

Jeremias
4:3, 65
17:9, 146
17:21-27, 31
19:15, 56
31:33, 66

Ezequiel
17:2, 21
18:20, 150
20:49, 21
24:3, 21
36:25, 26, 27, 256

Oseias
2:8, 62
11:4, 79

Miqueias
6:8, 115

Naum
1:3, 136

Ageu
2:8, 188

Malaquias
2:16, 195

Mateus
3:7-8, 129
4:23-25, 36
5, 156-157
5:3, 69, 70, 222
5:20, 135, 153
5:21-22, 136
5:27-28, 136
5:29-30, 17
5:43, 112
5:44, 112, 117
5:48, 70, 125, 136
6:5, 145
6:10, 69
6:19-21, 175, 187
6:22, 17
6:24, 33, 174
6:28-29, 17
7:3-5, 17
7:6, 76
7:7-8, 79
7:7-11, 210
7:13, 14, 192
7:21-23, 192
7:23, 166
7:24-27, 16
8:12, 161, 201
8:28-34, 41
10, 157
10:16, 174, 186
10:37-39, 84
11:11, 69
11:25-26, 16
11:28, 29 (nota)
12, 31
12:1-2, 31
12:8, 32

12:10, 32
12:14, 33, 37
12:15-16, 33
12:18-21, 33
12:22, 35
12:22-37, 35
12:23, 37
12:24, 37
12:25, 193
12:30, 172
12:31, 38, 39
12:32, 39, 40
12:33, 60
12:33-37, 194
12:34, 37, 39
12:38, 39-40, 207
13, 157, 234
13:1-2, 43
13:3, 41
13:8, 47
13:10-15, 14
13:11, 27, 227
13:15, 233
13:16, 234
13:16-17, 51
13:18-23, 233
13:22, 62
13:23, 64
13:24-30, 53
13:33, 7, 236
13:34-35, 41, 235
13:37, 53
13:38, 228
13:41, 69
13:44, 72, 80
13:44-46, 72, 175
13:45-46, 76
13:52, 238
15:14, 17 (nota)
15:15, 20
15:19-20, 193
16:6, 11-12, 192
16:24, 84
16:28, 69
18, 157
18:13, 24

ÍNDICE DE PASSAGENS BÍBLICAS

18:23, 201
19, 108
19:16, 99, 139
19:20, 99, 139
19:21, 185
19:22, 63
19:22, 25, 26, 27, 99, 100
19:23-24, 175
19:24, 69, 70
19:27, 100
19:28-29, 101
19:30, 96
20:1-15, 89-95
20:2, 94
20:4, 92
20:7, 93
20:8, 93
20:13-15, 95
20:15, 91
20:16, 96
20:20-21, 101
21:22, 210
21:31-32, 144
21:33, 201
22:13, 161, 201
22:23, 132
22:37-40, 99, 215
23:3, 131
23:4, 28
23:5, 131
23:13-15, 23, 25, 27, 29, 192
23:23, 132, 193
23:24, 133
23:25-28, 193
23:27-28, 133
23:32, 193
24–25, 157, 220
24:3, 157
24:6, 7, 158
24:29, 158
24:32–25:30, 234
24:36, 158, 219
24:42, 158, 161
24:44, 158, 173
24:45-51, 157, 159, 182

24:48, 160
24:50-51, 182
24:51, 160, 171
25:1-13, 164
25:10, 12, 165
25:13, 158
25:14-30, 168, 182
25:15, 169
25:16-17, 169, 170
25:18, 74
25:18, 19, 169
25:21, 24, 170
25:24-25, 171
25:30, 171, 201
25:35-40, 185
25:46, 199
27:38, 87
27:44, 87
28:11, 209
28:12-14, 209
parábolas em, 24

Marcos
2:17, 35, 104, 139
2:19-20, 23 (nota)
2:21-22, 23 (nota)
2:23-3:5, 34
2:27, 32
3:10-11, 36
3:22, 37
3:27, 23 (nota)
4:8, 47
4:10, 49
4:10–12, 227
4:11, 69
4:13, 233
4:19, 61
4:20, 64
4:21, 23 (nota)
4:26-29, 23
4:33-34, 8, 18, 41
4:35, 41
5:1, 41
7:17, 21
7:21-23, 146
9:35, 96

9:43-48, 191
9:48, 199
9:50, 23 (nota)
10:23, 69
10:24, 70, 174
10:43-44, 96
11:25, 144
12:37, 33
13:32-37, 156
13:35, 173
14:21, 87
parábolas em, 23 (nota)

Lucas
2:52, 220
3:7-8, 129
4:13-27, 18
4:14, 40
4:23, 21
4:31-37, 18
6:1-11, 34
6:5, 29 (nota)
6:6, 32
6:10-11, 39
6:20, 69
6:38, 187
6:39, 17
7:28, 69
7:34, 144
7:39, 142
7:41, 201
8:4, 43
8:5-8, 44
8:8, 47, 49
8:9-10, 49
8:10, 51
8:11, 228
8:11-15, 52
8:12, 54, 56, 57
8:13, 58, 59
8:14, 61
8:15, 54, 64
8:18, 42, 49, 51
9:1, 86
9:23, 67
9:57-62, 83

10:7, 93
10:10-12, 107
10:13-16, 107
10:23-24, 25
10:24-25, 120
10:25, 124, 139
10:26, 109
10:27, 109, 124
10:28, 110, 124
10:29, 111, 139
10:30, 114
10:30-37, 106-128
10:31, 115, 116, 201
10:33, 119, 121, 122
10:34, 25
11:2, 221
11:42, 132
12, 24
12:1, 192
12:16-21, 175
12:34, 188
12:35-37, 44, 171
12:48, 15
13:6, 201
13:19, 238
13:24-28, 166
13:28, 161
13:29, 203
13:30, 96
14:16, 201
14:28, 81
14:28-30, 167
15, 212, 238
15:2, 142
15:4-7, 228
15:4–16:13, 234
15:6, 24
15:7, 60, 238
15:11, 201
15:11, 32, 238
15:16, 25
15:17-19, 217
16, 175-194
16:1, 178
16:2, 3, 4, 179-180
16:6, 192

16:6-7, 178
16:8, 182, 183
16:9, 185, 186, 189
16:10, 187
16:10-12, 189
16:11, 12, 188, 189
16:13, 61, 189
16:13, 14, 194
16:14, 142, 190
16:15, 194
16:16-18, 194, 195
16:18, 195
16:19, 202
16:19-31, 196
16:20, 203
16:22-23, 203
16:26, 201
16:29, 206
16:31, 172
17, 212, 217
17:20, 78
17:20-21, 68
17:22, 211
17:22-37, 212
17:26, 213
17:37, 219
18:1, 221
18:1-8, 211
18:2, 213
18:2, 4, 6, 214-215
18:3, 216
18:4, 217
18:4-5, 217
18:7-8, 221
18:8, 223
18:9, 111, 141-142
18:9-14, 133
18:11, 144
18:11-12, 147
18:13, 145, 148
18:14, 138, 151, 152, 154, 212
19:11-27, 168
19:12-27, 175
19:17-19, 171
20:9, 201

20:9-16, 175
20:47, 193
21:36, 219
22:24, 101
22:29-30, 171
23:11, 142
23:19, 87
23:41, 87
23:43, 87, 98
23:48, 146
24:44, 206
28:23, 206
parábolas em, 24, 212

João
1:10-11, 79
1:29-30, 129
3, 108
3:3, 78
3:16, 108
3:18, 38, 161
3:19, 58
3:36, 127
4:1-3, 129
4:14, 109
4:20, 120
5:19, 40
5:22, 40
5:24, 109, 127
5:30, 40
6:15, 37
6:44, 79
7:47-49, 142
8:31, 59, 64
8:38, 40
8:44, 57
8:48, 121
9, 81
9:4, 103
9:34, 142
10:27-28, 127
10:39-40, 90
11:25-26, 108
11:26, 127
11:43, 44, 207, 208
11:45, 46, 208

ÍNDICE DE PASSAGENS BÍBLICAS

11:46-53, 130
11:47-48, 39
11:47-53, 208
11:48, 33
12:5, 88
12:6, 63
12:9, 39
12:10, 208
12:26, 171
12:36, 184
12:46-48, 209
13:4-17, 101
13:29, 203
14:2, 102
15:2, 65
15:11, 80
15:26, 40
16:8, 66
16:14-15, 40
16:24, 80
16:30, 219
18:36, 68
19:30, 29, 71
21:17, 219
ausência de parábolas, 23
sermões públicos em, 17

Atos
1:6, 100
4:12, 236
4:16, 39
7:51, 26
7:58–8:1, 130
8, 81
10, 82
10:34, 103
10:36, 236
10:38, 40
15:14, 221
16:30, 139
17, 82
23:6, 130
23:8, 132
26:10, 130

Romanos
1:13, 64
1:16, 209
2:28–29, 80
3:11, 79
3:20, 110
3:25, 137
3:26, 89, 135, 140
4:1–12, 137
4:5, 89, 139
4:6, 139
5:1, 151
5:5, 66
5:6–8, 126
5:10, 126
6:23, 88, 150
8:7, 78
8:7–8, 65
8:11, 66
8:17, 102, 160
9:4, 203
9:6, 80
9:14, 86, 89
9:15, 89
9:18, 89
10:3–4, 140
10:17, 206
13:11, 162
14:5, 29 (nota)
14:17, 80
15:13, 80
16:26, 199

1Coríntios
1:26, 222
1:26–31, 104
2:7–8, 19
2:9–10, 19
2:10, 66
2:11, 14, 78
3:8, 170
3:15, 102
4:7, 188
7:29, 31, 161
7:31, 186
9:27, 218
10:31, 189
12:13, 83
15, 11
15:58, 223
16:22, 80, 223

2Coríntios
2:11, 57
3:3, 66
3:1, 16, 221
4:4, 79
4:18, 189
5:8, 98
5:11, 201
5:21, 71, 137
7:9, 149
11:14–15, 57

Gálatas
2:16, 110
3:9, 137
3:28, 103
5:14, 106
5:22–23, 64
6:9, 221

Efésios
1:7, 97
2:2, 118
2:8–9, 71, 155
2:10, 65
3:5, 50
3:13, 221
3:20, 104
5:5, 69
5:6, 118
5:8, 184
6:19, 50

Filipenses
1:11, 64
2:13, 104
3:5–6, 130
3:7–8, 77
3:8, 81, 130
3:20, 68, 184

253

4:4, 81
4:5, 161

Colossenses
1:23, 59
2:8, 239
2:16, 29 (nota)
3:1, 188
3:2, 184
3:6, 118
4:3, 50

1Tessalonicenses
1:10, 222
5:5, 184

2Tessalonicenses
1:9, 201
3:13, 221

1Timóteo
1:15, 71,148
3:16, 50
5:18, 93
6:7, 189
6:9–10, 62
6:10, 70
6:10–11, 175
6:17, 63

2Timóteo
2:12, 160

Tito
2:12–13, 161,173
3:4-7, 129

Hebreus
3:14, 59
4:4–11, 28

4:10–11, 29 (nota)
4:15, 220
5:2, 115
7:25, 105,128
7:26, 126
9:9, 21
9:22, 151
10:14, 71
10:37, 161
11:19, 21
13:15, 64

Tiago
1:8, 61
1:17, 104
1:18–21, 53
1:24, 128
1:27, 121
2:10, 70,125,136
2:13, 116
4:4, 62
4:6, 154
5:7–8, 223
5:8–9, 161
5:16, 210

1Pedro
1:4, 77
1:10–12, 52
1:18–19, 71
1:23, 206
1:23–25, 53
4:7, 162,186
5:5, 154
5:10, 199

2Pedro
2:17, 201
3:3–4, 161
3:8, 220

3:8–9, 221
3:8–10, 163
3:10, 186
3:18, 85

1João
1:4, 80
1:9, 38,39,135
2:15, 62
2:17, 184
2:19, 60
5:6, 40
5:14–15, 211

Judas
13, 201

Apocalipse
3:11, 161
3:17, 104
3:21, 160
4:10–11, 103
6:10, 222
7:9, 221
11:15, 68
14:10–11, 199
19:15, 219
19:21, 219
20:1–7, 69
20:6, 160
21:1–8, 69
22:7, 161
22:11, 206
22:12, 20, 161

Sobre o autor

John MacArthur tem servido como pastor-professor da Grace Community Church em Sun Valley, na Califórnia, desde 1969. Seu ministério de pregação expositiva é sem igual em sua amplitude e influência; em quatro décadas de ministério do mesmo púlpito, ele pregou versículo por versículo de todo o Novo Testamento (e várias passagens centrais do Antigo Testamento). Ele é presidente do Master's College and Seminary e pode ser ouvido diariamente no programa de rádio *Grace to You* (transmitido por centenas de estações de rádio no mundo inteiro). Ele escreveu um número de livros campeões de venda, incluindo *Uma vida perfeita*, *Manual bíblico MacArthur* e *12 homens extraordinariamente comuns*.

Este livro foi impresso em 2024, pela Vozes, para
a Thomas Nelson Brasil. A fonte usada no miolo
é Adobe Caslon Pro corpo 12. O papel do miolo
é Ivory 65g/m², e o da capa é cartão 250g/m².